… EARLIEST TIMES
TO
… XVITH
… YNASTY

A
HISTORY
OF
EGYPT

埃及通史

1

从史前埃及到第十六王朝

[英] 威廉·马修·弗林德斯·皮特里———著　　刘舒婷———译

重慶出版集團　重慶出版社

图书在版编目（CIP）数据

埃及通史. 从史前埃及到第十六王朝 / （英）威廉·马修·弗林德斯·皮特里著；刘舒婷译. -- 重庆：重庆出版社, 2025. 5. -- ISBN 978-7-229-19184-9

Ⅰ. K411

中国国家版本馆CIP数据核字第2024XM2500号

埃及通史：从史前埃及到第十六王朝

AIJITONGSHI: CONG SHIQIANAIJI DAO DISHILIUWANGCHAO

[英] 威廉·马修·弗林德斯·皮特里 著　　刘舒婷 译

出　　品：	华章同人
出版监制：	徐宪江　连　果
责任编辑：	陈　丽　史青苗
特约编辑：	王宏亮
责任校对：	李小君
营销编辑：	刘晓艳　冯思佳
责任印制：	梁善池
封面设计：	@框圈方圆

重庆出版集团
重庆出版社　出版

（重庆市南岸区南滨路162号1幢）

北京毅峰迅捷印刷有限公司　印刷

重庆出版集团图书发行有限公司　发行

邮购电话：010-85869375

全国新华书店经销

开本：889mm×1194mm　1/32　印张：12.375　字数：279千
2025年5月第1版　2025年5月第1次印刷
定价：80.00元

如有印装质量问题，请致电023-61520678

版权所有，侵权必究

本书是《埃及通史》（全6卷）中的第 1 卷
根据斯克里布纳之子公司出版的第 3 版译出

伦敦大学学院埃及考古学和文献学爱德华兹讲席教授

"埃及考古学之父"

威廉·马修·弗林德斯·皮特里的作品

序 言

　　编写现在这套历史书的目的是将它们交到学生们手中，来满足平常的用途；同时，这套书以这样的方式叙事，即任何可能读这类书的人都能大致了解世界最古老的文明之一——埃及的历史进程。对普通读者来说，一部由权威作者创作、仅仅叙述事实的史书已经够好了，但这对学生来说没有丝毫用处，而参考文献对他们不可或缺。在这些历史篇章中，每一个事实或者每一个物件若非基于作者的个人观察，那么至少由一位权威学者进行了解读。不过，对于每个事实，不必给出多个参考文献，通常给出最容易理解或最有用的参考文献即可。那些想要阅读涉及所有细节的文献之人，自然会参考维德曼的《埃及史》，这是一部与该主题有关的索引大全，它如此有价值，以至于如果没有它，人们什么也做不了。尽管该作品出版以来，凡是创作与埃及历史和纪念碑有关的作品之人无不感谢它，但当前的作品是基于每本被引用的通俗易懂图书的实际考察而写成的。

　　然而，这套历史书无意成为这一主题的参考书目；引入那些已经过时、不需要现在关注的理论和观点似乎也不可取。

虽然这套历史书阐述了学生们应该牢记于心的每一时期的历史事件，但与已经阅读过该主题相关作品的人所熟悉的新事实和新理论相比，这套书留出了更多的空间来介绍新事实和新理论——既有赞成派的，也有反对派的。类似地，这套历史书配了许多插图，以便在适合的情形下，展现那些不为人知的东西。这样一来，这套历史书不仅是完整的，而且可以作为迄今为止已经出版的历史书的补充。与布鲁格施、维德曼和迈耶已经出版的作品相比，这套书提供了大量插图、最新的信息及按事情发生的年代顺序而展开的更多讨论。

说到事情发生的年代顺序——历史书的骨干，本卷试图收集能够受到重视、每一时期的关键历史事件。至于更加复杂的一般年表问题，本卷将给出主要框架来帮助记忆。某些历史事件发生的日期无法确定，仍然把连续的开始日期写进书内，就会显得有些唐突。帮助读者们了解不同统治者的相关时期，而不是因为这些时期近似而拒绝帮助他们。本卷最后一章将充分阐述年表的实际依据；读者们必须牢记，年表的不确定范围在本卷前几章可能是大约一个世纪，但到本卷结束时，年表的不确定范围可能会减少到一代人。不能找到比上述所列数字更准确的了。然而，各个年代短期内互相联系，所以存在几年的误差也是正常的，不能说是错误，只能说是最接近事件发生的年代。

在非常棘手的音译问题上，我们另辟蹊径——可能不会让任何人满意。名字既没有用不可发音的图案来表示，也没有赋予它们华丽的发音。图案和符号系统也许适用于纯语言学研究，但没有相关基本知识的读者只会徒增不必要的阅读障碍，而如果使用希腊语和科普特语的发音系统，又将难以追溯对应的象形文字。因此，我们采用了一套这样的系统，它与其他书籍中英语读者最熟悉的系统非常相近。

在本卷的撰写过程中，我得到了老朋友弗朗西斯·卢埃林·格里菲斯先生许多帮助。他拥有语言方面的特殊知识，从而为书中引用的文献提供了崭新的翻译。他熟悉各种文献，对我的帮助尤大。

本卷只是丛书的一本，丛书将覆盖直到现代埃及的全部历史。预计将有三卷讲述法老时期，一卷讲述托勒密王朝，一卷讲述罗马时代，一卷讲述阿拉伯埃及（Arabic Egypt）。丛书各卷虽然由不同作者写成，但在可行的情况下，尽量采用同一写作体系。所有作者的目标都是提供一套通史，其完整性、准确性足以供学生使用。书中的内容必然局限于朝代的历史；我们无意在书中讲述艺术史、文明史或文学史，因为无论是艺术史、文明史，还是文学史，都需要一样大的篇幅。

目 录

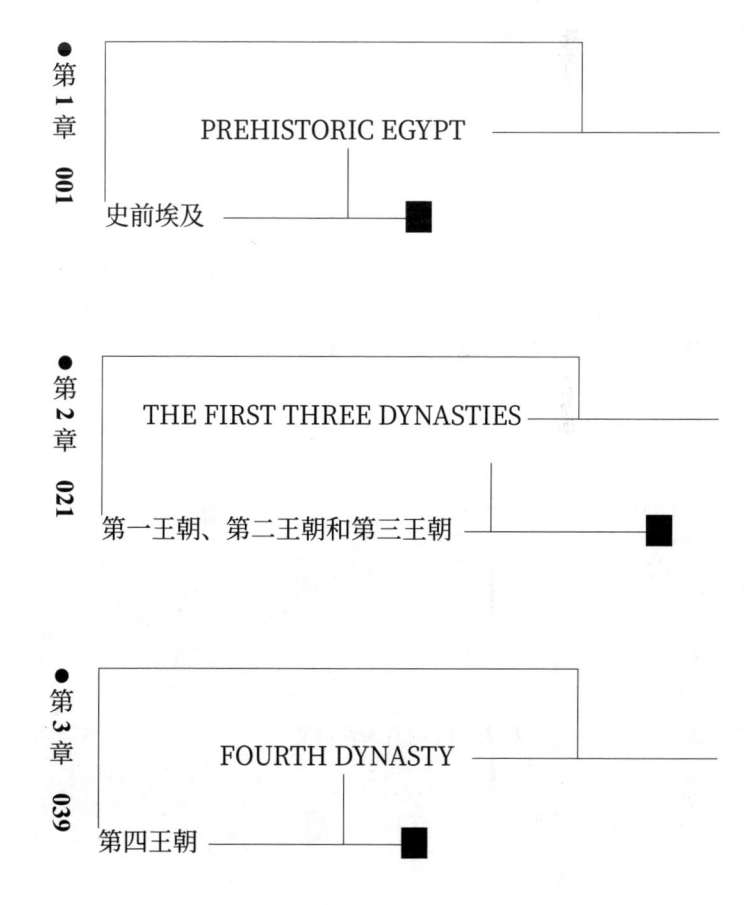

- 第1章 001 PREHISTORIC EGYPT / 史前埃及
- 第2章 021 THE FIRST THREE DYNASTIES / 第一王朝、第二王朝和第三王朝
- 第3章 039 FOURTH DYNASTY / 第四王朝

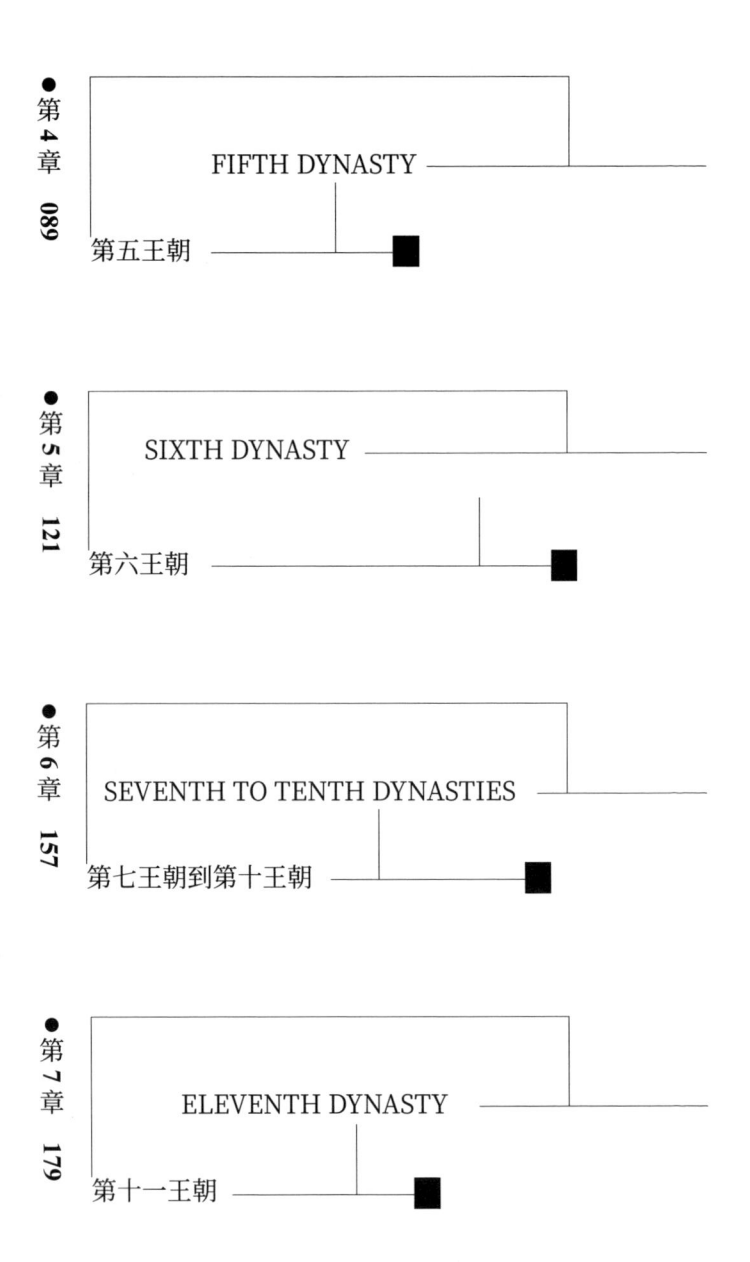

- 第 4 章　089　FIFTH DYNASTY / 第五王朝

- 第 5 章　121　SIXTH DYNASTY / 第六王朝

- 第 6 章　157　SEVENTH TO TENTH DYNASTIES / 第七王朝到第十王朝

- 第 7 章　179　ELEVENTH DYNASTY / 第十一王朝

从史前埃及到第十六王朝

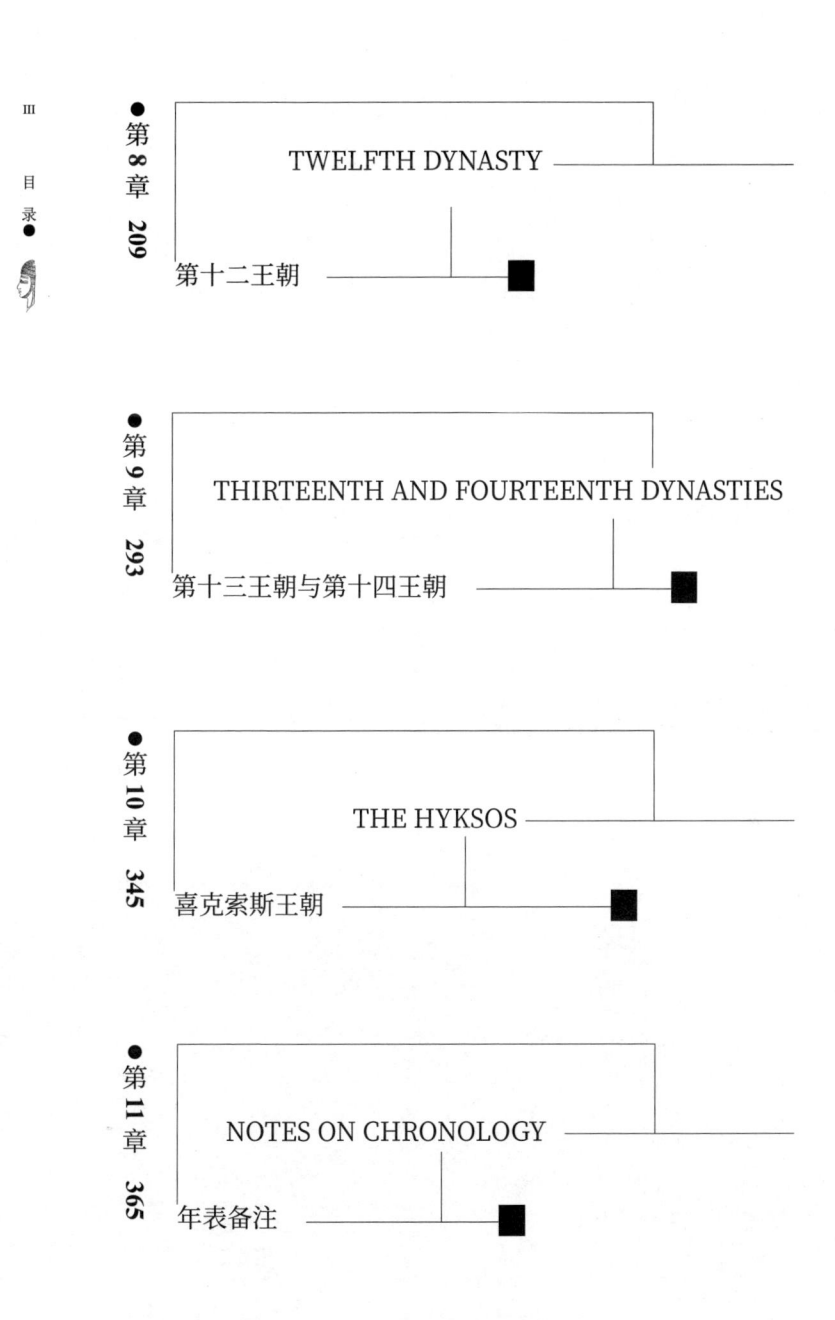

● 第 8 章 209
TWELFTH DYNASTY
第十二王朝

● 第 9 章 293
THIRTEENTH AND FOURTEENTH DYNASTIES
第十三王朝与第十四王朝

● 第 10 章 345
THE HYKSOS
喜克索斯王朝

● 第 11 章 365
NOTES ON CHRONOLOGY
年表备注

插图目录

图 1 ● 从南向北看大断层形成的尼罗河河谷 / 004

图 2 ● 大断层经侵蚀形成峡谷。悬崖洞穴的水源注入断层 / 004

图 3 ● 峡谷积满碎石,形成如今的尼罗河河床 / 004

图 4 ● 洞穴坍塌,显示尼罗河水面的直观情况和水下的推断情况(比例尺为 1 英寸:800 英尺) / 004

图 5 ● 降水形成的悬崖。观察视角为底比斯帝王谷裂口 / 005

图 6 ● 经水冲蚀的旧石器时代燧石,发现于埃斯纳,现藏于大英博物馆 / 006

图 7 ● 第十二王朝时期的燧石工具,发现于拉罕 / 008

图 8 ● 鹰族人,第四王朝哈夫拉闪长岩雕像上半身 / 012

图 9 ● 长鼻子族人,现藏于吉萨博物馆 / 013

图 10 ● 大眼族人,第四王朝美提特夫斯雕像的上半身 / 014

图 11 ● 蓬特人 / 015

图 12 ● 敏雕像上的雕刻,发现于科普托斯 / 016

图 13 ● 非利士人 / 018

图 14 ● 第十九王朝塞提一世统治时期的阿拜多斯王表

A 到 B:第一王朝到第四王朝;B 到 C:第四王朝到第六王朝;C 到 D:第六王朝到第十一王朝;D 到 E:第十二王朝到第十九王朝 / 023

图 15 ●都灵莎草纸的一部分，记录了第十三王朝的三个法老及第十四王朝的开端 / 024

图 16 ●美尼斯圣甲虫 / 033

图 17 ●萨卡拉阶梯金字塔 / 034

图 18 ●花岗岩雕像，发现于孟菲斯 / 035

图 19 ●哈斯的木板，现藏于吉萨博物馆 / 035

图 20 ●哈斯的头部浮雕 / 036

图 21 ●斯尼夫鲁时期的花瓶盖，现藏于吉萨博物馆 / 042

图 22 ●迈杜姆金字塔侧面图 / 043

图 23 ●金字塔角的长度和宽度比 14∶11；马斯塔巴角的长度和宽度比为 4∶1 / 044

图 24 ●迈杜姆的金字塔神殿，根据测量数据绘制 / 045

图 25 ●拉赫泰普和内弗特着色石灰岩雕像，现藏于吉萨博物馆 / 049

图 26 ●石牌，现被威廉·马修·弗林德斯·皮特里收藏 / 050

图 27 ●从南边看吉萨的多座金字塔 / 052

图 28 ●胡夫石碑，发现于瓦迪迈加拉 / 057

图 29 ●雕像上卡夫拉的名字 / 061

图 30 ●从花岗岩神殿的西侧，可以看到通道和堤道歪斜延伸到第二座金字塔的神殿 / 064

图 31 ●花岗岩神殿的平面布局 / 065

图 32 ●斯芬克斯像的侧面 / 066

图 33-1 ●卡夫拉的正面雕像 / 069

图 33-2 ●卡夫拉的侧身雕像 / 070

图 34 ●滑石圆柱，现被皮特里收藏 / 072

图 35 ●门卡拉金字塔的一部分 / 074

图 36 ●门卡拉的闪长岩小雕像 / 079

图 37 ●门卡拉的圣甲虫，由哈特谢普苏特制作 / 080

图 38 ●圣甲虫，现被威廉·马修·弗林德斯·皮特里收藏 / 081

图 39 ●圆柱，现藏于大英博物馆 / 093

图 40 ●圆柱，现被皮特里收藏 / 094

图 41 ●圆柱，比例为 1 : 2，曾经收藏在布拉克博物馆 / 097

图 42 ●圣甲虫，现藏于大英博物馆 / 099

图 43 ●圣甲虫，现被詹姆斯·贝收藏 / 100

图 44 ●圣甲虫，现被皮特里收藏 / 101

图 45 ●拉恩乌塞雕像，现藏于吉萨博物馆 / 103

图 46 ●雕刻着门卡霍尔形象的石板，人们发现它在塞拉皮雍统治时期被再次使用 / 104

图 47 ●圣甲虫，现被皮特里收藏 / 107

图 48 ●有色燧石块，现被威廉·马修·弗林德斯·皮特里收藏 / 108

图 49 ●石板，发现于象岛 / 110

图 50 ●乌纳斯金字塔的通道布局截面图 / 111

图 51 ●雪花石膏瓶盖 / 123

图 52-1 ●圣甲虫，现被默奇收藏 / 126

图 52-2 ●卡诺匹斯罐 / 127

图 53 ●金字塔主体由碎石和小木片构成。右边是墓室顶部的砖石构造 / 129

图 54 ●石质圆柱，现被爱德华·伯内特·泰勒收藏 / 136

图 55 ● 雪花石膏花瓶，现藏于吉萨博物馆 / 137

图 56 ● 麦伦拉圣甲虫，现被皮特里收藏 / 141

图 57 ● 玫瑰花饰，现被詹姆斯·贝收藏 / 143

图 58 ● 石碑，发现于科普托斯 / 145

图 59 ● 佩皮二世及佩皮二世之后的圣甲虫类型 / 146

图 60 ● 圣甲虫，现被普利斯收藏 / 148

图 61 ● 雪花石膏盖，比例尺 1∶2，现被威廉·马修·弗林德斯·皮特里收藏 / 149

图 62 ● 内弗卡拉奈比圣甲虫，现被詹姆斯·贝收藏 / 166

图 63 ● 早期对称设计的圣甲虫，现藏于大英博物馆或者被皮特里收藏 / 167

图 64 ● 圣甲虫，现藏于卢浮宫博物馆 / 167

图 65 ● 赫提火盆铜质品，现藏于法国卢浮宫博物馆 / 168

图 66 ● 圣甲虫，现藏于法国卢浮宫博物馆 / 168

图 67 ● 木板，现藏于法国卢浮宫博物馆，下面部分被截掉 / 169

图 68 ● 圣甲虫（马阿卜拉），现藏于大英博物馆 / 170

图 69 ● 圣甲虫（斯赫哈拉），现被皮特里收藏 / 171

图 70 ● 圣甲虫（夸乌塞拉），现被皮特里收藏 / 171

图 71 ● 圣甲虫（阿霍特普拉），现被皮特里收藏 / 172

图 72 ● 圣甲虫，现藏于大英博物馆 / 172

图 73 ● 希安法老雕像的底座，发现于布巴斯提斯，现藏于大英博物馆 / 173

图 74-1 ● 圣甲虫，现藏于雅典 / 174

图 74-2 ● 圣甲虫，里多尔福·维托里奥·兰佐内收藏 / 175

图 74-3 ● 圣甲虫，从左往右依次为默奇收藏、皮特里收藏、斯派塞收藏、

乔治·威洛比·弗雷泽收藏,《布拉克博物馆画册》所载 / 176

图 75 ● 圣甲虫(乌纳兹),现被皮特里收藏 / 178

图 76 ● 圣甲虫(雅皮赫尔),现被默奇收藏 / 178

图 77 ● 王子安特法石碑的一部分,现藏于吉萨博物馆 / 183

图 78 ● 安特夫一世的棺木(局部),现藏于法国卢浮宫博物馆 / 185

图 79 ● 安特夫二世的棺木(局部),现藏于法国卢浮宫博物馆 / 186

图 80 ● 安特夫三世的小金字塔,现藏于大英博物馆 / 187

图 81 ● 安特夫三世的棺木,现藏于大英博物馆 / 188

图 82 ● 圣甲虫(内布塔乌伊拉),现藏于法国卢浮宫博物馆 / 189

图 83 ● 石碑,发现于象岛 / 192

图 84 ● 圣甲虫,现被威廉·马修·弗林德斯·皮特里收藏 / 193

图 85 ● 刻有安特夫五世头部画像的石碑,发现于科普托斯 / 195

图 86 ● 圣甲虫,现藏于大英博物馆 / 197

图 87 ● 刻在石碑上的人像图案,发现于舒特尔利盖 / 199

图 88 ● 圣甲虫,现被威廉·马修·弗林德斯·皮特里收藏 / 202

图 89 ● 圣甲虫(阿蒙涅姆赫特一世),现被阿米莉亚·爱德华兹收藏 / 215

图 90 ● 塔尼斯的阿蒙涅姆赫特一世的红色花岗岩雕像头部 / 217

图 91 ● 阿蒙涅姆赫特一世的石碑,发现于科普托斯 / 219

图 92 ● 圣甲虫(赫佩尔卡拉),现被威廉·马修·弗林德斯·皮特里收藏 / 226

图 93 ● 辛努塞尔特一世黑色花岗岩半身像,发现于塔尼斯 / 227

图 94 ● 通往位于贝尼哈桑的阿梅尼墓的路 / 229

图 95 ● 辛努塞尔特一世的雕像,发现于阿拜多斯 / 232

图 96 ● 辛努塞尔特一世雕像，发现于科普托斯 / 233

图 97 ● 圣甲虫（奈布考拉），现被詹姆斯·贝收藏 / 236

图 98 ● 萨布特卡德姆 / 237

图 99 ● 圆柱，现藏于大英博物馆 / 241

图 100 ● 拉罕金字塔南侧，人们从周围挖出许多碎屑 / 242

图 101 ● 金字塔的布局和通道示意图 / 243

图 102 ● 阿姆人的首领和妇女雕画，发现于贝尼哈桑 / 245

图 103 ● 王后内弗特二世的雕像 / 248

图 104 ● 圣甲虫（卡考拉），现藏于法国卢浮宫博物馆 / 250

图 105 ● 镶有石头的王室胸饰，发现于代赫舒尔金字塔王陵 / 252

图 106 ● 萨纳姆的景色 / 255

图 107 ● 圣甲虫（马特恩拉）/ 262

图 108 ● 阿蒙涅姆赫特三世的半身雕像，现收藏在圣彼得堡 / 263

图 109 ● 哈瓦拉金字塔的通道示意图，比例尺 1∶1000 / 264

图 110 ● 哈瓦拉金字塔中普塔尼夫鲁的雪花石膏祭坛 / 266

图 111 ● 阿蒙涅姆赫特三世的两块石碑，发现于瓦迪马加拉 / 268

图 112 ● 法尤姆盆地摩里斯湖的古代地图，阴影部分为阿蒙涅姆赫特三世时期挖掘的湖面 / 270

图 113 ● 圣甲虫（马赫尔努拉），现藏于法国卢浮宫博物馆 / 276

图 114 ● 圣甲虫（塞贝克涅夫鲁），现被詹姆斯·贝收藏 / 278

图 115 ● 圆柱，现藏于大英博物馆 / 279

图 116 ● 圣甲虫（拉塞霍特普阿卜），现被皮特里收藏 / 305

图 117 ● 圣甲虫（拉索贝克霍特普），现被皮特里、普利斯收藏 / 306

图 118 ● 圆柱，现藏于大英博物馆 / 308

图 119 ● 梅尔梅斯哈乌灰色闪长岩石像，发现于塔尼斯 / 309

图 120 ● 索贝克霍特普二世的石碑，王室女儿崇拜敏 / 311

图 121 ● 圣甲虫（拉塞赫姆苏阿兹塔乌伊），现藏于吉萨博物馆 / 312

图 122 ● 圣甲虫（拉卡塞谢斯），现被皮特里收藏 / 313

图 123 ● 内弗霍特普的雕像 / 315

图 124 ● 内弗霍特普的黑色玄武岩雕像，现藏于博洛尼亚博物馆 / 317

图 125 ● 圣甲虫（拉卡内弗），现被皮特里收藏 / 318

图 126 ● 索贝克霍特普三世的棕红色花岗岩雕像，发现于塔尼斯 / 319

图 127 ● 索贝克霍特普三世的灰色花岗岩雕像，发现于阿科岛 / 320

图 128 ● 圣甲虫（拉卡卡），现被皮特里收藏 / 322

图 129 ● 圣甲虫（拉卡安克），现被詹姆斯·贝收藏 / 322

图 130 ● 圣甲虫（拉卡霍特普），现藏于吉萨博物馆 / 324

图 131 ● 圣甲虫（拉乌阿卜），现被皮特里收藏 / 324

图 132 ● 圣甲虫（拉莫尔内弗），现被皮特里收藏 / 325

图 133 ● 圣甲虫（拉莫尔霍特普），现藏于法国卢浮宫博物馆 / 325

图 134 ● 圣甲虫（瑞伯马特），现藏于法国卢浮宫博物馆 / 326

图 135 ● 圣甲虫（尼西），现被布伦特收藏 / 327

图 136 ● 发现于底比斯的塞贝姆萨夫玄武岩雕像，现被皮特里收藏 / 329

图 137 ● 圣甲虫（可能是祈愿圣甲虫），现被普利斯收藏 / 332

图 138 ● 刻有肯瑟王名的石碑，现藏于法国卢浮宫博物馆 / 333

图 139 ● 圣甲虫，现藏于都灵博物馆 / 338

图 140 ● 黑色花岗岩鱼类进贡者雕像，发现于塔尼斯 / 351

图 141 ● 黑色花岗岩斯芬克斯像，发现于塔尼斯 / 352

图 142 ● 花岗岩雕像头部，发现于布巴斯提斯 / 353

图 143 ● 花岗岩雕像头部，发现于布巴斯提斯 / 354

图 144 ● 刻有阿波庇一世王名的椭圆形木块，发现于基波林，现藏于吉萨博物馆 / 356

图 145 ● 阿波庇一世的圣甲虫，除左起第三个圣甲虫藏于大英博物馆外，其他均被皮特里收藏 / 357

图 146 ● 阿波庇二世黑色花岗岩祭坛，发现于开罗，现藏于吉萨博物馆 / 358

图 147 ● 拉阿森方尖碑，发现于塔尼斯 / 359

图 148 ● 圣甲虫（拉达德内弗），现被皮特里收藏 / 361

图 149 ● 圆柱，现被皮特里收藏 / 362

图 150 ● 在舒特尔利盖山谷发现的岩画 / 363

图 151 ● 圣甲虫（拉塞赫姆乌阿卡），现被皮特里收藏 / 363

第 1 章

史前埃及

PREHISTORIC EGYPT

有记载以来，埃及地表和气候的变化微乎其微。在过去两千年中，作家笔下关于埃及地表和气候的论述并没有太大不同，其他历史时期的古迹与第四王朝时期的古迹并无二致。然而，通过观察史前人类的遗骸，可以发现史前的地表和气候状况与后来迥异。实际上，欧洲也存在这种情况。到目前为止，我们对埃及史前人类研究的学术关注较少。因此，我们目前在这方面尚有广阔的研究空间。我们尚未确定史前人类出现的地质时期。因此，我们将概述尼罗河流域的地表变化，以及构成陆地基础的岩石的地质沉淀。

埃及地表由始新世[1]石灰岩构成，这种岩石遍布地中海区域。不过，形成于第三纪或者侏罗纪的直布罗陀、马赛、马耳他、雅典和巴勒斯坦等湿润气候地区的石灰岩多为灰色，这也是大多数旅行者所熟悉的；它在埃及却被褐色石灰岩取代——那里的地衣无法遮挡地表，风化作用对地表的影响也十分微弱。埃及石灰岩从海岸向内陆延伸了五百英里[2]左右，南部为努比亚砂岩，中间则被阿斯旺花岗岩山隔断。

始新世末期，石灰岩沉积被抬高，形成宽阔低矮的台地，上方流淌着源自非洲东北部的水系，由于四周被东部沙漠的高山所包围，水无法排入红海。这一时期，厚地层的粗糙砾石和岩石残余经河水冲刷，堆积在如今法尤姆和尼罗河之间的丘陵上——砾石和岩石恐怕在山丘被侵蚀前就已经沉积。

后来，东部沙漠持续抬升，导致中新世[3]的地质层出现水平落差。这一定发生在海拔大约一千英尺[4]的地方，并且大部分在西奈半岛对面。海拔变化使地质层出现大面积断裂（图1），断裂范围从古老的海岸线到艾斯尤特，至少二百英里。基于此，地质学家通过对比尼罗河两岸的地层便能测出二百五十英尺左右的高度差。对观光的旅行者而言，东部沙漠远高于西部也是显而易见的，东部地面抬升为高山，西部却跌落至绿洲和法尤姆深谷，其海拔甚至比尼罗河还低二百英尺。如堆积的砾石所示，尼罗河水本来就在这一带，随后落入这条断层的缝隙中（图2）。开罗以北的罕卡的表层玄武岩很可能是到达地下的河水与炽热地层接触的结果，这也导致该地区火山喷发、硅化水（耶别拉哈玛的砂岩硅化）和石化木等现象时有发生。关于大断层变化的详细内容，请参考莫顿·丹尼森·赫尔教授1890年发表在《维多利亚学院学报》的相关论述。

地表似乎发生了部分下沉，峡谷底部被拉到海平面以下，并且被碎石堵塞（图3）。有证据表明，当时的峡谷比现在的山谷深二三百英尺——因为在如今尼罗河下方几百英尺的位置，大型洞穴已经塌陷（图4）。然而，在两侧高山相隔较近时，峡谷就已被堵塞。之后很长一段时间，当地地表都是裸露的，两侧高山完全隔开，几乎形成现在峡谷的形状。这一时期，峡谷的气候像现在地中海的气候一样潮湿：降雨量大，降雨持续，剥蚀作用强（图5）。且与其他湿润气候地区一样，埃及树木繁茂。现在，埃及却很干燥。这是因为除了北边，埃及三面都被更高的陆地包围着，北风在吹向南方的过程中不断升温，不会释放任何水汽。如今，埃及唯一降雨的区域就是西部低地。雨水由地

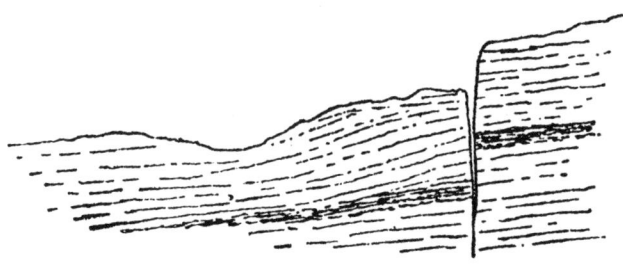

图1●从南向北看大断层形成的尼罗河河谷

图2●大断层经侵蚀形成峡谷。悬崖洞穴的水源注入断层

图3●峡谷积满碎石,形成如今的尼罗河河床

图4●洞穴坍塌,显示尼罗河水面的直观情况
和水下的推断情况(比例尺为1英寸:800英尺)

图 5 ●降水形成的悬崖。观察视角为底比斯帝王谷裂口

中海的气旋活动带来，因此，西南部沙漠地区产生了猛烈降雨的奇怪现象。在埃及南部和东部，较高的山脉会排干空气中的所有水分。史前时期的埃及降水充沛，由此可以得出结论：在地表抬升到现在的高度前，西部沙漠最初可能是地中海的一个海湾。

埃及已知最早的人类踪迹出现在上新世[5]或者更新世[6]。这时，埃及的大面积土地被水淹没。随后，埃及开始形成如今的地表形态。通过研究丘陵沉积物，人们发现当时的海平面至少比现在高出五百英尺。在埃斯纳后面的丘陵上，人们发现了经水冲蚀的旧石器时代的燧石（图6）。之所以说燧石是被水冲蚀

图 6 ●经水冲蚀的旧石器时代燧石，发现于埃斯纳，现藏于大英博物馆

而不是被风沙打磨的，是因为它被发现时是平"躺"在地面上的。实际上，磨损并非出现在燧石上层表面，而是出现在接触地面的燧石表面。另外，燧石朝下的一面更光滑，说明这一面受水冲蚀作用更强，并且燧石被侵蚀的位置不可能是其被发现时朝上的一面。

下沉的显著标志可见各峡谷口下端的燧石山麓。从燧石的形状、材质和尺寸，我们可以推断它们肯定沉积在很深的水中。从底比斯帝王谷冲刷出来的层状岩屑中，也能发现磨损的燧石，它们同样在水下沉积过。不过，由于燧石表面粗糙，形状奇特，说明当时的水位已从最高处回落，大约比现在的高度多五十到一百英尺，因此溪流才有足够的动力在浅水中推动燧石。由于水位持续下降，偶然出现被急流冲刷的旧岩屑组成的河床，燧石也就露了出来。在尼罗河上方一千四百英尺的高原顶部发现了旧石器时代的大块未磨损燧石，这表明该地区是尼罗河高水位时期人类的家园。还有一些较小的燧石，它们可能是旧石器时代晚期的，就像皮特·里弗斯在底比斯的砾石中发现的燧石那样，它们被发现埋藏在尼罗河的粗古砾石中，当时的水位比现在高出二三十英尺。这些证据表明，人类可能在尼罗河谷中已经生活了很长时间，当时水位很高，汹涌澎湃，足以形成砾石。

因为当时尼罗河的河床比现在高二十到三十英尺，我们发现，在地表抬升到现在的高度前，埃及的干燥气候就已经形成了，这与海拔上升和利比亚沙漠的干燥有关。尼罗河沿岸的泥沙沉积，既是其河道下游坡度平缓的标志，也是河水蒸发严重且支流较少导致水流量（及其相应的承载力）减少的标志。

尼罗河的最低水位出现在史前时期尾声。尽管河底的泥沙已经开始沉积，但水面持续下降，直到比现在的水面低至少20英尺。此后，由于河床淤塞，水位逐渐上升。根据各项一致的数据显示，其上升速度为每百年四英寸[7]，或者说每一千年一米。因此，在六千年中，即埃及史前时期，沉积物上升了至少二十英尺。

早期的尼罗河三角洲面貌与今天截然不同。现在，三角洲还有很多沙丘。但史前时期的沙丘规模更大、数量更多。后来，沙丘或被掩埋在高20英尺的沉积物中，或被风吹走。尼罗河要么在沙漠的沙丘中流动，要么在大大小小的山谷之间流

图7 ●第十二王朝时期的燧石工具，发现于拉罕

动。现在，尼罗河各部分俨然静止了。苏伊士地区隆起的地表，阻止尼罗河与苦湖[8]相通。同时，在此地以北的海岸有洪水泛滥的曼萨拉湖，是阿拉伯人统治埃及时期最富饶的地区。

在打磨过的燧石附近，我们能发现大量的燧石薄片和刮刀，根据它们的位置可以推测出其年代。因此，燧石不应该全被看作史前时期的产物。从第四王朝到第十二王朝，在迈杜姆和拉罕，燧石和铜质工具被一同使用（图7）。到了第十八王朝，在特拉阿玛纳，燧石还被当作镰刀使用。在艾哈比南边一座神殿附近，我们还发现大量混杂在一起的燧石碎片及许多罗马陶器和玻璃制品。因此，可以说，年代不明的燧石碎片发现地没有多大的历史价值。在赫勒旺发现的大量经过加工的燧石，大部分是小薄片，有些边缘有缺口。在吉萨、博科特卡伦湖[9]附近及法尤姆的麦地纳马地[10]都发现了不少燧石。在沙漠高原上的特拉阿玛纳，同样出土了燧石。它们都是缺口十分粗糙的圆卵石。根据当地的极端气候，人们可以推测出这些燧石可能来自旧石器时代。在尼罗河沿岸山麓丘陵各处，如阿拜多斯[11]、库尔纳[12]、麦地纳哈布南部和艾卡[13]，地面上散落着燧石碎片和粗糙的工具。燧石加工水平最高的例子当属"刀具"，即将角状燧石加工成精致规整的形状，可参考大英博物馆史前时期馆、阿什莫尔博物馆、牛津大学人类学博物馆的展览品。如今，人们认为这些华丽的刀具产生于第六王朝到第十王朝之间。燧石刀具都是在阿拜多斯的古墓中发现的，但都被当地人盗走，没有任何记录可以让我们知道燧石的年代。它们也许是第十二王朝的祭祀残存物，在葬礼仪式上使用，并被沿用至第十八王朝。燧石最常见的用途是被当作镰刀。人们会将燧石打造成特殊形状，即镰刀型的曲线，再将其制成锯齿状，以便切割稻草。这种燧石的锯口很锋利，其余地方很钝，上面还附有用于固定镰刀支撑木的黏土。

在埃及，我们还未发现其他史前人类活动的踪迹。他们的住所可能在尼罗河的淤泥之上或者靠近尼罗河的淤泥。由于现在厚达20英尺的沉积物早已覆盖了史前时期，我们难以寻找史前人类的其他生活痕迹。

与其他民族一样，埃及人虚构了许多神以填补史前时期的空白。后来，大约在很晚的第十九王朝时期，埃及神才被整理出来，见下表（即表"第一神圣王朝的七个神"）。在早期，埃及神没有明确和系统的年表。年表中的人名和时间都有人为的痕迹。这份年表记载在发现于沙巴卡石碑上的孟菲斯神学碑文，年代内容完整[14]，还有一些数字的计算。具体如下表（即表"第二神圣王朝的九个神"）所示。

● 第一神圣王朝的七个神

神	前者统治年数	后者统治年数
赫菲斯托斯[15]= 卜塔[16]	9000	9000
赫利俄斯[17]= 拉[18]	992	1000
索斯 = 舒[19]	700	700
克罗诺斯[20]= 盖布[21]	501	500
奥西里斯[22]= 阿萨尔	433	450
堤丰[23]= 赛特[24]	359	350
荷鲁斯 = 哈尔	300	300
第一神圣王朝神总计统治年数	12285	12300

● 第二神圣王朝的九个神

神	前者统治年数	后者统治年数
阿瑞斯[25]= 安赫	276	280
阿努比斯[26]= 安布	204	200
赫拉克勒斯[27]= 孔斯[28]	180	180
阿波罗[29]= 哈尔贝迪特	100	100

●续表

神	前者统治年数	后者统治年数
阿蒙（Ammon）=阿蒙[30]（Amen）	120	120
堤托斯=塔胡堤[31]	108	100
索索斯=舒	128	120
宙斯[32]=阿蒙拉[33]	80	100
（其他四个神）		370
第二神圣王朝神总计统治年数	1196	1570

●第三神圣王朝的三十个半神

没有给出具体的名字，平均每位神存在一百二十一年八个月，共三千六百五十年。

●第四神圣王朝的十个法老

第四神圣王朝有十个法老，共在位三百五十年。

在这里，各位神的排列顺序由不同学者整理得出，并且与持续了一千四百六十年的索提斯时期联系起来。因此，我们得出$12300+1570=13870=9\frac{1}{2}×$天狼星周期，$12285+858=13143=9×$天狼星周期，$3650=2\frac{1}{2}×$天狼星周期，或者$30×$天狼星周期的月份数=$30×$半神时期。这些公式充分说明了学者们的奇思妙想。马伯乐在其著作[34]中，以月而不是以年为单位研究赫利奥波利斯神系[35]。

作为传统，人们通常认为，在常规的君主国建立前，曾有十位法老统治过阿拜多斯附近地区。另一个传统并且可能有依据的说法是，阿拜多斯附近地区存在荷鲁斯及哈尔贝迪特的追随者，他们分别被称为石斯恩-哈尔人及梅斯图人。我们可以看出其中蕴含的相似信息，即统治者身边有一群侍从或者追随者。但据都灵王表记载，石斯恩-哈尔人统治期长达一万三千四百二十年，甚至更长（只是失去记载）。这表明他们有长期连续在任的统治者。

进入王朝历史前，我们先简要地思考一下民族问题。一种可信的说法是，在最早的历史时期，埃及有两到三种不

图8 ●鹰族人，第四王朝哈夫拉
闪长岩雕像上半身

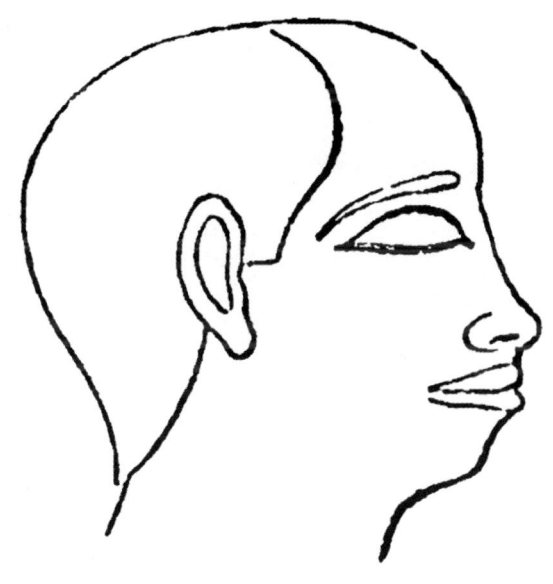

图 9 ●长鼻子族人，现藏于吉萨博物馆

同的民族。早期遗迹显示了人类特征的多样性，如哈夫拉一样的鹰族（图8）、在雕画中作为下层阶级的长鼻子族（图9）和如美提特夫斯一样的大眼族（图10）。他们不可能起源于同一民族。早期葬礼习俗的差异显示了人们信仰的多元化，也说明了多民族存在的合理性。因此，我们认为埃及有一个本土民族和一个入侵民族，甚至可能是连续两个入侵民族，即大眼族在前、鹰族在后。

入侵的民族，即社会地位高的民族来自何方？谁开创了埃及王朝的历史？古代作家的答案是埃塞俄比亚人，即入侵民族来自南方。可以肯定的是，在南部的利比亚、叙利亚或

图 10 ●大眼族人，第四王朝
美提特夫斯雕像的上半身

者安那托利亚的任何地区，我们都找不到类似的民族。不过，一直以来，"埃塞俄比亚人"定义宽泛，可能包括许多不同的民族。通过观察各民族在埃及的代表，我们找到了一个可能位居埃及上流社会的民族。在哈特谢普苏特神殿刻有蓬特人的精美雕像（图11），其中，有些像社会地位高的古代埃及人。此外，埃及人称"蓬"为"众神之地"，他们似乎没有对蓬特族发动过战争，只有使者往来和贸易等和平交往。蓬，或者称"蓬特"，位于红海南端的一个区域，很有可能包含非洲和阿拉伯海岸。从"蓬特人"一词可联系到腓尼或者腓尼基人，后者似乎为蓬特人的一个分支。随后，埃及人成为蓬特人的另一分支。蓬特人早期移民到埃及的史实证明了这点。生

图11 ●蓬特人

活在公元前3200年到公元前3000年之间的美尼斯带领自己的族人来到孟菲斯建立了新首都。如果入侵民族来自北方或者苏伊士，那么他们自然会先到孟菲斯，建立像蒂斯这样庞大城市的可能性就微乎其微。不过，君主国首先在位于埃及中部的蒂斯建都，说明入侵民族从红海通过科索大道而来。入侵者很可能来自红海中部或者南端。他们如果来自红海北端，那么早已进入孟菲斯了。入侵者先在蒂斯定居，说明他们来自红海南端。从非洲学者的角度看，一些经典著作中的"埃塞俄比亚"是指红海南端。与此同时，据记载，神和完美无瑕的埃塞俄比亚人定居在一起。这就是埃及人称红海南端为"众神之地"，即"蓬特"的缘由。

至此，我们讨论了许多为人熟知的史实。不过，为检验观点正确与否，让我们来到科普托斯神殿寻找史前遗迹。在科普托斯神殿，我发现三尊敏的巨大雕像，但它们都已经成为断块。虽然三尊雕像的工艺都很粗糙，但我们可以看出其雕刻技艺在逐渐提高。每尊雕像表面都有一些雕刻，我复制了一部分（图12）。雕像是在我们认为人类最早在尼罗河流域定居的地方发现的，上面还刻有贝壳、锯鳐、鸵鸟和大象等图案。上述信

图 12 ●敏雕像上的雕刻，
发现于科普托斯

息与移民来自红海并且来自红海南端而非北端的猜想一致。雕像身上装饰有羽毛和花环等图案，还刻有锯鳐和贝壳串。雕刻符号映射了敏代表的迷信。三个不同的雕像显示了崇拜敏时间的长度、不同时期对敏雕像的不同态度、敏雕像具有花环的象形文字及雕像的风格。上述信息表明，三尊敏雕像是出自史前时期，而不是野蛮部落入侵后的产物。

如果说开创埃及王朝历史的民族来自蓬特，那么蓬特人和腓尼基人是同族。蓬特人的定居地蓬尼特在地中海。这是已知蓬特人最远也是我们最新发现的殖民地。在《创世记》第十卷，我们可以看到马里人（即埃及人）、迦斐托人和非利士人（即叙利亚的腓尼基人）之间存在亲属关系。上文提到，开创埃及王朝历史的人通过科索大道到达尼罗河流域。因此，腓尼基人移居到迦斐的一个城，即科普托斯，就可以看出其民族迁移的连续性，或者说，因为科普托斯是科索大道的终点，所以入侵民族到尼罗河流域后先定居下来。各民族的人物画像更是证明了埃及人和非利士人（图13）的亲属关系。实际上，埃及人与非利士人脸部特征很像。这有力地证明了他们属于同一民族的说法。

迄今为止，基于收集到的信息，我们认为腓尼基人先是定居在波斯湾。随后，他们定居在阿拉伯南部和索马里。接下来，他们逐渐聚居在阿拉伯海岸，通过红海，跨过沙漠，进入埃及，后来深入巴勒斯坦海岸，并且占领了腓尼基和非利士。腓尼基人继续前进，一直来到非洲海岸，然后在迦太基定居，最后到达西班牙。在整个历史时期，腓尼基人对大海充满

图13 ●非利士人

向往，不断向西迁移。他们的史前迁移也体现这一特点：一路沿水路（即沿海或者河流）迁徙。

【注释】

1 始新世是地质时代中古近纪的第二个主要分期，介于古新世与渐新世之间。——译者注
2 英制长度单位，1英里约合1.6千米。——译者注
3 中新世是地质年代新近纪的第一个时期，介于渐新世与上新世之间。——译者注
4 1英尺约合0.3米。——译者注
5 上新世是地质时代新近纪的最新一个时期，介于中新世和更新世之间。——译者注
6 更新世是地质时代新生代第四纪的早期。——译者注
7 1英寸约合0.3米。——译者注
8 苦湖是咸水湖，由大苦湖和小苦湖组成，是苏伊士运河的一部分。——译者注
9 威廉·马修·弗林德斯·皮特里：《拉罕、古洛和哈瓦拉》，第16卷，第21页。——原注
10 柏林人类学学会，1889年11月16日。——原注
11 柏林人类学学会，1889年11月16日。——原注

12　《人类学学会杂志》，第4期，第215页。《埃及语言杂志》，第8期，第113页。——原注
13　柏林人类学学会，1889年11月16日。——原注
14　卡尔·里夏德·列普修斯：《古代埃及人的法老书》，柏林，贝萨克赫书店，第1卷。——原注
15　赫菲斯托斯是古希腊神话中的火神、砌石神与铁匠神，奥林匹斯十二主神之一。——译者注
16　卜塔是古埃及孟菲斯地区的造物神，后来演变成工匠与艺术家的保护者。——译者注
17　赫利俄斯是古希腊神话中的太阳神。——译者注
18　拉是古埃及神话中的太阳神。——译者注
19　舒是古埃及神话中的大气神、天空的化身，赫利奥波利斯九柱神之一。——译者注
20　克罗诺斯是古希腊神话中的第二代众神之王，泰坦十二神中最年轻的神。——译者注
21　盖布是古埃及神话中的大地神与生育神，赫利奥波利斯九柱神之一。——译者注
22　奥西里斯是古埃及神话中的冥王，也是植物神、农业神，赫利奥波利斯九柱神之一。——译者注
23　堤丰是古希腊神话中象征风暴的妖魔或巨人。——译者注
24　赛特在古埃及神话中最初是力量神、战神、风暴神、沙漠神，后来成为邪恶神。——译者注
25　阿瑞斯是古希腊神话中的战神，是奥林匹斯十二主神之一，被视为尚武精神的化身。——译者注
26　阿努比斯是古埃及神话中的死神，以胡狼头人身的形象出现在法老的壁画中。——译者注
27　赫拉克勒斯是古希腊神话中的大力神。——译者注
28　孔斯是古埃及神话中的第一代月神，是光与夜晚神，是人类生命的创造者。——译者注
29　阿波罗是古希腊神话中的光明神、文艺神，也是罗马神话中的太阳神。——译者注
30　阿蒙是古埃及神话中的主神之一。——译者注
31　塔胡堤是古埃及神话中智慧神托特的另一种叫法。——译者注
32　宙斯是古希腊神话中奥林匹斯十二主神之首，统治宇宙万物至高无上的主神。——译者注
33　阿蒙拉是古埃及最高神阿蒙和太阳神拉的结合，被称为"众神之王"。——译者注
34　《圣经考古记录》，伦敦，圣经考古学会，1879年到1918年，第12卷，第419页。——原注
35　赫利奥波利斯神系是古埃及创世神话之一，信仰核心为九柱神。——译者注

第 2 章

第一王朝、第二王朝和第三王朝

THE FIRST THREE DYNASTIES

一直以来，美尼斯都被认为是埃及的建国者。无论是在所有经典著作中，在都灵王表中，还是在阿拜多斯神殿的名册中，美尼斯一直被认为是埃及史的起点。不过，以上论述都不足以说明美尼斯或者第一王朝是相关历史记载的开端。同样，不能因为第一届古代奥林匹克运动会在公元前776年开幕就认定希腊史的记载始于此，也不能因为公元前753年罗马城建立就认定古罗马的历史记载从此开篇。

就遗迹而言，埃及前三王朝都是一片空白，它们的历史仅有书面记载，就像罗马和爱尔兰王国一样。作为这片土地的统治者，他们能够按照时间顺序排列其神灵名单，也可以自由而整齐地排列人名。

那么，编排这些前三王朝的二十六位法老名单的真正依据是什么呢？它们在多大程度上体现了历史？这是我们首先要解答的问题。

目前，普遍认同的王朝列表依据分为两派。一是经典著作。不过，这或多或少由人为意志控制，充满了偶然性。二是莎草纸和遗迹。经典著作的王朝划分依据来源于抄写员和摘录员。他们曾参与托勒密王朝时期曼涅托的史书编撰工作。王表主要有四种：第一种是阿拜多斯王表（图14），在阿拜多斯神殿内，由塞提一世和拉美西斯二世敬奉。另外，还有一部分复制版在阿拜多斯较小的一座神殿内，由拉美西斯二世敬奉，现收藏在大英博物馆。第二种是萨卡拉的通努利墓中的王表，现收藏在吉萨博物馆。第三种是都灵王表（图15），该王表与上述王

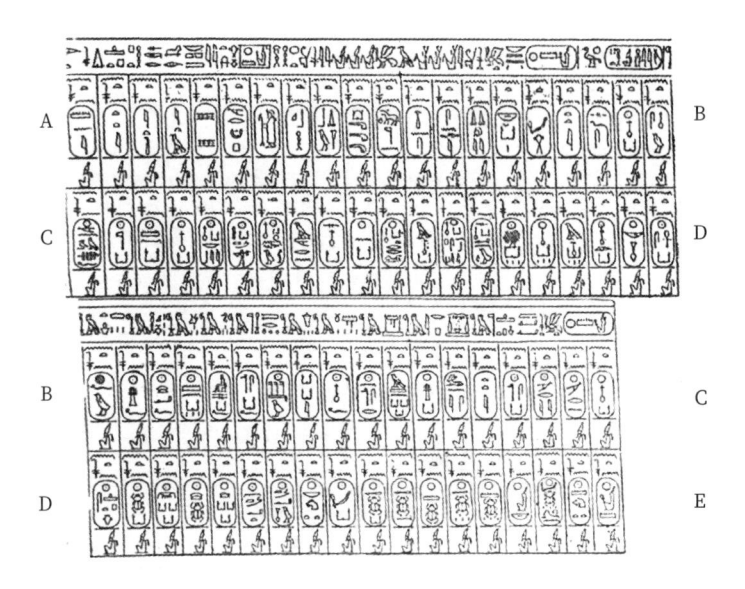

图14 ●第十九王朝塞提一世统治时期的阿拜多斯王表。A到B：第一王朝到第四王朝；B到C：第四王朝到第六王朝；C到D：第六王朝到第十一王朝；D到E：第十二王朝到第十九王朝

表的法老顺序一致，但如今它已经残缺。第四种是卡纳克的图特摩斯三世神殿中的王表，现收藏在巴黎国家图书馆。该王表的法老顺序混乱。还有许多记录一个王朝或两个王朝的短期王表，但仅有上述四种王表记录了埃及早期较长一段时期的王表。

王表有什么价值？除了最后一份王表，前三份王表高度一致，这种一致性被认为是王表价值的体现。此外，遗迹考察结果也证实了王表的真实性。在这一方面，遗迹和王表毫无差别。不过，遗迹没有关于前三王朝的任何记录。因此，对王表前三王朝部分的真实性，遗迹尚不能证实。

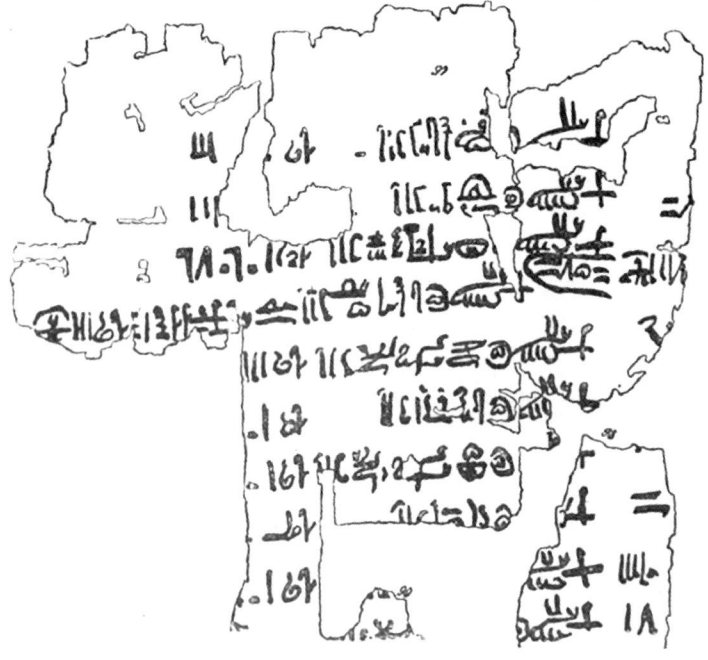

图15 ● 都灵莎草纸的一部分，记录了第十三王朝的三个法老及第十四王朝的开端

除了图特摩斯三世时期的王表，其他王表都来自同一时期，即塞提一世及其子拉美西斯二世统治时期。位于萨卡拉王陵中的王表仅是阿拜多斯王表的部分摘录，都灵王表只是同一时期王表的另一版本，曼涅托王表不过根据莎草纸编撰而成——王表写就的时间是当时的一千年前，也有可能从较新的记载中摘录。因此，第十九王朝前并没有前三王朝王表的依据，即王表存在的时间应该追溯到有记载的法老时期到后来的第十九王朝之间。

王表是在第十九王朝时才编撰而成，还是早期历史记载的复制品？毫无疑问，王表中纳入一些早期王表的内容，但研究位于卡纳克的图特摩斯三世神殿中的王表可知，似乎在雕刻王表内容时，编撰了一些实际并未发生的事，设计者没有常规材料可供参考。第十八王朝刻写该历史文献时能得到的信息无非是碎片式的说明和模糊的名字。基于某个时期的王表，我们可以得出相同的结论——阿拜多斯的两份王表、萨卡拉王表和都灵王表属于同一时期，具有与该时期类似的风格；早期文字版本缺失；图特摩斯三世王表顺序混乱；塞提一世时期四类王表完全一致。这表明，下令编撰埃及史的人是塞提一世。然而，塞提一世统治时期前，埃及并没有这类常规记录。因此，我们只能把前三王朝看作是一位编年史家在大约三千年后所做的一系列陈述，而他没有同时代的任何资料。那么，王表背后的历史依据是什么？发生在各个统治时期的事都有典故可循，但很简短，如瘟疫、地震、文学、宗教、法律和建筑的源头，还有一些奇事，例如，尼罗河河水变甜或者月亮变大。从写于第十二王朝甚至更早的韦斯特卡莎草纸的注释来源，人们可以看到关于早期法老的传说，即解释王朝起源的故事，这也许是撰写早期王表的依据。我们应仔细考察王表和信息来源，但最好单独考察，因为每件信息的可信度应该统筹考虑。

在下表中，"曼涅托王表中法老的顺序"一列展示的是从各种文本中筛选出来的、字迹最清晰版本的王表；"其他多份王表中法老的顺序"一列展示的是从阿拜多斯王表（简称A.）、都灵王表（简称T.）和萨卡拉通努利墓王表（简称S.）节选的内容；"遗迹上记录的法老顺序"一列给出的是在遗迹和莎草纸中发现的法老名字，这些遗迹和莎草纸可能都不是制作于记载的法老时期；"在位时长（年）"一列给出了各位法老的在位时间，相关信息来自公元3世纪塞克斯塔斯·尤利乌斯·阿弗里卡纳斯[1]编辑的曼涅托记录版本。这是唯一完整记录法老在位时间的文献。

●第一王朝（约公元前4777年到公元前4514年[2]）法老列表

曼涅托王表中法老的顺序	其他多份王表中法老的顺序	遗迹上记录的法老的顺序	在位时长（年）
美尼斯	美尼斯（A.） 美尼斯（T.）	美尼斯	62
阿托提斯	泰塔（A.） 阿……（T.）		57
肯开纳斯	阿特斯（A.）		31
尤尼菲斯	阿塔（A.） ……阿（T.）		23
乌萨菲	赫塞普提（A.）与（T.）	赫塞普提	20
密毕斯	梅尔巴普（A.） 梅尔……佩（T.） 梅尔巴佩（S.）		
瑟莫赫特	塞姆普塔（A.）		18
毕尼奇斯	克布（A.） 克卜胡（S.） ……布（T.）		26

●第二王朝（约公元前4514年到公元前4212年[3]）法老列表

曼涅托王表中法老的顺序	其他多份王表中法老的顺序	遗迹上记录的法老的顺序	在位时长（年）
包泰斯	贝扎乌（A.） 内特巴乌（S.）	美尼斯	38
卡伊靠斯	卡考（A.）与（S.） ……卡……（T.）		39
毕诺特里斯	巴尼特恩（A.）与（S.） ……内特恩（T.）		47
特拉斯	乌阿兹尼斯（A.）与（S.）		17
塞泰奈斯	森达（A.） 森德（S.）与（T.）	森德	41
卡勒斯			17
内弗赫勒斯	内弗卡拉（S.） 内弗卡……（T.）		25
谢赫米布	塞克内弗卡（S.）与（T.）		48
海奈里斯	泽法……（S.） 希泽法……普（T.） 扎赛（A.） 贝比（S.） 扎扎（T.）		30

●第三王朝（约公元前4212到公元前3998年[4]）法老列表

曼涅托王表中法老的顺序	其他多份王表中法老的顺序	遗迹上记录的法老的顺序	在位时长（年）
奈克罗弗	奈布卡（A.）与（T.） 〔奈布卡拉（S.）〕	奈布卡	28
托索罗斯			29

● 续 表

泰勒斯	泽塞萨（A.） 泽塞（S.） 泽塞拉……（T.）	泽塞	7
梅索赫里斯			17
索菲斯			16
托塞塔西斯	特塔（A.） 泽塞特塔（S.） 泽塞提（T.）		19
阿赫斯	奈布卡拉（S.）		42
塞孚里斯	瑟泽斯（A.）		30
克弗勒斯	内弗卡拉（A.） 黑尼（S.）	胡尼	26

　　曼涅托王表、阿拜多斯王表及其他王表尚存不确定性。例如，第二王朝第七位法老内弗赫勒斯和第三王朝第六位法老托塞塔西斯之间的顺序还不能确定。在一些王表中，内弗赫勒斯和奈克罗弗被放在扎赛和塞克内弗卡的位置。萨卡拉王表将奈布卡拉放在泽塞特塔后面，但在其他王表中，奈布卡拉和奈布卡、奈克罗弗处于同样的位置。在韦斯特卡莎草纸的王表中，法老的顺序为泽塞、奈布卡、斯尼夫鲁、胡夫，但在普里斯莎草纸中，胡尼是斯尼夫鲁的前朝法老，该顺序和萨卡拉王表的顺序更一致。

　　王表中呈现的历史故事很有价值，能向人们讲述法老的生平逸事。不过，无论人们对这些王表的评价如何，王表内容至少展现出了某些历史事实。

第一王朝第一位法老：根据希罗多德和约瑟夫斯的说法，美尼斯就是"提尼特"。美尼斯来自先前的提尼特王朝，建立孟菲斯为埃及首都。据说第一王朝的继任者都是美尼斯的男性后裔，直到第二王朝第三位法老毕诺特里斯开启了女性继承法老之位的先河。这一陈述与上述信息一致。

第一王朝第二位法老：据说，阿托提斯也在孟菲斯建都。他写过医学著作，也许是希腊人将他的名字和托特[5]弄混了。

第一王朝第四位法老：尤尼菲斯在位时，整个埃及瘟疫肆虐。据说，尤尼菲斯将金字塔建于可洪附近。这座金字塔可能是指萨卡拉阶梯金字塔。可洪亦指卡黑，意为"黑公牛"，或者萨卡拉的一个地区[6]。此外，还有一个地方也可能叫可洪。可洪可以理解为"可的村庄"，如此一来，可洪一词源自亚美尼亚语。"考"，现代埃及的一座镇，在通俗语中为"坤"，在科普特语中为"可乌"。因此，这个词可写作"可洪"。应仔细研究调查阿拜多斯和艾斯尤特这两个地方，因为早期法老可能在这里活动。

第一王朝第七位法老：瑟莫赫特在位时，做出了许多了不起的事迹。不过，瑟莫赫特在位时，埃及也发生过严重瘟疫。

第二王朝第一位法老：包泰斯开创了第二王朝。包泰斯在位时，布巴斯提斯附近地面出现深裂口，死亡人数众多。布巴斯提斯靠近阿卜扎白尔的岩浆活动地区，因此这一说法具有一定说服力。

第二王朝第二位法老：卡伊靠斯建立了孟菲斯，也确立了各地对圣物的崇拜，如孟菲斯与赫利奥波利斯崇拜圣牛（孟菲斯崇拜的圣牛叫阿匹斯，赫利奥波利斯崇拜的圣牛叫姆尼维斯），门德斯崇拜圣羊，也就是山羊。卡伊靠斯的名字，意为"牛首"。这充分说明这种崇拜的坚定性。当然，这也可能是卡伊靠斯取名后才确立这些崇拜的。

第二王朝第三位法老：毕诺特里斯确立了女性继承王位的合法性。

第二王朝第七位法老：据说，内弗赫勒斯统治埃及期间，尼罗河流淌了十一天的蜂蜜。

第二王朝第八位法老：谢赫米布以身材高大闻名，他高五腕尺[7]三掌尺[8]，应该略高于八英尺。

第三王朝第一位法老：奈克罗弗建立了第三王朝。奈克罗弗统治期间，利比亚人造反。但利比亚人由于害怕月亮的增加而投降了，这显然发生在月食之后。

第三王朝第二位法老：托索罗斯是一位杰出的医生，他用凿过的石头建造了一座房子，并传播文学。

这就是曼涅托王表及摘录本中的法老逸事。虽然记录的事情不多，但我们总可以了解一些情况。但需要注意的是，神圣动物不是在第一王朝时就开始被信仰的。第三王朝前，房屋都由木头建造。因此，凿石头进而建成房屋自然显得很特别。这一时期可能是从发现于科普托斯的泥土雕塑到石头雕塑的转换时期。在遗迹中，我们发现了法老的少数痕迹，已故法老的祭司似乎是唯一能在石头上雕刻法老名字的人。

第二十六王朝美尼斯的祭司为森布夫[9]，托勒密王朝的祭司为乌内弗[10]。

泰塔的祭司也是森布夫。

森德的祭司为谢拉或者谢瑞。从森德祭司墓地挖出的文物如今分别收藏在牛津、佛罗伦萨和吉萨。同为祭司的还有奥森和安可夫[11]。有一尊青铜雕像属于第二十六王朝，目前收藏在柏林。

培拉布森的祭司也是谢拉。这位法老的事迹鲜为人知，可能属于较早时期。

奈布卡的祭司墓地位于阿布西尔。

泽塞统治时期，辛努塞尔特二世的雕像被人们瞻仰。目前，这尊雕像收藏在柏林。泽塞的祭司为森布夫。这一时期为第二十六王朝[12]。从泽塞法老时期开始，波斯帝国时期的工匠主管一职就由赫努玛布拉[13]及其后人担任。

祭司制度一直延续到后来历代法老统治时期。祭司不一定和法老处于同一时期。之所以说谢拉的墓地建于第二王朝时期，是因为谢拉是第二王朝法老的祭司。毫无疑问，谢拉的墓地存在时间久远，但风格和迈杜姆时期的风格几乎没有差别。因此，谢拉的墓地可能建于第三王朝后期或者第四王朝初期。

据莎草纸记载，最早用莎草纸记录的文献源自早期数位法老统治时期。因此，人们经常将这类文献的撰写归功于早期法老统治时期，并且认为它们都是在早期法老统治时期发现的。然而，它们其实都是在第十二王朝之后才撰写的，所以"莎草纸文献源自早期法老统治时期"这一信息价值不高。

埃伯斯医学莎草纸虽然提到了泰塔，但可能是指第六王朝的法老。

柏林医学莎草纸提到了赫塞普提。据说，《亡灵书》的第六十四章到第一百三十章都在赫塞普提统治时期被发现。

柏林医学莎草纸还提到了森德。

奈布卡是韦斯特卡莎草纸中某个故事中的法老。

奈布卡拉可能跟奈布卡是同一个人，是塞克赫提[14]故事里提到的法老。因此，奈布卡拉可能生活在第九王朝到第十王朝。根据韦斯特卡莎草纸，泽塞是另一个故事中的法老，都灵王表中也提到泽塞的头衔。

黑尼出现于普利斯莎草纸。黑尼后面是斯尼夫鲁，并且应该与内弗卡拉指的是同一人，但这只能以王表顺序为依据。

第三王朝后期才出现圣甲虫[15]和小物件。名字里有"美尼斯"的圣甲虫（图16）和小物件均存在已久。这种情况也适用于名字里有"美尼斯"的耳环和项链[16]。另外，第三王朝后期出现了可能属于塞姆普塔的物件，但没有任何证据能证明它们源自史前时期。这些物件也可能属于卜塔的祭司（其头衔为"塞姆"）。圣甲虫可能属于第三王朝奈布卡时期。有两个尼卡圣甲虫和七个奈布卡拉圣甲虫已经可以确定出产年份。最后，一个内弗卡拉圣甲虫可能属于第三王朝最后一位法老。

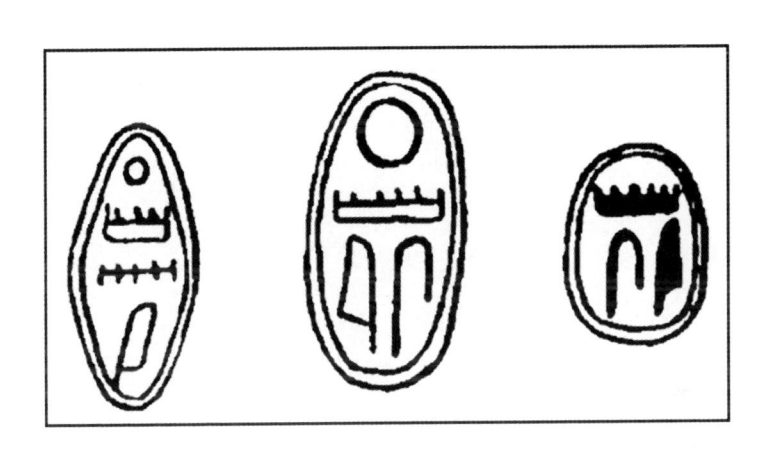

图 16 ●美尼斯圣甲虫

第四王朝之前的遗迹虽然存在，但不多。萨卡拉阶梯金字塔（图17）的门洞是用釉面砖砌成的，上面刻有一个早期法老的头衔。目前，这个门洞收藏在柏林。

塞拉皮雍的一块石碑上——现收藏在法国卢浮宫博物馆，似乎是阿比斯牛的神圣头衔，但只是表明这些牛被埋葬在这个金字塔里。此外，西奈的一块岩石上发现了卡名[17]卡赫内特，与第四王朝的名字相近。这可能是一位早期法老的名字[18]。后来发现的一块第三王朝后期石碑上的卡名被证实是法老泽塞的名字。我们对斯尼夫鲁金字塔的研究应该更加深入、细致。

在孟菲斯发现的原始雕像体积较小——目前收藏在吉萨博物馆，为第6161号藏品——肩膀上刻有法老的卡名，如内特恩、瑞伯和霍特潘克蒙赫。这些名字之谜至今未解开（图18）。卢浮宫的梅里墓葬物品、吉萨的塞克赫斯巴乌墓葬物品

图 17 ●萨卡拉阶梯金字塔

及萨卡拉的阿赫特霍特普墓葬物品，吉萨的哈斯[19]木板（图19、图20）及收藏在卢浮宫的塞帕和拉山赫[20]的雕像都显示了相比斯尼夫鲁时期的艺术品更高超的技艺。因此，人们可以推测这些雕像制作于后来的时期。

那么，这些实物遗迹是如何与王表上记录的历史匹配的？我们有理由相信，在七百七十九年内，共有二十七位法老统治埃及。不过，我们至今找到的王陵不过几处，难以佐证这么长时间的历史。事实上，埃及王朝法老的数量是已经发现的王陵数量的十倍或者二十倍。我们不能假设某一时期的很大一部分王陵已经消失。如果我们不能及时找到属于第四王朝或者第四王朝以前一半的王陵，随着标有确切年代的遗迹陆续被发

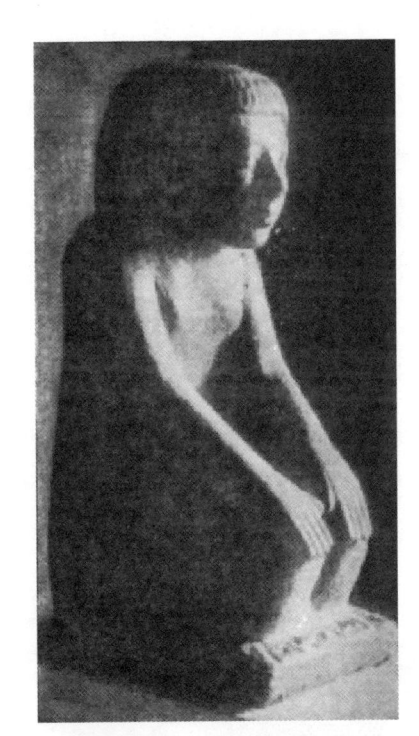

图18 ●花岗岩雕像，发现于孟菲斯

图19 ●哈斯的木板，现藏于吉萨博物馆

现，那么可以推断，这二十七位法老的在位时间并没有那么长，相反应该更短。如果我们考虑到实物遗迹是从第三王朝开始出现的，就能够得出更一致的结论。

与此同时，人们还有另一种判断标准。第四王朝初期的迈杜姆有两种截然不同的埋葬风俗，表明了不同的信仰和观念。然而，在后来各个朝代的其他墓地中，我们没有见到这类差异。难道我们要相信埃及贵族在与土著接触的八百年里没有改变风俗习惯，也没有种族融合，而这种变化是在一两个世纪里突然发生的吗？这显然是不可能的。为避免武断，可以说，如今可能性比较大的结论是：

图20 ●哈斯的头部浮雕

在第四王朝之前几百年，或者从公元前4500年开始，开创埃及王朝历史的人从科索大道来到尼罗河流域。他们先到达孟菲斯，并且在孟菲斯定居。随后，各地统治者群起，他们的事迹大多通过口头传播。在第四王朝前一百年左右，他们巩固势力，引入铜质工具，组织工人，开始建石头建筑。因为以前的建筑都是木质的，所以石头建筑是一种创新。

关于法老的故事被记载下来，后来得到广泛传播。记载这些故事的有韦斯特卡莎草纸等。最后，在第十九王朝，散落的故事和口头流传的故事被收集起来，并且将史上诸位法老按顺序列表显示。

【注释】

1. 塞克斯塔斯·尤利乌斯·阿弗里卡纳斯（约160年或179年—240年），公元2世纪到公元3世纪期间的基督教徒、历史学家。——译者注
2. 另一种说法为公元前3100年到公元前2890年。——译者注
3. 另一种说法为公元前2890年到公元前2686年。——译者注
4. 另一种说法为公元前2670年到公元前2613年。——译者注
5. 托特是古希腊神话的智慧之神，也是月亮、数学和医药之神。——译者注
6. 海因里希·卡尔·布鲁格施：《古埃及地理词典》，第836页。——译者注
7. 腕尺是古老的长度单位，以手肘到中指顶端的距离为准。——译者注
8. 掌尺是一个人手掌的宽度，相当于七分之一腕尺的长度。——译者注
9. 卡尔·里夏德·列普修斯：《埃及和埃塞俄比亚的古迹》，柏林，贝萨克赫书店，1849年，第3卷，第276页。——原注
10. 根据塞拉皮雍的一块石碑，为第328号藏品。——原注
11. 《圣经考古记录》，伦敦，圣经考古学会，1879年到1918年，第9卷，第180页。——原注
12. 卡尔·里夏德·列普修斯：《埃及和埃塞俄比亚的古迹》，柏林，贝萨克赫书店，1849年，第3卷，第276页。——原注
13. 卡尔·里夏德·列普修斯：《埃及和埃塞俄比亚的古迹》，柏林，贝萨克赫书店，1849年，第3卷，第275页。——原注
14. 塞克赫提是《一个有口才的农夫》中的主人公。故事发生在埃及第九王朝，讲的是农夫塞克赫提被抢劫后如何由法官伸张正义。在那个时代的埃及，伸张正义并非易事，因为如果一个农夫的案件要得到审理，似乎必须通过某种特殊手段引起法官的注意。——译者注
15. 圣甲虫就是现在俗称"屎壳郎"的蜣螂。古埃及人将圣甲虫视作重生、创造、勇敢的象征，并将圣甲虫神化为动物神凯普里。——译者注
16. 被亨利·艾伯特收藏。——原注
17. 古埃及人认为人的灵魂分为三大类，分别是卡（ka）、巴（ba）和阿克（akh）。它们与人体并存，具有永恒不灭的特性。卡能在尸体死后幸存下来，存于一个人的画像或雕像中。"卡名"即"卡的名字"。——译者注
18. 《埃及作品汇编》，第16期，第104页。——原注
19. 哈斯是古埃及的专业医生，是第三王朝时期的高官和御医，他的墓地以绘画和雪松木板闻名。——译者注
20. 塞帕和拉山赫是法老的随从，他们的这两尊雕像是埃及已知的、最古老的真人大小的雕像。——译者注

第 3 章

第四王朝

FOURTH DYNASTY

曼涅托王表中第四王朝法老的顺序	其他多份王表中法老的顺序	多数遗迹上记录的法老的顺序	在位时长（年）	在位时间
索伊斯	斯尼夫鲁[1]	斯尼夫鲁	29	约公元前3998年到公元前3969年
苏夫斯	胡夫[2]	胡夫	61	约公元前3969年到公元前3908年
苏夫斯	卡夫拉[3]	卡夫拉	63	约公元前3908年到公元前3845年
门赫勒斯	门卡拉[4]	门卡拉	61	约公元前3845年到公元前3784年
拉托瑟斯	雷吉德夫[5]	雷吉德夫	25	约公元前3784年到公元前3759年
内布卡二世	谢普塞斯卡夫[6]	谢普塞斯卡夫	22	约公元前3759年到公元前3737年
塞贝克勒斯	塞贝克卡拉	……	7	约公元前3737年到公元前3730年
德德夫普塔[7]	……	伊姆霍特普	9	约公元前3730年到公元前3721年

这份表格采用了曼涅托王表的顺序，但与遗迹上雕刻的王表不完全一致。在阿拜多斯王表中，雷吉德夫位于胡夫和卡夫拉之间，可这个顺序与美提特夫斯雕像上的文字也不一致。在萨卡拉王表中，塞贝克卡拉处于第六王朝或者第七王朝后期或者第十二王朝后期。由于没有在其他地方发现塞贝克勒斯或者塞贝克卡拉的名字，萨卡拉王表的设计者可能很困惑是否应将塞贝克卡拉放在塞贝克涅夫鲁的位置上。塞贝克涅夫鲁应在第十二王朝后期阿蒙涅姆赫特四世后继任法老。伊姆霍特普很可能是曼涅托记载的德德夫普塔，但在哈马马特干

涸的河床[8]。关于伊姆霍特普的碑文似乎是第四王朝后期才出现的。因此，曼涅托或者其他抄写员将伊姆霍特普的名字从第五王朝后期转移到第四王朝后期。阿拜多斯王表比萨卡拉王表更完整，因为萨卡拉王表只列出第四王朝的第一位、第二位、第三位、第五位法老。都灵王表中没有出现第四王朝法老的名字，虽然通常认为都灵王表的第32号碎片记载的是第四王朝的信息，但这块碎片上没有任何与第四王朝法老相关的记载，也没有一个统治时期与曼涅托王表的记载一致。碎片出现了一位法老的名字，这个名字以"泽法"结尾。显然，这种名字的风格属于第十四王朝。

第四王朝第一任法老斯尼夫鲁（　　　　　），在位时间约为公元前3998年到公元前3969年，相关信息如下：

卡[9]神殿和金字塔，位于迈杜姆。[10]

石板，位于西奈。[11]

花岗岩碟子，发现于艾尔曼特，被阿尔弗雷德·维德曼收藏。

闪长岩石碗，目前收藏在吉萨博物馆。

花瓶盖，目前收藏在吉萨博物馆(图21)。

王后美提特夫斯，雕像，现收藏在莱顿博物馆。

王后梅里塞克三世(存疑)，金字塔，位于迈杜姆。

女儿内弗特考一世，葬于斯尼夫鲁哈夫王陵，位于吉萨。

对斯尼夫鲁统治时期的史实，我们有了比较充分的认识。我们对斯尼夫鲁及王室成员的遗迹都比较清楚。王室居所大约坐落在离开罗南部四十英里的迈杜姆，因为金字塔就建在这里，附近是德斯尼夫鲁。人们对迈杜姆金字塔有过许多奇怪的猜想。例如，整座金字塔是由一整块岩石切割而成的，内部没有通道，外部是阶梯金字塔。靠近迈杜姆金字塔的王陵属于

图 21 ● 斯尼夫鲁时期的花瓶盖，现藏于吉萨博物馆

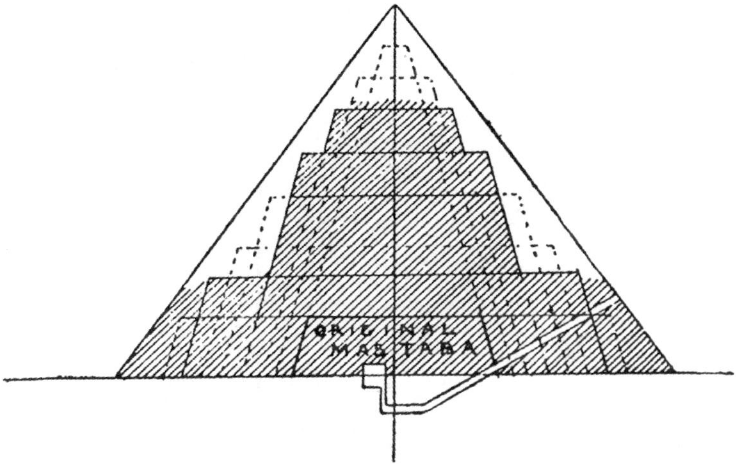

图 22 ● 迈杜姆金字塔侧面图

第十二王朝时期，虽然在许多方面都和第四王朝的早期建筑十分相似，但近来的研究已经排除了这类猜想的可能性[12]。

斯尼夫鲁王陵的基本形状是正方体的马斯塔巴（图22）[13]。马斯塔巴采用砌体结构，顶部平坦，两边向内倾斜75°，入口位于北侧下方。通过增加砖石的堆砌，王陵规模可以扩大。当时的王陵通常由砖砌成，一层层往上垒砌石块。最终，王陵形成外围的阶梯结构。同样的过程重复七次，形成复合建筑。每层叠加后都会形成外部大阶梯，外部轮廓进而形成角锥状。最后，从底到顶加入一定坡度的外壳，形成长度和宽度比为14：11的金字塔角（图23）。接着，拆除两个外壳，使内部泥土自然成形。萨卡拉阶梯金字塔不算严格意义上的金字塔，而是重复扩建的马斯塔巴。这就是为人所知的最早的金字塔。萨卡

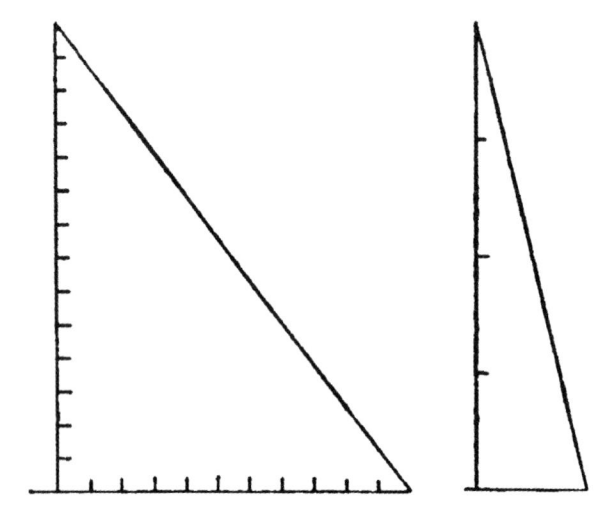

图 23 ● 金字塔角的长度和宽度比 14∶11；
马斯塔巴角的长度和宽度比为 4∶1

拉金字塔每次扩建时覆盖的涂料厚薄不一，也不均匀。迈杜姆金字塔的持续扩建催生了一个理论，即在法老有生之年，所有金字塔都通过在外部上涂料来不断扩建。但除了迈杜姆金字塔，没有其他金字塔出现类似情况。位于吉萨的门卡拉金字塔在完工之前曾扩建过一次，但后来没有继续扩建。许多建造案例表明，金字塔的大小在施工开始时便已确定。

从迈杜姆金字塔北面的一条长通道可达金字塔内部。金字塔中心的石头下方有一条较短的水平通道，向上形成立井，通达墓室地板。墓室建于金字塔中心的石头表面，屋顶为花纹交错的岩石。在墓室及其下方的通道里，发现了木棺和木罐碎片（被皮特里收藏），碎片遍地都是。支撑立井内壁的木梁仍旧牢固结实，岩石内的盐渗透其中。

在金字塔东面的对面，建了一个院子和几个内庭，它们构成一座小神殿。庭院内还建有祭坛，作供品摆放之用，祭坛两旁耸立着两根石柱，但石柱上面没有铭文。神庙墙上有涂画的痕迹，它们可追溯到古王国到第十七王朝之间。五处涂画显示这座金字塔为纪念斯尼夫鲁而建。再者，金字塔、神殿和陵墓的风格等方面都颇具古风，不像是后来王朝的作品，所以我们有理由相信这座金字塔是在第四王朝期间持续加建的。神庙风格朴素（图24），除石灰岩外，没有使用其他种类的岩石，也没有任何装饰。墙壁初见之时较为粗糙，而后加以修整。金字塔和神庙四周围着环廊，环廊的入口在东边，一直通向神庙，通道是一条堤道，堤道两边用墙围住，其风格朴素自然。

图24 ●迈杜姆的金字塔神殿，根据测量数据绘制

斯尼夫鲁似乎有两座金字塔。在迈杜姆发现了一尊精美的赫恩卡坐像。赫恩卡是斯尼夫鲁两座金字塔的看守人。该雕像现藏于柏林博物馆。代赫舒尔的金字塔为斯尼夫鲁金字塔看守人的陵墓，都拉拉和安克赫马拉是斯尼夫鲁两座卡金字塔的看守人[14]，其中一座金字塔为著名的卡南金字塔。

人们对斯尼夫鲁的崇敬长盛不衰，他的祭司和爱慕者有[15]：

人名	时期	遗迹	遗迹发现地/收藏地
梅特恩	第四王朝早期	陵墓[16]	阿布西尔
德佩曼克	第五王朝	陵墓[17]	萨卡拉
特恩塔	第五王朝	陵墓[18]	代赫舒尔
杜都	第十三王朝[19]		
杜都	第十八王朝	石碑	莱顿
安克哈比		棺[20]	卢浮宫

唯一的王室碑文出自西奈石碑。石碑的标题是一个包含整个皇室头衔和名字的边框：[21]这些头衔和名字的顺序与后来使用的顺序大相径庭，石碑上刻有"埃及法老、秃鹰和神蛇之主内贝马特，金色荷鲁斯太阳神内贝马特——卡名——斯尼夫鲁是伟大的神。他使国家强大，国泰民安。他心胸宽广，征服各地，永生不灭"。石碑上还刻有斯尼夫鲁和一个贝都因人的图案。斯尼夫鲁抓住贝都因人稀疏的胡子，要举起权杖攻击他。斯尼夫鲁的圣甲虫用天青石制成（现被昌西·默奇收藏），从材料和风格来看，应出自第二十五王朝。

虽然我们不能确定胡夫是否是斯尼夫鲁的儿子——德·鲁热曾说过，没有一位早期法老是前任法老的儿子，但斯尼夫鲁家族一直持续统治到第四代。在吉萨，胡夫金字塔的东南边就是斯尼夫鲁哈夫的王陵。斯尼夫鲁哈夫的父亲内弗马特二世是内弗特考一世的儿子，而内弗特考一世是斯尼夫鲁的女儿。斯尼夫鲁的一位王后叫美提特夫斯，她的一尊雕像收藏在莱顿博物馆。在吉萨，人们发现美提特夫斯的一块石碑，石碑上美提特夫斯的相貌有点奇怪，有十分明显的下等民族特征。在吉萨发现的另外两尊早期雕像和现藏于卢浮宫内的碑文也展现了同样的特征。因此，可以说，法老的王后可能来自下等民族，而不一定来自上流社会。美提特夫斯的碑文有助于确定法老之位继承的情况，因为她深受斯尼夫鲁和胡夫的喜爱，并在晚年依附于卡夫拉。因此，这两位法老之间并没有雷吉德夫的容身之地。雷吉德夫要么是共治的法老，要么是继任者。在迈杜姆神殿第十八王朝的壁画中，我们发现了另一位王后，也是斯尼夫鲁的妻子，名为梅里塞克三世，通常被认为是卡夫拉的王后。不过，这个名字的由来只是依靠她的儿子位于吉萨的内贝马赫特陵地中王室妻子的名字推测。梅里塞克三世如果是在斯尼夫鲁统治后期才成为他的妻子的，那么内贝马赫特在胡夫成为法老后出生。因为等内贝马赫特较大时，斯尼夫鲁也可能在自己的陵内刻上含卡夫拉的名字。卡夫拉是唯一能确定碑文日期的因素。因此，梅里塞克三世也可能是斯尼夫鲁的妻子。或者说，梅里塞克三世可能像美提特夫斯一样，已经被传给了胡夫的后宫。她的儿子内贝马赫特在胡夫统治埃及二十年后才出生。总之，没有充分理由可以否认第十八王朝壁画显示的信息的正确性。

迈杜姆的私人墓地可能是这一时期建造的。墓地中埋葬的主要人物是几名王室成员，即王子拉赫泰普及其妻子内弗特和王子内弗马特一世及其妻子艾特提。拉赫泰普和内弗马特一世虽然被封为王子，但可能不是斯尼夫鲁亲生，而是其他法老的后裔。唯一可以证明墓地所属时期的信息，是内弗马特一世的一个名叫迈涅特-斯尼夫鲁的农场。然而，墓的整体风格和现位于柏林的梅腾墓及麦洛伯墓的风格很相近。毫无疑问，这两块墓地都属于第四王朝的初期。

拉赫泰普和内弗特因他们在吉萨博物馆中无与伦比的雕像而闻名（图25）。这些雕像极具表现力，它们的生命力优于埃及任何后来时代的作品。雕像是在墓室被发现的。1871年，拉赫泰普雕像和内弗特雕像被发现时还没有损坏，但现在已经破损不堪了。墓室上的壁画价值非凡。因为比起后来王朝的墓室壁画，它们描绘的场景[22]更生动，更具表现力。内弗马特一世的陵墓[23]展现了他独特的品位，所有的象形文字和图形被很用力地雕刻，并在雕刻的凹陷处填涂了彩色糊剂，特别突出了脸部细节并涂有颜色。然而，雕像的镶嵌部分采用了质地柔软的材料，很快就因为暴露在空气中或者盐霜[24]作用而腐烂。壁画很逼真，但脸部细节的雕刻还有完善的空间，这样可以使拉赫泰普的表情更突出。这些陵内雕刻的符号是已知的最早的符号之

图 25 ●拉赫泰普和内弗特着色石灰岩雕像，现藏于吉萨博物馆

一，它们对研究象形文字的起源及采用这些符号时的文明状态而言，具有很高的价值。雕像的人物形态等反映出古埃及先进的建造水平，令人叹为观止。这说明在古埃及早期，木质材料被广泛使用，直到后期人们才开始采用石头建筑。

迈杜姆的墓地向我们提供了许多信息，包括埃及著名的特殊埋葬方式。与亡人平躺在棺木中，头部朝上，身边放置花瓶预示往生极乐的埋葬方式不同，迈杜姆的墓地通常采用的埋葬方式是亡人向左侧躺，膝盖弯曲向上，脸朝东，身边不放置花瓶或者任何其他物品。这种埋葬方式显示出信仰的多元化。当然，也可能由于当时不同的种族有不同的习惯，才产生了这种埋葬方式[25]。

第四王朝第二任法老胡夫（ ），在位时间约为公元前3969年到公元前3908年，相关信息如下：

阿赫特神殿和金字塔，位于吉萨。[26]

石碑（图26），位于西奈。[27]

图26 ● 石牌，现被威廉·马修·弗林德斯·皮特里收藏

石块，位于布巴斯提斯。[28]

哈特努布采石场碑。

多个雪花石膏花瓶[29]，分别藏于利物浦博物馆、波斯诺和威廉·马修·弗林德斯·皮特里处。

卡名闪长岩碗，于吉萨被发现，现被皮特里收藏。

砝码，现被希尔顿·普利斯收藏。

女儿赫努森[30]，帕塞布哈努石碑。[31]

吉萨大金字塔使胡夫的名字比埃及史上任何其他法老的名字都更令人印象深刻。这一事实否定了一些轻率的论断，如金字塔是毫无意义的愚蠢和野心的纪念碑，也反驳了托马斯·布朗的一些论述，如"这类建造金字塔的行为不过是一种持续时间的谬论"。胡夫金字塔恢宏气派，在历史上绝无仅有。因此，胡夫成为东方历史上最广为人知的法老。

大金字塔是从第一座开始建造时就确定了它巨大的规模，比任何其他金字塔都大；用到的石头可能比其他任何一座建筑都要多。大金字塔的地基比卡纳克神殿（从阿蒙涅姆赫特一世统治时期到托勒密王朝时期）的整个占地面积还要大。神殿除了当今建的若干座高塔，胡夫金字塔是埃及最高的建筑，也是世界上最古老的建筑之一（图27）。

内部通道的铺设证明在设计阶段，胡夫金字塔已经拥有巨大的规模。如果设计时金字塔的地基规模仅仅是如今的三分之二，那么入口的设计是根本行不通的，因此胡夫金字塔和迈杜姆金字塔的规模都是设计之初就已经确定好的。关于胡夫金字

图 27 ●从南边看吉萨的多座金字塔

塔构造最有可能的一个理论是，这座金字塔的顶部角度经精心设计，其高度等于地基周长形成的圆的直径。实际上，数据证明确实如此，因为早期的斯尼夫鲁金字塔也有同样的角度，很明显胡夫金字塔出自同样的设计理念。金字塔的高度和地基侧面长度比为14：11，其半径和圆周长比接近7：44。因此，金字塔的高度应该能被七整除，地基侧面长度应该能被十一整除。通过观察这两座金字塔，我们可以看到两座金字塔的相关数值都是偶数腕尺的。各数值的计算方式如下：

高度……7
地基……11 }×25腕尺为斯尼夫鲁金字塔的尺寸

高度……7
地基……11 }×40腕尺为胡夫金字塔的尺寸

通过简单和直接的运算，我们可以看出金字塔采用了同样的设计方式。因此，如果说金字塔是经过无计划的调整达到最后的规模，而不是在设计时就进行了周密计算，几乎是不可能建成如此之大的规模的。

金字塔的建筑材料是尼罗河对面采石场开采出来的石头，包括外部的精致石材和内部的粗糙材料，这是因为尼罗河西岸没有这种石头或采石场。据希罗多德的记载，金字塔的建造使用了大量的人力。想想这样宏伟的建筑，这样做也是合情合理的。据说，一次征用十万人三个月（即在洪水泛滥的三个月期间，一般劳动处于停顿状态）；按照这个规模，金字塔建造持续了二十年。通过计算石头的数量和重量，我们可以得出结论，满足施工要求确实需要这么大的工作量。技艺精湛的泥瓦匠们拥有可容纳四千人左右的巨大营房，现位于第二座金字塔后面；但也许一千人足以在当时完成所有的精细工作。因此，在金字塔建造过程中，似乎没有什么是不可能的。古埃及在人力方面丝毫不发愁，特别是在自然因素导致部分人口闲置的时期。通过这项工程，人们接受培训、掌握技能，这对培养国民性很有好处。

金字塔不同部分的工艺水平各不相同，入口通道和外部的工艺可能是最精细的。接缝处平滑规整，工匠的技术可以和当代光学仪器师的水准媲美。不同的是，金字塔工匠的施工范围按英亩计，光学仪器师的工作按英尺或者码计算。金字塔地基的垂直度和水平度十分精准，平均误差小于边长的万分之一。王后的墓室做工也很精致，接缝处几乎难以发现。然而，其他部分的工艺比较粗糙。走廊的工艺远没有这么精致，法老陵的构造有失水准，只有花岗岩的花纹还算精致。设计上的不同还体现在从走廊到秘密通道的贯通井的砖石结构上，以及王后墓室地上尚未完成的毛坯砌体上。显然，金字塔的设计师从始至终坚持采用精细工艺。不过，金字塔还没完工，设计师就去世了。后来，没人能完美接手这项伟大的工程。

从斯特雷博的论述中，我们可以知道金字塔的入口装有铰链式活石板门，而发现于代赫舒尔南金字塔的这扇门也是如此。由于许多文献已经描述过金字塔的内部装饰，所以在此处，我们不再赘述。墓室的布局和数量都和已知的金字塔的情况截然不同，但因为我们不知道这些墓室之前存放的物品，现在猜测墓室的设计目的毫无意义。法老陵的花岗岩棺似乎表明这是用来存放法老遗体的墓室，因为使用整块岩石切割出的地下墓室在成形前已经被弃用。另一个重要墓室是王后的墓室。1236年，伊德里斯说，这里曾放置另一副棺。不过，没有迹象表明这副棺确实存在于王后墓室内。墓室东边墙上的壁龛，或者说凹陷处，似乎是放置法老卡[32]雕像的地方。

在法老墓室上方的石块堆中，人们发现国王的名字被反复地用红色油漆写着，回答了这座金字塔是为哪位法老建造的问题。泥瓦匠们将边角废料堆在金字塔外围，以延伸地基的范围，从而形成了靠在悬崖边的大片堤岸，并且石块按一定顺序分层。从一层层的陶器碎片中，我们可以找到木炭和线状物。

宏伟的金字塔外铺有宽阔的石灰岩路，向东一直延伸至一座神殿处。神殿没有墙，但有一段褐色玄武岩路面，从南到北长一百九十英尺，从东到西宽八十英尺。路面外围有三条很深的壕沟，由石头切割而成，质量上乘的石块整齐地排列着。最初的壕沟大约有一百六十英尺长，二十英尺深，五到六英尺宽。现在我们还不清楚它的用途，但也有可能是用来观察星象方位的。壕沟中挂有一根自上而下的绳索，通过水面的星体投射，可以观察到星体的准确方位，观察者还可以在绳索的两端观察到极地和赤道两颗恒星的方位。当然，这只是一种猜测。但它与金字塔的方位所显示的恒星观测的准确性是一致的，还能解释壕沟的特殊形状。由于存在很多被水磨损的痕迹，它无疑是用于清洗人行道的排水沟。

后代的人们对胡夫的崇拜有增无减，被记载的祭司或者金字塔看守人有：

祭司/金字塔看守人	时间	遗迹	遗迹所在地
麦洛伯	第四王朝早期	墓地	吉萨[33]
卡恩内弗特	第四王朝早期	墓地	吉萨[34]
胡夫卡阿努	第四王朝早期	墓地	吉萨[35]
肯特恩	第四王朝早期	墓地	吉萨[36]
凯伊	第四王朝早期	墓地	吉萨[37]
特恩塔	第四王朝早期	墓地	萨卡拉[38]
赫特普赫斯二世	第四王朝早期	墓地	萨卡拉[39]

● 续 表

祭司/金字塔看守人	时间	遗迹	遗迹所在地
埃梅里	第五王朝早期	墓地	吉萨[40]
谢普塞斯卡夫-安赫	第五王朝早期	墓地	吉萨[41]
普塔巴乌内弗	第五王朝早期	墓地	吉萨[42]
德佩曼克	第五王朝早期	墓地	萨卡拉[43]
斯内塞阿卜安塔	第五王朝早期	墓地	吉萨[44]
未知	第六王朝早期	墓地	沙姆沙伊赫[45]
拉内弗阿卜	第二十六王朝早期	戒指	亨利·艾伯特收藏
普塞特克门赫	第二十六王朝早期	石碑	卢浮宫[46]

唯一的王室碑文出现在西奈岩石上，像斯尼夫鲁的王室碑文一样。其中两块石碑刻有碑文（图28）：一块刻有胡夫的名字和头衔，另一块则是胡夫打败的对手的形象及姓名——克奴姆胡夫[47]，这引出一个复杂难解的问题，至今没有历史学家能给出令人满意的答案——谁是克奴姆胡夫？他是和胡夫一样独自治理国家的法老，还是共治君主？金字塔中的石头上刻的他的名字[48]与胡夫的名字并不相同，前者也没有出现在任何王表中。因此，我们可以确定他不是法老之位的继承者。该名在五个地方出现，即金字塔的石头雕刻[49]、西奈石碑[50]、哈特努布采石场、吉萨的肯特恩墓地[51]及第五王朝谢普塞斯卡夫-安赫的两个农场[52]。除采石场外，其余几处的"克奴姆胡夫"总是与胡夫的名字一起出现。此外，在各个地方，两个名字的写

图 28 ● 胡夫石碑，发现于瓦迪迈加拉

法并不一致，分别是"克奴姆-库夫"和"胡夫"。添加"克奴姆"不可能只是为了避开使用当时的拼写体系，因为在吉萨的肯特恩墓地中，我们可以发现"秃鹰和神蛇之主梅兹-克奴姆胡夫-肯特-胡夫……"，梅兹是胡夫的卡名。在同一碑文中，两个名字连续放在一起也不会只是同义词的变异。这两个名字要么是同一法老的两个单独的、不同的名字，要么属于两位不同的法老。如果是第二种情况，克奴姆胡夫肯定是一位更加重要的法老。因为他的名字被放在首位，也是西奈遗迹王室人物的名字。他一定经历了胡夫一生中大部分的时光，因为在金字塔建了五分之四时，他的名字出现在采石场。但他一定比胡夫先去世，因为他的名字除与胡夫的名字一起出现外，从未

单独出现过。总的来说，这个名字更有可能是胡夫的第二个完全独立的名字。

关于这一统治时期，还有一个颇具争议的话题——学者经常谈起包含斯芬克斯像的石碑[53]。因为这块石碑的工艺与第四王朝的工艺完全不同，人们普遍认为它是后来制成的。它发现于大金字塔的东南小金字塔外的小神殿内，这座神殿是由第二十一王朝的帕塞布哈努建造的。石碑可能就是帕塞布哈努或其继任者下令刻制的。它的价值取决于是否完整复制了胡夫在位早期时雕刻的一块石碑，而这只能从碑上面的文字来判断。在这块石碑上，出现了奥西里斯、伊西斯[54]和荷鲁斯[55]的名字。实际上，古埃及现存的任何纪念碑上都没有出现过上述神的形象，他们在古埃及史早期很少被提到，但在后期恰恰相反。奥西里斯被称为"内卜-鲁斯塔乌"，意为"死者居所之主"。在古埃及史早期，这个称呼并不存在，但帕塞布哈努在这座神殿中使用了这一称呼。石碑上的其他内容，比如蛇决定论、任[56]等，都是它雕刻于古埃及晚期的证据。因为这些内容在古埃及早期基本不为人所知，但在后世很常见。

碑文的主题，即胡夫寻找或者发现某些建筑的陈述，都是可疑的。有可能是为给神殿增光添彩，赋予神殿历史荣光，如同埃及史早期法老发现莎草纸的情况一样。此外，我们还看到，在托索罗斯[57]"雕琢石头、建造房屋"前，也就是第三王朝前，对埃及存在砖石建筑这一问题，人们表示怀疑。更何况，胡夫怎么可能需要寻找在自己统治不久前建造的建筑呢？

其次，这也间接说明了，在建造胡夫神殿前，先建奥西里斯神殿和伊西斯神殿是绝不可能的，因为在胡夫选择这个开阔的山地沙漠前，吉萨没有任何早期遗迹，而斯尼夫鲁金字塔离吉萨很远。另外，碑文还重点介绍了斯芬克斯像和神殿的形象。然而在古埃及几十个祭司的遗迹和几百座墓中，都找不到与斯芬克斯像有关的其他信息，也找不到任何相关的神殿或者崇拜现象。再者，既然胡夫的这块石碑一直保存到第二十一王朝时期，为什么不直接将石碑原件供奉在神殿内呢？为什么还要费心复制一块？因此，石碑的各个方面，即风格、人物和主题上的细节，都十分可疑。我们很难完全相信这是胡夫石碑的复制品，因此其关于神殿位置说法的可信度也不高。石碑所述地点包括胡夫金字塔和胡夫女儿赫努森金字塔附近的伊西斯神殿、胡夫金字塔南面的斯芬克斯像神殿及斯芬克斯像神殿南面或者东南面的奥西里斯神殿。伊西斯神殿的位置似乎就是人们发现石碑的帕塞布哈努神殿的位置。雕刻这块石碑的原因显而易见——为这里增添一份古老的荣誉。而关于奥西里斯神殿和斯芬克斯像，我们一无所知。花岗岩神殿的建造时间则很明显晚于卡夫拉时期——之后我们会讲到这点。因此，这个神殿不可能是胡夫发现的。唯一可以确定的是，放置这块石碑的目的是赋予某个地方神圣感。

由于建筑风格日趋奢华，对优质石材的需求上升，胡夫开发了越来越多的雪花石膏采石场。其中一座采石场位于特拉阿玛纳后方，距尼罗河十英里。在采石场内，胡夫开辟了一条宽阔、平缓的道路，向下延伸至高原，直达雪花石膏的岩石层。采石场的一块岩石上刻有胡夫的王名和卡名，象征他对采石场拥有所有权。在后来的碑文中，这座采石场被称为"哈特努布"。古王国时期[58]就已经使用过这个采石场的原料。这个采石场的原料可能是那个时代所有雪花石膏建筑和器皿的材料来源。在中王国时期[59]，一座毗邻的采石场一开采，其他采石场就会被相继开采。现在，已知的胡夫雪花石膏花瓶一个被波斯诺收藏，一个收藏在利物浦博物馆。在科普托斯，这个花瓶的一块碎片被发现，现被皮特里收藏。

布巴斯提斯的一块花岗岩上刻有胡夫的名字，这说明他在此修建了一些宏伟的建筑。在附近发现的一块卡夫拉统治时期的石头上也刻有关于这座早期建筑的说明。

据称胡夫竖起了一座方尖碑[60]，但这实际上是一种谬论。事实是，正如拉霍特普是迈杜姆的大祭司[61]，麦洛伯[62]是赫利奥波利斯的大祭司，也是胡夫的祭司。方尖碑，或者更确切地说是圆柱，在这里仅是一处书写着赫利奥波利斯名字的遗迹，与胡夫没有任何关系。

至于这时的墓地，其中许多墓主的头衔都是"法老的儿子"，还有些是"法老的孙子"，如麦洛伯[63]。麦洛伯的母亲是法老的女儿，而非妻子。因此，我们难以确定他们的出身，也不能确定他们是哪位法老的后裔。由于缺少直接的历史关联，我们不便在这里提及他们，除非他们担任王室祭司或者其他类似的职位。此外，有一块重二百格令[64]的砝码，上面刻有胡夫的名字，也是胡夫时期的物品，现被普利斯收藏。胡夫时期的圣甲虫并不罕见，从圣甲虫的工艺来看，除了一件现藏于大英博物馆的埃美尼斯都斯时期制作的陶器，其他圣甲虫可能都是胡夫时期的作品。这时的牌匾是最早的有翼圆盘作品，现被皮特里收藏。

第四王朝第三位法老卡夫拉（ ），在位时间约为公元前3908年到公元前3845年，相关信息如下：

神殿和金字塔，位于吉萨。[65]

花岗岩神殿和堤道。[66]

花岗岩神殿内的雕塑（图29）及其他遗迹，现藏于吉萨博物馆。

石块，发现于布巴斯提斯。[67]

金字塔神殿内一个刻有卡夫拉名字的碗，现收藏在大英博物馆。

刻有名字的权杖顶端，被皮特里收藏。

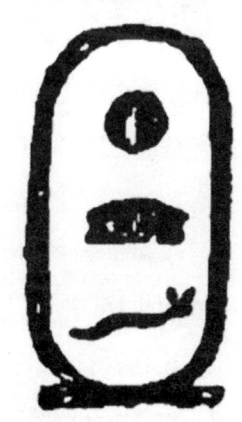

图29 ● 雕像上卡夫拉的名字

圣甲虫，现收藏在大英博物馆等地。

圆柱，现被皮特里收藏。

卡夫拉金字塔就在胡夫金字塔附近的西南方向。希罗多德、西西里的狄奥多罗斯和许多现代作家都说卡夫拉金字塔是为纪念卡夫拉建造的。遗迹显示证据是，在卡夫拉金字塔的神殿里发现刻有卡夫拉名字的一个碗和一个权杖的碎片。第一座金字塔和第三座金字塔的位置排列使这个论述确定无疑。

卡夫拉金字塔比胡夫金字塔小得多，无论是内部还是外表，在精确程度和石质方面都处于下风。然而，它最下层的通道竟是用红色花岗岩打造的——胡夫金字塔的外层都没有用到这种石料。另外，其入口通道也是用花岗岩打造的。金字塔的地基十分平稳，地基东南侧由石块堆积而成，西侧和北侧是在岩石中凿成的，在两侧留下了广阔的空间。金字塔的底部全部由形成于此地、未经搬动的岩石切割而成的石块组成，这些石块是从金字塔周围的岩石间隙中挖出来的，这些石块上铺有更小一些的石块。小石块是从东侧悬崖上搬来的。金字塔顶部仍然保留着石灰岩外壳。

卡夫拉金字塔原本有两个入口，一个在侧面高处，另一个在侧前方的路上。一直以来，入口都被砖石封住。王陵在底层，嵌在岩石里，顶上是倾斜的石梁。石棺由花岗岩打造而成，棺盖卡在凹槽中并可滑动，并用铜质（此处存疑）螺栓和熔化的树脂固定以防止抽出。直到现在，这些树脂仍有残留。当贝尔佐尼发现这具石棺时，它已经陷入地板中。棺盖盖在上面，但已经移位。现在，塔内地板已经被完全毁坏了。

金字塔东侧矗立着一座神殿。建神殿墙壁时使用的巨大石块还保留着，内部仍可见一些裸露的花岗岩。神殿内堆满残垣，其中有家具、雕像、花瓶等物件的碎片。从这座神殿出发，有一条长堤通向岩石高地，那里有一个平缓的斜坡。很明显，修建这条堤道是为了方便。堤道坡度平缓，东部以南坡度为15°左右，并且未和金字塔或者神殿形成直角。毫无疑问，建造金字塔和神殿的所有材料都是从这条堤道上运来的。实际上，其他金字塔也有类似功能的堤道，堤道一般由细石铺成，嵌在岩床里。

这条堤道一直延伸到平原，尽头非常开阔。在建金字塔和神殿时，这条堤道用于搬运石料。金字塔和神殿建成后，堤道用于连接金字塔顶部神殿和脚下的另一座神殿。神殿和金字塔呈直角分布，金字塔脚下的神殿入口是倾斜的，可与堤道相连（图30）。这对证明花岗岩神殿的年代来说十分重要。两座神殿的位置和罗盘的南北方向形成直角，但为方便施工，两座神殿之间的道路是歪斜的，而神殿的下层通道与歪斜的道路连成一条线。神殿其他部分建成后，施工方没有调整或者改变这条倾斜通道以适应道路方向。之所以这样说，是因为这条斜道没有任何重建的迹象，大殿角落的门也在墙上歪斜着。所以如果整改这条倾斜通道，就必须将整个神殿底部推倒重建。此外，神殿的天井和通往顶部的楼梯也依赖这条倾斜的通道。这条通道与神殿的整体建筑紧密结合在一起。因此，我们断定必定是卡

图 30 ● 从花岗岩神殿的西侧，可以看到通道和堤道歪斜延伸到第二座金字塔的神殿

夫拉金字塔和神殿及道路竣工后，才开始建造这座花岗岩神殿的。而且在这座神殿中，我们还发现了卡夫拉的雕像。因此，几乎可以肯定，这座神殿是为纪念卡夫拉而建的。

实际上，这座花岗岩神殿——常被误称为"斯芬克斯像神殿"——是一座坐落在山脚平原上的独立建筑。不过，由于被太多障碍物掩盖，人们通常认为这座神殿被埋在地下。神殿的顶部只剩下大块的劣质岩石构成了墙的核心，但其底层内部十分完美，连神殿外壳都保留着，还装饰着带凹槽的原始图案。这种图案的起源未知，可能源于砖饰，因为有人在埃及迈杜姆和巴比伦尼亚的早期砖砌建筑物上发现了同样的图案[68]。另外，整个神殿内部表面铺着红色花岗岩或者白色雪花石膏。神殿主体部分是个T形大厅（图31），T字底部朝向金字塔，顶部有一个与T形大厅平行并毗邻的长大厅。从T形大厅可以进入一个有三个长凹槽的房间，每个凹槽被一个厚架子分成上下两部分。这些凹槽由雪花石膏制成，从其形状来看，可能曾被用来放置石棺。这个房间及入口通道的一个开口，都保留了完整的屋顶，沿墙顶部还设有通风口。T形大厅上方有一个露天庭院。通过入口通道后，经过一条倾斜

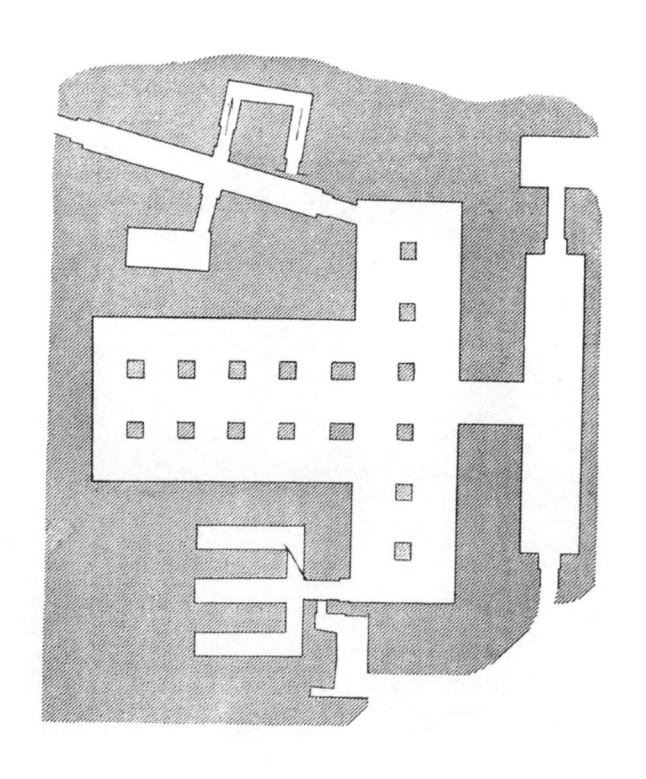

图 31 ●花岗岩神殿的平面布局

小路，小路在墙较厚的地方转弯。长廊比T形大厅高，两端各有一扇门，每扇门上方有一个大凹槽。凹槽似乎为雕像而设，因为没有通道可以通往凹槽处，并且凹槽后面是封闭的，所以不可能作为窗户。卡夫拉的闪长岩雕像就是在这个大厅内发现的，雕像被放在大厅内的一个凹陷中，该凹陷可能是一口井，或者是一个地下室。该凹陷现在已经被填满，探险者们对此从未给出合理的解释。神殿的东侧还有许多待深入研究的疑团，其建筑结构还不清楚。

这座神殿附近矗立着斯芬克斯像（图32）。由于没有证据表明斯芬克斯像的年岁，我们只能根据它的位置考虑其完成时

图 32 ●斯芬克斯像的侧面

间。整座斯芬克斯像，包括狮子的身体和人的头部，是完全用未搬动的天然岩石雕刻而成的，尽管风化作用形成的线条使雕像头部像是石块堆积而成的。雕像身体被石头包裹着，爪子可能是由古罗马时代的小石块砌成的。那里一定曾是一座岩石小山，从金字塔高地的山脚一直延伸到岬角。毫无疑问，雕像头部的石头原料坚硬无比、质量上乘，很好地防止了雕像头部被风化侵蚀，因为风化已经使雕像头部下面的软土层减少了。那么这座岩石小山是何时被雕刻成现在的样子的？又是谁主持雕刻工作的？在狮身爪子之间发现的一块图特摩斯四世的石碑给我们划定了一个大概的范围。石碑记录了图特摩斯四世在斯芬克斯像的阴影下午睡时做的一个梦。这说明，斯芬克斯像建成的时间一定比图特摩斯四世所处时期还要久远。人们甚至认为这尊雕像是史前遗迹，但有一些证据反对这一说法。斯芬克斯像后方中央是一座古墓。因此，这样的雕像肯定不是在人们敬奉它时建造的，而是一定属于某个王陵，这座王陵在斯芬克斯像开始雕刻前就已经建在这里。在整个吉萨，最古老的王陵当属胡夫王陵，而在这片墓地，没有比卡夫拉王陵更古老的王陵。在通往第二座金字塔的宽阔堤道上，我们可以看到这尊雕像。路的两旁有许多竖井墓穴，但没有一个墓穴的宽度与堤道相同。简而言之，卡夫拉堤道比附近的王陵建得早，斯芬克斯像在王陵竣工后建成。还有人认为斯芬克斯像在古王国时期之后建成，因为没有一座古王国的纪念碑有斯芬克斯像的痕迹——既没有文字说明，又没有相关的图案，也没有任何祭司说明。图特摩斯四世的石碑提到卡夫拉是斯芬克斯像的制造者。因为斯芬克斯像、卡夫拉金字塔和花岗岩神殿离得很近,所以产生了这种说法。但从图特摩斯四世对石碑的选材,可以看出图特摩斯四世对卡夫拉的了解,或者说对卡夫拉的崇敬。这块石碑曾被用作华丽的红色花岗岩门楣,所以几乎可以确定,这块石碑是从邻近的卡夫拉花岗岩神殿中盗取的。所以图特摩斯四世对卡夫拉的忠诚只是虚构的情感,他对卡夫拉成就的了解程度也值得怀疑。斯芬克斯像的真正建成时间可能是在埃及古王国和中王国时期。现在看来,我们必须将之前所有归属于喜克索斯王朝的斯芬克斯像都归入古王国和中王国时期。

古罗马时代,斯芬克斯像前方是一个供人们敬拜的地方。在这里,人们建造了巨大的砖墙,来阻挡花岗岩神殿旁边的沙子。一段宽阔的台阶通向前厅,在斯芬克斯像两爪间的神龛前,立着一座古罗马花岗岩祭坛,祭坛由图特摩斯四世和拉美西斯二世的石碑构成。斯芬克斯像的正面在本世纪已经被整体研究了三次,但背部和两侧下部从未被研究过。

像这个时代的其他法老一样,一直以来,卡夫拉深受人们崇拜。他的祭司和金字塔看守人如下:

祭司/金字塔看守人	所属时代/所属地
提塔	第四王朝[69]
卡夫拉的儿子乌阿施	第四王朝[70]
卡夫拉安赫	第四王朝[71]

●续 表

祭司/金字塔看守人	所属时代/所属地
内弗马特	代赫舒尔[72]
卡恩内弗特	第五王朝[73]
德佩曼克	第五王朝[74]
帕萨特克门赫	第二十六王朝[75]

在利斯特南金字塔的建造中,人们使用了一些刻有卡夫拉名字的门楣和墙壁残块。由此可见,孟菲斯城王陵南面还有其他一些卡夫拉的宏伟建筑。

卡夫拉的雕像使我们能与他面对面,并使他的容貌在我们这个时代几乎和在他统治时期一样广为人知(图33-1、图33-2)。这

图 33-1 ●卡夫拉的正面雕像

图 33-2 ●卡夫拉的侧身雕像

座宏伟的闪长岩雕像是一个艺术的奇迹。雕像的脸部表情刻画到位，既有使一般人产生共情的神情，又有身为法老所具备的获得人们尊敬的庄严，这种表情的组合展现出不同寻常的微妙与精致。头顶秃鹰的雕刻处理得独到精巧，丝毫不影响雕像正面的视觉效果。因为选择的雕像材料的雕刻难度奇高，所以更能体现出工匠精湛的技术。上述描述肯定了卡夫拉雕像的艺术价值，其堪称古代艺术的典范之一。在这座花岗岩神殿中，人们还发现了其他六尊较小的雕像，由闪长岩和绿色玄武岩雕刻而成。最近在萨卡拉发现的一组早期雕像中，还有一尊较小的雪花石膏雕像。目前，这些雕像都收藏在吉萨博物馆。我们在第二座金字塔神殿上方的碎片堆中发现了闪长岩雕像的碎片。在同样的地方，我们还发现了一块雪花石膏碗的碎片，上面刻着卡夫拉的王名，现藏于大英博物馆；一块用坚硬的白色石灰石制成的权杖顶部碎片，上面刻着卡夫拉的王名，被皮特里收藏。在布巴斯提斯[76]发现了一块刻有"卡夫拉"的花岗岩，显示他曾活跃在三角洲地区。最久远的圆柱属于卡夫拉统治时期，由绿滑石制成，做工粗糙，刻有"拉伊夫哈夫，爱众神"的变体，现被皮特里收藏。卡夫拉的圣甲虫并不罕见。

第四王朝第四任法老门卡拉（⊙═ⅡⅡⅡ），在位时间约为公元前3845年到公元前3784年，相关信息如下：

神殿和赫尔金字塔，位于吉萨。

内特尔金字塔，位于阿布拉瓦什。

赫尔金字塔旁的小金字塔，位于吉萨。

闪长岩雕像，位于萨卡拉，现收藏在吉萨博物馆。

圣甲虫，现收藏在大英博物馆等地。

滑石圆柱，现被皮特里收藏（图34）。

就像斯尼夫鲁时期一样，我们再次遇到一个奇怪的现象，那就是一位法老有两座金字塔。在位于吉萨的乌库乌墓中，我们发现他既是门卡拉的祭司，也是赫尔金字塔的看守人。门卡拉的高级官员德贝根[77]也提到了赫尔金字塔[78]。因此，历史学家一直认为赫尔金字塔是门卡拉的金字塔。但德贝根还提到，自己视察了第二座门卡拉金字塔——内特尔金字塔

图34 ●滑石圆柱，现被皮特里收藏

的建造工作。第四王朝的乌塔和第五王朝的德贝根都是门卡拉金字塔的祭司。因此，门卡拉可能有两座金字塔。不过，这两座金字塔不可能属于两位叫门卡拉的法老，因为在碑文中，德贝根将它们放在一起命名，并且两个王名都是"拉门卡"。因此，可以排除其中一座金字塔是献给"拉门卡"法老的可能性，这里说的拉门卡即第六王朝的法老内塔克尔特。

上述对两座金字塔的论述恰好解释了为什么在这两个地方发现了"拉门卡"这个名字。希罗多德和西西里的狄奥多罗斯认为吉萨的第三座金字塔属于门卡拉，因为他的名字出现在第三座金字塔旁边的一座小金字塔中。但在阿布拉瓦什的金字塔中发现了一尊闪长岩雕像，与卡夫拉的雕像相似，还刻有以"拉门"开头的名字。阿布拉瓦什花岗岩金字塔的外壳和通道衬砌与门卡拉的吉萨花岗岩金字塔的十分相似。雕像和外壳的风格将阿布拉瓦什金字塔与第四王朝中期联系起来，我们可以猜测哪座金字塔是门卡拉最后的圣体安置所。显然，吉萨金字塔、胡夫金字塔和卡夫拉金字塔是按时间顺序建成的。吉萨金字塔很可能是最先建造的，但在建造过程中，它不断扩建，所以外壳没有完工。最后，门卡拉发现已经无望在吉萨建立与前任法老们建造的宏伟建筑相匹敌的金字塔，便在阿布拉瓦什选了一个新地点，在西部悬崖最高的山上建了一座可能会凸显优势的小金字塔。在阿布拉瓦什金字塔中，随葬雕像和花岗岩石棺被放在一起。现在，石棺已经被毁坏。按这个顺序，位于吉萨的赫尔金字塔似乎是较早建成的金字塔，因为赫尔金字塔没有祭司，并且德贝根在提及内特尔金字塔前，先提到赫尔金字塔。另外，德贝根后来才给内特尔金字塔命名，并且在第四王朝和第五王朝时，内特尔金字塔都有祭司。内特尔金字塔似乎就是门卡拉真正的圣体安置所，也就是后来的阿布拉瓦什金字塔。

位于吉萨的门卡拉金字塔比前几任法老的金字塔都小得多，在精确度方面也差得多。不过，门卡拉金字塔的砖石结构很好，而且建造成本更高。金字塔底层部分有十六级台阶，被红色花岗岩包裹，其中大部分保留至今。金字塔上层部分是石灰岩，如今，现在周围都是成堆的石灰岩碎片。花岗岩外壳被采掘并运至吉萨，表面厚度超过几英寸。建筑接缝线是顺滑的斜条，沿石头一侧向下延伸，然后逐渐变圆。这些多余的部分没有被去除，金字塔也并未竣工。门卡拉金字塔内部与其他金字塔不同，其现在的入口比以前的通道要低(图35)。在这座

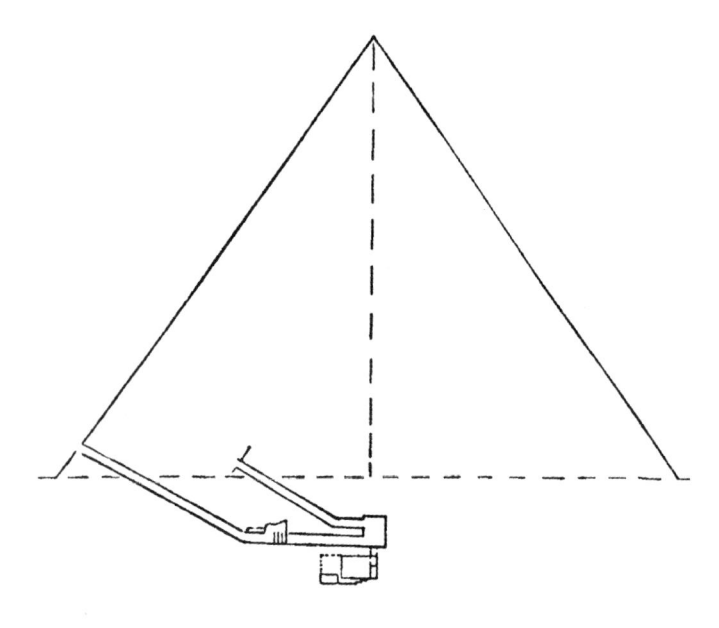

图35 ●门卡拉金字塔的一部分

金字塔部分建成后，这条通道被废弃了。如今，通过早期通道，我们可以来到比现在的门还高的一个大房间。房间的砖石结构一直向北延伸，直到被建筑外墙阻隔。下面的通道用红色花岗岩铺成，就像卡夫拉金字塔的入口。环顾房间四周，有几个窗子和一个小房间，也有扩大的通道，装饰着早期的凹槽图案。通过这个房间后，我们可进入一个完全由岩石切割成的巨大房间。早期通道的门比后来通道的门还高。房间的地板上有一个凹槽，显然是用来安放石棺的。另一段短通道从屋子中间向西延伸，进入一个较低的房间。房间内放有玄武岩石棺，石棺上雕饰着图案。理查德·威廉·霍华德·威斯[79]移走了这具石棺，不幸的是，在运送的过程中，这具石棺沉入海底，不知所终。较低的房间由花岗岩砌成，房间顶部平整，由岩石切割而成。地板和墙壁都用了花岗岩，屋顶是倾斜的花岗岩梁，相互连接，呈桶形，就像吉萨一些早期墓地的顶部。走过几级台阶，可从过道的一边下到一个有腔室的小房间。在较高的房间内，人们发现了一具盖子上面刻着"门卡拉"的木棺和部分骨架，这可能是后来埋葬的。

通过对门卡拉金字塔和其他金字塔的研究探索，最近有人提出，在后来的复兴时期，即大约第二十六王朝时期的法老统治下，曾开展大量金字塔重建工作。而现在大多数金字塔的式样都是在复兴时期的重建中形成的。门卡拉金字塔是检验这一理论的最佳依据。因为门卡拉木棺上的碑文有一些细节是同时期的其他碑文无法比拟的。因此，这座木棺可能是后来重建的。另外，萨卡拉阶梯金字塔肯定做了很大的调整——内部修了新的通道，并且修建次数可能不止一次。门口的釉面砖也被认为是后来时期的作品，但最明显的是刻在镰刀内的"maa"字样，同样的字样在更早期的斯尼夫鲁时期的罐盖子上也发现了。拉罕金字塔的花岗岩石棺形状奇特，石棺的边缘有盖，底座倾斜。所以人们认为，石棺在初建时就已经陷入地板中，石棺现在所在的王陵是重建的。哈瓦拉金字塔的蜿蜒通道及入口通道的台阶，也被认为是重建的。原来的通道应该直接从北边通往屋顶中间，作为上方房间水槽的延伸部分。

毫无疑问，一些金字塔被作为王陵重复使用，在哈瓦拉金字塔内发现的第三十王朝的小巫沙布提俑[80]特别证明了这点。我们也不能否认，在某些情况下金字塔确实做了许多修改，如萨卡拉阶梯金字塔的通道。门卡拉的棺盖也可能是在后期被修复过的。特别是，我们已经知道，门卡拉实际上很可能葬在阿布拉瓦什。在某些情况下，可以肯定的是，金字塔建造过程中也有许多结构的调整，如胡夫金字塔和门卡拉金字塔。

那么，我们现在应该讨论的问题是"程度"的问题。毫无疑问，在某些情况下，调整和修改确实有好处，但修改的程度到底有多大呢？例如有没有可能哪位法老能重建哈瓦拉金字塔所有蜿蜒曲折的通道？很多设有巨大机关门的王陵屋顶，长长的被阻断的通道，无处可寻的水井……如果开展后续重建，那么这些宏伟的建筑将不得不变成一堆零散的砖块和沙子。重建一个小拐角都很难，更何况是宽敞的内部空间。重建这么宏伟的建筑只能说是难于登天。可能要先拆掉整座金字塔，再砌上一大块重石料，然后再把它重新搭起来，才是比较实际的做法。需要再次说明，如果拉罕金字塔的石棺最初就已经陷入地面，那么整座花岗岩王陵必然经过重建。这是一项浩大的重建工程，新增整个砖石结构，并且在主墓室旁新建一个次墓室。

如果确实进行过浩大的重建工作，那么是谁下令开展的呢？可以肯定的是，重建工作肯定不是在第十八王朝或者第十九王朝进行的。因为当时掠夺成风，拉罕的辛努塞尔特二世的神殿和神龛就是在这时被拉美西斯二世下令拆除的[81]。随着旧观念的复兴，第二十六王朝时期可能是人们对古代法老如此关注的唯一一个时期，因为当时法老的祭司制度都恢复了。但如果这样，那么为什么没有留下修复者的任何痕迹？在任何时代，谦虚都不是埃及法老的特点，他们惯常的做法是抹掉所有对先辈的记忆，以此夸耀自己。即使比较通情达理的法老，在建造神殿时，也总是将自己的名字和做的重建工作写得清清楚楚。那么，是否可以认为，在完成可以与建造金字塔相媲美的工作后，法老们清除了自己所有的痕迹？没有象形文字，也没有雕画，没有一处地方可以看到与所谓的重建相关的东西。如果说后代法老出于对古代法老的崇敬，费尽心思修饰金字塔内部，并且命祭司进行敬奉，正如我们从祭司身上看到的那样，那么有没有可能，尽管祭司的敬奉工作需要在神殿内进行，后代法老没有修复过古老的神殿？为法老的荣誉和祭司的敬奉工作而建的外部建筑完全被忽略，而在金字塔内部进行规模巨大的重建？然而，金字塔神殿没有一丝重建的痕迹。据拉美西斯二世时期的遗迹及石头上刻的名字可知，拉罕神殿被拉美西斯二世洗劫一空，重建的痕迹无处可寻。祭司肯定是在金字塔外面的露天环境中敬奉的，而大量浩大的、不必要的花岗岩修饰工作却是在内部进行。卡夫拉神殿外部没有任何修复的痕迹，但在神殿中，我们发现一些小件遗迹的碎片。这说明神殿建成三千年后曾进行过修复。现存的拉罕神殿肯定是这一地区唯一的、最早的一座神殿。

到目前为止，为进一步推导重建理论，我们将尽可能从这一角度出发，解释每一处设计的异常和变化，所以重建的数量和程度都是很重要的因素。我们将假设一些重建的案例，以驳倒非重建假设。实际上，有一个例子，虽然还没有真正地引证出来，但乍一看似乎是一个很好的例子，即带有后期王朝风格的门卡霍尔法老像。这尊法老像刻于一块石板上。这块石板是从门卡霍尔法老的神殿，即后来被改造的塞拉皮雍神殿内搬来的，现收藏在卢浮宫。雕像的细节看起来都是后世的风格，包括雕像头部上方一只飞翔的秃鹰、鹰爪上的一枚戒指以及类似苏格兰裙的装饰。这种风格至少在第十九王朝才出现。不过，第十一王朝的安特夫五世和第十三王朝的索贝克霍特普四世的雕像形象几乎完全相同。这表明有些工艺看起来像是后世风格，但它的实际出现时间可能比我们想象的早得多。作为建造墓的石料，门卡霍尔的石板被重新使用。因此，上面的象形文字出现的时期肯定比门卡霍尔的雕像要晚，但不可能晚于第十八王朝，并且很有可能源于第十二王朝。因此，从表面来看，这似乎是第二十六王朝重建金字塔的有力证据，但当充分了解事实后，我们能找到不少推翻这类假设的依据。这是个有用的例子，说明鲁莽地广泛应用重建金字塔理论可能会遇到风险。

现在，对门卡拉神殿，我们只知道核心建筑的轮廓。因为在上个世纪，它的花岗岩外壳和柱子已经被移除了。

至于门卡拉的小型遗迹，在萨卡拉发现了一尊闪长岩小雕像，现收藏在大英博物馆（图36）。这尊雕像的工艺不如卡夫拉雕像，但比后来在同一地点发现的其他小雕像要好一些。从多样的风格和不断下降的工艺水平来看，这些小雕像一定是在以他们的名字命名的法老统治时期完成的。不幸的是，由于在萨卡拉的阿拉伯挖掘者发现了该雕像，吉萨博物馆只能以高价从挖掘者手中买入。关于雕像的实际来源，人们的见解不同。

已知的第二根最早的圆柱属于门卡拉，它由黑色滑石切割而成，工艺与早期的黑滑石

图36 ●门卡拉的闪长岩小雕像

圆柱相同，似乎是葬礼石碑的替代品。滑石上刻有"拉门卡乌，众神所爱——拉门卡乌——哈索尔……"，现被皮特里收藏。门卡拉统治时期，他的圣甲虫数量比任何一位前任法老都少，但在后世，门卡拉的名字被频繁使用。哈特谢普苏特便为纪念门卡拉制作了圣甲虫（图37）。在第二十六王朝，门卡拉的名字在圣甲虫、圆柱和牌匾上都很常见，这些物品是在瑙克拉提斯、马拉索斯和其他地方被发现的。这些物件对门卡拉的理解非常正确，似乎是从他那个时代的一些真正的圣甲虫上复制来的。

《亡灵书》中说，霍达夫是门卡拉的儿子，但韦斯特卡莎草纸应当是更早的权威证据。在莎草纸中，霍达夫是胡夫的儿子，因为暂时还不知道其他名为霍达夫的人，我们认为这可能

图37 ●门卡拉的圣甲虫，由哈特谢普苏特制作

是与某个人名混淆了。除非发现他所处时代的遗迹证据，否则我们无法确定这个人的时代。因此，此人有可能是第四王朝第五任法老雷吉德夫。

第四王朝第五任法老雷吉德夫（ ），在位时间约为公元前3784年到公元前3759年。

人们对法老雷吉德夫几乎一无所知，甚至连他的历史地位也不确定。一方面，在阿拜多斯和萨卡拉王表中，雷吉德夫的名字出现在胡夫和卡夫拉之间。但另一方面，美提特夫斯忽略了雷吉德夫。美提特夫斯列举了自己先后与斯尼夫鲁、胡夫和卡夫拉之间的关系[82]。在第二十六王朝，雷吉德夫的祭司帕萨特克门赫和普撒美提克一世在叙述王表时，都以"胡夫、卡夫拉、雷吉德夫[83]"为顺序。我们似乎需要承认在曼涅托王表上的拉托瑟斯就是雷吉德夫，但在这里，雷吉德夫出现在卡夫拉和门卡拉的名字之后。在普瓦尼翁的收藏品[84]中有雷吉德夫的青铜圆柱，此外没有其他的遗迹。关于雷吉德夫的信息很少，人们只知道雷吉德夫在吉萨的祭司叫普塔-杜-阿乌，吉萨博物馆内藏有雷吉德夫的另一位祭司的一块石板。此外，还有一个以雷吉德夫的名字命名的农场[85]，但雷吉德夫的金字塔至今未知。

第四王朝第六任法老谢普塞斯卡夫（▭），在位时间约为公元前3759年到公元前3737年，相关信息如下：

克卜金字塔，位置不明。

圣甲虫（图38）。

圆柱，现被皮特里收藏。

大女儿玛特卡。

唯一记载有谢普塞斯卡夫的王表是阿拜多斯王表。在王表及其他一些纪念碑上，他的名字都写成"谢普塞斯卡夫"，但在圣甲虫上，他的名字加上了"拉"。说明他的名字可能有两种形式。就像"奈布卡"和"奈布卡拉"两个名字显然指同一位法老。在乌瑟卡夫的王陵中，谢普塞斯卡夫的名字后面也加上了"拉"。在曼涅托王表中，乌瑟卡夫的名字为"乌瑟克勒斯"，即乌瑟卡夫拉。曼涅托王表中内布卡

图38 ● 圣甲虫，现被威廉·马修·弗林德斯·皮特里收藏

二世的名字可能是谢普塞斯卡夫名字的一种残缺形式，只保留了"普、卡、拉"这几个符号。或者，曼涅托王表中内布卡二世的名字后面的塞贝克勒斯可能就是指谢普塞斯卡夫，但根据普塔谢普斯墓地的信息，普塔谢普斯是一位贵族，生活在门卡拉和谢普塞斯卡夫统治的时期。

我们对谢普塞斯卡夫的了解大多来自其女婿普塔谢普斯的墓地。后者在自己墓内的传记式铭文的开头写道：在王宫和私人寝宫里，门卡拉亲自教导他和其他王室子女。在王宫中，他是法老谢普塞斯卡夫最疼爱的孩子。谢普塞斯卡夫在法老行宫里，教导他及众王室子女。在法老谢普塞斯卡夫心目中，普塔谢普斯的地位比任何男孩都高。法老谢普塞斯卡夫将自己的大女儿玛特卡赐给他为妻，因为法老谢普塞斯卡夫只想将女儿许配给他，而不愿让自己的宝贝女儿与其他男人结婚。法老谢普塞斯卡夫重视他胜过其他侍从。他有权登上所有船，还负责在所有节日里，挑选护送法老出巡南方的士兵。他协助法老处理国事，常讨得法老欢心。法老谢普塞斯卡夫允许他亲吻自己的膝盖，而不是亲吻地面。法老谢普塞斯卡夫登上名为"神灵之船"的船时，他再次赢得法老的喜爱。他的职责是满足法老的需要，敬重自己的主人。本传记为纪念普塔谢普斯而写，他是一位遵从法老谢普塞斯卡夫意志、鞠躬尽瘁的侍从。他曾担任过许多重要官职，包括祭司和文官。在传记中，我们第一次发现，普塔谢普斯曾担任三座方尖碑的祭司一职。在整个第五王朝，这三座方尖碑仍然受人们敬奉。一座耸立在马斯塔巴上的方尖碑刻着"谢普拉的先知拉的碑",一座方尖碑刻着"谢普阿布拉的先知拉的碑",还有一座方尖碑刻着"阿斯塔布拉的先知拉伊马赫提的碑"。关于这三座方尖碑的详细资料,请参见赛斯[86]。

塞贝克卡拉(⊙𓃭𓊖),在位时间约为公元前3737年到公元前3730年。

塞贝克卡拉的名字只出现在萨卡拉王表上,他的位置介于第六王朝末期和第十二王朝倒序的末期之间。其他王表的相同时期没有塞贝克卡拉的名字。塞贝克卡拉的名字和曼涅托王表上的塞贝克勒斯很相近。但更可能是,雕刻者将"塞贝克涅夫鲁拉"错当成"塞贝克卡拉",塞贝克涅夫鲁拉是第十二王朝的一位法老,和上面讲到的统治时期一致。

伊姆霍特普(𓊹𓀀𓊖),在位时间约为公元前3730年到公元前3721年。

只有通过哈马马特干涸的河床[87]的碑文才能了解伊姆霍特普。不过,伊姆霍特普继承法老之位的时期明显与曼涅托王表中的德德夫普塔继承法老之位的时期相同。此外,由于尚未发现比哈马马特干涸的河床的碑文更早的碑文,没有其他迹象表明伊姆霍特普在法老之位列表中的顺序。因此,很可能伊姆霍特普在曼涅托王表中的顺序没有被正确排列。

对这个朝代的叙述即将结束,在这里,我们不妨总结一下第四王朝的一些特点。首先,所有早期作品的本质都是与自然竞争。在其他时期,人们倾向于将建筑建在山前,以便自然与建筑相互映衬，或是借助自然的高度（建在坡上），使建筑显得更加宏伟高大。但埃及人不愿与自然开展温和的合作，他们选择了一百多英尺高的荒山，将它们完全征服，并将其作为金字塔的基座。最终，建成的金字塔比原来的山高出三倍多。与大自然的鬼斧神工相比，金字塔的工艺毫不逊色。但宏伟的人造建筑似乎使周围的自然景观稍显逊色。然而，这只是人类展现其才能的一座平台。

同样地，伟大的思想从建筑中使用的巨大石块上映射出来。那时，人们不将自己的工作看作简单地堆砌石头，而是用石头建造宏伟的建筑，使建筑能与自然媲美。如果要建一个小室或房间，那么每面墙仅由一块单独的石头组成，如迈杜姆的房间。如果要造一座建筑物，那么人们要先将巨石像小山一样堆叠在一起，然后再从中凿出一个个洞穴。要建房间，人们就要先在巨石中挖一个空洞，然后加以装饰雕刻。这样，房间就像在一块有生命的石头的中心。

雕塑家和画家的作品表现出同样的主旨。他们制作艺术品不是为满足自己的审美，而是竭尽全力与自然竞争。作品的外形、表情、颜色、逼真的眼神、庄重的微笑都是人造的，但近似真实的人。画家混合手中的色调，画出动物身上的斑纹，描绘出鸟类的羽毛。后来，这样的技艺再没有出现。负责木乃伊防腐工作的人用树脂和织物在死者萎缩的尸体上再现一个人的样子，使死者尽可能接近其活着时候的样子。

那时，埃及人致力于在各个方面创造出补充、模仿、媲美，甚至超越自然的作品。作为一种人为审美和标准的满足，艺术几乎不存在。不过，古埃及早期作品的简单、浩瀚、完美且精致，使其足以与后世所有艺术作品和人工装置一较高下。这些作品的力量独一无二，这是任何有自我意识的文明从未或有希望能与之匹敌的。这些艺术品享有恒久的尊荣，即使当所有与之比较相形见绌的作品都消失，它们也必将永存。

【注释】

1 另一种说法是斯尼夫鲁的在位时间约为公元前2613年到公元前2589年，共24年。——译者注
2 另一种说法是胡夫在位时间约为公元前2589年到公元前2566年，共23年。——译者注
3 另一种说法认为卡夫拉是第四王朝第三位君主，在位时间约为公元前2558年到公元前2532年，共26年。——译者注
4 另一种说法是门卡拉在位时间约为公元前2532年到公元前2503年，共29年。——译者注
5 另一种说法是雷吉德夫在位时间约为公元前2556年到公元前2548年，共8年。——译者注
6 另一种说法是谢普塞斯卡夫在位时间约为公元前2503年到公元前2498年，共5年。——译者注
7 另一种说法是德德夫普塔在位时间约为公元前2498年到公元前2496年，共2年。——译者注
8 卡尔·里夏德·列普修斯：《埃及和埃塞俄比亚的古迹》，柏林，贝萨克赫书店，1849年，第2卷，第115页。——原注
9 这里的"卡"是神殿和金字塔的名字，并非指人的灵魂"卡"。——译者注

10 威廉·马修·弗林德斯·皮特里：《迈杜姆》，第5页到第11页。——原注

11 卡尔·里夏德·列普修斯：《埃及和埃塞俄比亚的古迹》，柏林，贝萨克赫书店，1849年，第3卷，第2页。——原注

12 威廉·马修·弗林德斯·皮特里：《迈杜姆》，第5页到第11页。——原注

13 马斯塔巴是古埃及墓葬建筑类型之一。——译者注

14 《法兰西人在开罗的考古任务》，第1卷，第190页。——原注

15 斯尼夫鲁的一位祭司被埋葬在代赫舒尔，见雅克·德·摩根：《探索代赫舒尔》，第12页。——原注

16 卡尔·里夏德·列普修斯：《埃及和埃塞俄比亚的古迹》，柏林，贝萨克赫书店，1849年，第3卷，第5页。——原注

17 弗朗索瓦·奥古斯特·斐迪南·马里耶特：《古老帝国的马斯塔巴》，第198页。——原注

18 《法兰西人在开罗的考古任务》，第1卷，第191页。——原注

19 弗朗索瓦·奥古斯特·斐迪南·马里耶特：《阿拜多斯纪念碑总目录》，第587页。——原注

20 海因里希·卡尔·布鲁格施：《古埃及地理词典》，第1256页。——原注

21 在古埃及象形文字中，法老的名字都写在椭圆或长方形的边框中。——译者注

22 威廉·马修·弗林德斯·皮特里：《迈杜姆》，第9卷到第14卷。——原注

23 威廉·马修·弗林德斯·皮特里：《迈杜姆》，第16卷到第27卷。——原注

24 盐霜是含盐分的东西干燥后表面上呈现的白色细盐粒。——译者注

25 威廉·马修·弗林德斯·皮特里：《迈杜姆》，第21页。——原注

26 威廉·马修·弗林德斯·皮特里：《吉萨的金字塔和神殿》。——原注

27 卡尔·里夏德·列普修斯：《埃及和埃塞俄比亚的古迹》，柏林，贝萨克赫书店，1849年，第2卷，第2页。——原注

28 亨利·爱德华·纳维尔：《布巴斯提斯：1887年到1889年》，伦敦，保罗·特伦奇·特吕布纳出版社，1891年，第8卷。——原注

29 卡尔·里夏德·列普修斯：《埃及和埃塞俄比亚的古迹》，柏林，贝萨克赫书店，1849年，第2卷，第2页。——原注

30 原文是"女儿"，即"his daughter Henutsen"。经考据，胡夫子女名单中没有出现赫努森，就算母女同名，按照习惯也会区分一世与二世，但全书没有这类说法。另编书中关于胡夫和赫努森的金字塔的讲述，他们是夫妻的可能性更大。因此，译者认为此处可能是原作者搞错了，赫努森应该是胡夫的妻子，是王后。但为了尊重原文，此处不修正，只提出。——译者注

31 弗朗索瓦·奥古斯特·斐迪南·马里耶特：《埃及和努比亚的古迹》，第53页。——原注

32 卡（ka）意为灵魂，指法老的灵魂的雕像。——译者注

33 卡尔·里夏德·列普修斯：《埃及和埃塞俄比亚的古迹》，柏林，贝萨克赫书店，1849年，第2卷，第22页。——原注

34 卡尔·里夏德·列普修斯：《埃及和埃塞俄比亚的古迹》，柏林，贝萨克赫书店，1849年，第2卷，第16页。——原注

35 卡尔·里夏德·列普修斯：《埃及和埃塞俄比亚的古迹》，柏林，贝萨克赫书店，1849年，第2卷，第17页。——原注

36 卡尔·里夏德·列普修斯：《埃及和埃塞俄比亚的古迹》，柏林，贝萨克赫书店，1849 年，第 2 卷，第 17 页。——原注

37 卡尔·里夏德·列普修斯：《埃及和埃塞俄比亚的古迹》，柏林，贝萨克赫书店，1849 年，第 2 卷，第 34 页。——原注

38 弗朗索瓦·奥古斯特·斐迪南·马里耶特：《古老帝国的马斯塔巴》，第 89 页。——原注

39 弗朗索瓦·奥古斯特·斐迪南·马里耶特：《古老帝国的马斯塔巴》，第 90 页。——原注

40 卡尔·里夏德·列普修斯：《埃及和埃塞俄比亚的古迹》，柏林，贝萨克赫书店，1849 年，第 2 卷，第 50 页。——原注

41 卡尔·里夏德·列普修斯：《埃及和埃塞俄比亚的古迹》，柏林，贝萨克赫书店，1849 年，第 2 卷，第 53 页。——原注

42 卡尔·里夏德·列普修斯：《埃及和埃塞俄比亚的古迹》，柏林，贝萨克赫书店，1849 年，第 2 卷，第 55 页。——原注

43 弗朗索瓦·奥古斯特·斐迪南·马里耶特：《古老帝国的马斯塔巴》，第 198 页。——原注

44 卡尔·里夏德·列普修斯：《埃及和埃塞俄比亚的古迹》，柏林，贝萨克赫书店，1849 年，第 2 卷，第 76 页。——原注

45 卡尔·里夏德·列普修斯：《埃及和埃塞俄比亚的古迹》，柏林，贝萨克赫书店，1849 年，第 2 卷，第 112 页。——原注

46 《塞拉皮雍石碑》，第 314 页。——原注

47 卡尔·里夏德·列普修斯：《埃及和埃塞俄比亚的古迹》，柏林，贝萨克赫书店，1849 年，第 2 卷，第 2 页。——原注

48 卡尔·里夏德·列普修斯：《埃及和埃塞俄比亚的古迹》，柏林，贝萨克赫书店，1849 年，第 2 卷，第 1 页。——原注

49 卡尔·里夏德·列普修斯：《埃及和埃塞俄比亚的古迹》，柏林，贝萨克赫书店，1849 年，第 2 卷，第 1 页。——原注

50 卡尔·里夏德·列普修斯：《埃及和埃塞俄比亚的古迹》，柏林，贝萨克赫书店，1849 年，第 2 卷，第 2 页。——原注

51 卡尔·里夏德·列普修斯：《埃及和埃塞俄比亚的古迹》，柏林，贝萨克赫书店，1849 年，第 2 卷，第 26 页。——原注

52 卡尔·里夏德·列普修斯：《埃及和埃塞俄比亚的古迹》，柏林，贝萨克赫书店，1849 年，第 2 卷，第 50 页。——原注

53 弗朗索瓦·奥古斯特·斐迪南·马里耶特：《埃及和努比亚的古迹》，第 53 页。——原注

54 伊西斯是古埃及宗教信仰中的女神，是自然和魔法的守护神，是亡灵和幼童的保护神，也是赫利奥波利斯神系的九柱神之一。——译者注

55 荷鲁斯是古埃及神话中法老的守护神，是王权的象征，是复仇神，是奥西里斯和伊西斯的儿子，也是赫利奥波利斯神系的九柱神之一。——译者注

56 "任"表示"静止的"，与"努（nu）"一词联系密切。努是初始之水的化身，是尼罗河河神的父亲，在科普特语中表示"深渊"。——译者注

57 托索罗斯是曼涅托王表中第三王朝的第二位法老，见前一章。——译者注

58 埃及全国统一的专制王权从第三王朝开始，至第六王朝结束，称为古王国时期，大约从公元前 2686 年至公元前 2181 年。——译者注

59 中王国时期包括埃及第十一王朝、第十二王朝、第十三王朝与第十四王朝，通常划定在公元前 2133 年至公元前 1786 年。——译者注

60 阿尔弗雷德·维德曼：《埃及史》，第 178 页、第 185 页。——原注

61 威廉·马修·弗林德斯·皮特里：《迈杜姆》，第 13 卷。——原注

62 卡尔·里夏德·列普修斯：《埃及和埃塞俄比亚的古迹》，柏林，贝萨克赫书店，1849 年，第 2 卷，第 22 页。——原注

63 卡尔·里夏德·列普修斯：《埃及和埃塞俄比亚的古迹》，柏林，贝萨克赫书店，1849 年，第 2 卷，编号 2021。——原注

64 格令是码磅度量衡制中的最小重量单位。原为一粒小麦的重量。——译者注

65 威廉·马修·弗林德斯·皮特里：《吉萨的金字塔和神殿》。——原注

66 威廉·马修·弗林德斯·皮特里：《吉萨的金字塔和神殿》。——原注

67 亨利·爱德华·纳维尔：《布巴斯提斯：1887 到 1889 年》，伦敦，保罗·特伦奇·特吕布纳出版社，1891 年，第 32 卷。——原注

68 威廉·肯尼特·洛夫特斯：《旅行和研究：卡尔迪阿和苏西亚娜》，第 172 页到第 179 页。——原注

69 卡尔·里夏德·列普修斯：《埃及古代重要文件》，第 8 页。——原注

70 卡尔·里夏德·列普修斯：《埃及古代重要文件》，第 8 页。——原注

71 卡尔·里夏德·列普修斯：《埃及和埃塞俄比亚的古迹》，柏林，贝萨克赫书店，1849 年，第 2 卷，第 8 页、第 10 页、第 11 页。——原注

72 《法兰西人在开罗的考古任务》，第 1 卷，第 191 页。——原注

73 弗朗索瓦·奥古斯特·斐迪南·马里耶特：《古老帝国的马斯塔巴》，第 248 页。——原注

74 弗朗索瓦·奥古斯特·斐迪南·马里耶特：《古老帝国的马斯塔巴》，第 198 页。——原注

75 《塞拉克皮雍石碑》，第 314 页。——原注

76 亨利·爱德华·纳维尔：《布巴斯提斯：1887 到 1889 年》，伦敦，保罗·特伦奇·特吕布纳出版社，1891 年，第 32 卷。——原注

77 卡尔·里夏德·列普修斯：《埃及和埃塞俄比亚的古迹》，柏林，贝萨克赫书店，1849 年，第 2 卷，第 37 页。——原注

78 弗朗索瓦·奥古斯特·斐迪南·马里耶特：《古老帝国的马斯塔巴》，第 198 页。——原注

79 理查德·威廉·霍华德·威斯，英国人类学家和埃及学者，1835 年造访埃及时发现了门卡拉的石棺。——译者注

80 小巫沙布提俑是埃及用于葬礼的一种小型雕塑。——译者注

81 威廉·马修·弗林德斯·皮特里：《拉罕、古洛和哈瓦拉》，伦敦，基根·保罗、特伦奇和特鲁布纳有限公司，1890 年，第 22 页。——原注

82 埃马纽埃尔·德·鲁热：《曼涅托王表前六王朝的遗迹研究》，巴黎，皇家印书馆，1866 年，第 37 页。——原注

83 埃马纽埃尔·德·鲁热：《六王朝》，第 53 页。——原注

84 阿尔弗雷德·维德曼：《埃及史》，第 187 页。——原注

85 埃马纽埃尔·德·鲁热：《六王朝》，第 53 页、第 54 页。——原注

86 《埃及语言杂志》，第 27 卷。——原注

87 卡尔·里夏德·列普修斯：《埃及和埃塞俄比亚的古迹》，柏林，贝萨克赫书店，1849 年，第 2 卷，第 115 页。——原注

第 4 章

第五王朝

FIFTH DYNASTY

曼涅托王表中第五王朝法老的顺序	其他多份王表中法老的顺序	多处遗迹上记录的法老的顺序	在位时长（年）曼涅托王表记载	在位时长（年）都灵莎草纸记载	在位时间
乌瑟克勒斯	乌瑟卡夫[1]	乌瑟卡夫	28	……	约公元前3721年到公元前3693年
萨胡拉	萨弗拉[2]	萨弗拉	13	……	约公元前3693年到公元前3680年
内弗赫勒斯	内弗尔卡拉[3]卡考（A.）	内弗尔卡拉卡考（存疑）	20	……	约公元前3680年到公元前3660年
西斯勒斯	谢普塞斯卡拉[4]	谢普塞斯卡拉苏特斯（存疑）	7	……	约公元前3660年到公元前3653年
赫勒斯	兰尼弗雷夫（A.）[5]卡内弗拉（S.）	兰尼弗雷夫阿考霍尔（存疑）	20	……	约公元前3653年到公元前3633年
拉哈图勒斯	拉恩乌塞	拉恩乌塞安（存疑）	44	……	约公元前3633年到公元前3589年
门赫勒斯	门卡霍尔[6]	门卡霍尔	9	8	约公元前3589年到公元前3580年
坦赫勒斯	杰德卡拉	达德卡拉阿萨尔（存疑）	44	28	约公元前3580年到公元前3536年
奥恩诺斯	乌纳斯	乌纳斯	33	30	约公元前3536年到公元前3503年

到了第五王朝，我们可以认识一个新的家族，它与之前的王朝有更明显的区别。据曼涅托王表显示，之前的王朝建都在提尼特或者孟菲斯，但第五王朝时古埃及的首都位置发生了变化，改都象岛[7]。韦斯特卡莎草纸记录了一桩奇怪的不可能发生的事，一宗关于首都位置变化的传说。据说，胡夫的男性后代霍达夫向胡夫介绍了一位叫德迪的年迈巫师。巫师告诉胡夫，胡夫将有三个孩子，最大的孩子将为胡夫带来一些他想要的文件。接下来，巫师描述孩子们出生时的情况，众神还会给孩子们起名字。孩子们的名字分别是乌瑟勒夫、萨弗拉和卡考。这是模仿第五王朝前三位法老的名字。众神还宣告，三个孩子中必将有一位是君主，并且治理全国。众神开始制作王冠，并且将王冠留在房中。随后，王宫内洋溢着喜庆的气氛。然而，嫉妒的女仆向胡夫告状。到这里，故事中断了。如果卡考在胡夫统治时期出生，那么会混淆王朝历史。不过，我们可以相信这个故事的基本框架。最重要的是，第五王朝的这三个法老相继即位。巫师德迪对胡夫预言："你的儿子将统治埃及，你的孙子也将统治埃及。再往后，你的儿子或者孙子的其中一人将成为法老。"继承者们是拉的一位祭司的妻子所生，三个孩子是拉的三胞胎。神向他们的母亲允诺，他们将成为王，他们中最大的孩子会在赫利奥波利斯做大祭司。因此，新的王朝由赫利奥波利斯的大祭司开始，他声称自己有拉的神圣血统。在此之前，人们从未发现任何埃及法老声称自己是拉的后裔。早期的法老全部自称荷鲁斯法老，或者自称"荷鲁斯和塞特的结合"。第五王朝开始前，没有一位法老自称为"拉之子"并在赫利奥波利斯任大祭司。因此，这个故事记载的神的后裔的说法，比在遗迹发现的新王衔更早，也更能说明问题。再者，在故事中，孩子们的母亲即祭司的妻子住在位于三角洲的萨赫布，离赫利奥波利斯不远。这可能就是第五王朝以象岛为中心的原因。这个故事显示这几位法老来自"囗𓂉𓃀𓇳"，而曼涅托王表显示他们来自"𓏏𓂉𓃀𓇳"。这个写法就像是对真名"萨赫布"的变体，然后用更广为人知的名字"象岛"代替。

关于第五王朝法老顺序的问题，人们的疑问较少。唯一的问题是王室家庭中常见的双名。作为拉的儿子的象征，法老们可能都有第二个名字，即他们已拥有一个圣名和一个普通的名字。另外，阿拜多斯王表和萨卡拉王表都遗漏了一位法老，但历史遗迹和曼涅托王表都清楚地显示了真正的法老传承顺序。

第五王朝第一任法老乌瑟卡夫（ ），在位时间约为公元前3721年到公元前3693年，相关信息如下：

乌阿卜阿苏特金字塔，位于阿布西尔（此处存疑）。

圆柱[8]，目前收藏在大英博物馆（图39）。

乌瑟卡夫的金字塔位置至今未知，但由于已经确定他在第五王朝，并且有两座金字塔位于阿布西尔，那么在现有的九座金字塔群中，或许其中之一便是乌瑟卡夫的金字塔。然而，乌瑟卡夫被葬在萨卡拉。他统治期间，除了修建过金字塔，还修

图 39 ●圆柱，现藏于大英博物馆

建了方尖碑献给拉。这座方尖碑矗立在由马斯塔巴构成的基座上，并被命名为拉塞普，祭司乌阿贝和先知内特尔都与这座方尖碑有关。关于法老（K）、金字塔（P）和方尖碑（R）的神职人员名单如下：

神职人员种类：法老（K）、金字塔（P）和方尖碑（R）的神职人员	神职人员名字
K	佩肯伊凯[9]
K	乌拉尔纳[10]
P	阿法[11]
P	敏洪[12]
P	拉恩考[13]
R, P	嫩赫特夫卡[14]
R, P	内卡安赫[15]
R, K	希安霍特普[16]

● 续 表

神职人员种类：法老（K）、 金字塔（P）和方尖碑（R）的神职人员	神职人员名字
R, K	普塔霍特普[17]
R, K	森努安赫[18]
R, K	斯内森阿卜[19]
R, P	德佩曼赫[20]

实际上，这一统治时期的遗迹如今只剩下两根圆柱。一根曾藏于布拉克博物馆，但在1878年被盗。另一根藏在大英博物馆。不过，两根圆柱的工艺都非常粗糙。

第五王朝第二任法老萨弗拉（ ），在位时间约为公元前3693年到公元前3680年，相关信息如下：

卡巴金字塔，位于阿布西尔北面。

石碑，发现于西奈。

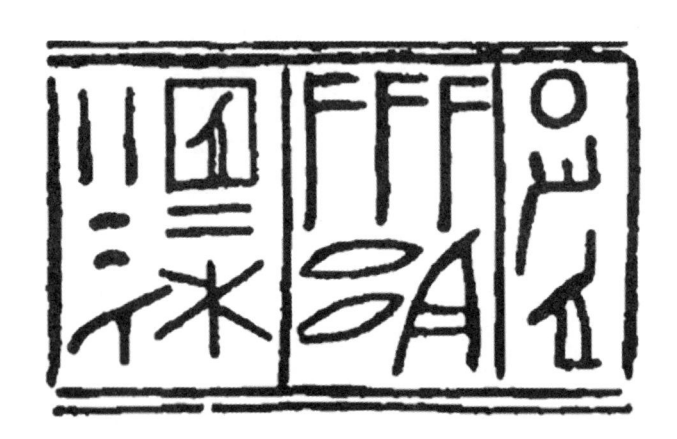

图40 ● 圆柱，现被皮特里收藏

门槛基石（此处存疑），现藏于吉萨博物馆。

石头碑文，发现于塞赫尔。

圆柱，一根收藏在大英博物馆，另一根被皮特里收藏（图40）。

萨弗拉金字塔位于阿布西尔北面，其中一块石头上有赭石采石场标记。

萨弗拉在西奈与当地部落作战，打败蒙图人后，刻了一块石碑当作纪念[21]。在塞赫尔（马萨诸塞州第88号）发现了一块当时官员的石碑[22]。人们对萨弗拉的崇拜自此延续到托勒密王朝时期。担任萨弗拉（K）或者萨弗拉金字塔（P）的祭司如下：

祭司所属地：萨弗拉（K），萨弗拉金字塔（P）	祭司名字	备注
P	德佩曼赫[23]	
K	安赫恩阿卡[24]	
K	卡恩内弗特[25]	
K	普塔卡巴乌[26]	
P	嫩赫特夫[27]	
P	森努安赫[28]	
K	内弗拉特勒夫[29]	
K	谢普塞斯卡夫–安赫[30]	
K	埃梅里[31]	
K	普塔巴乌内弗[32]	
K	普阿[33]	
K	名字未知	生活在第十九王朝[34]

●续　表

祭司所属地：萨弗拉（K），萨弗拉金字塔（P）	祭司名字	备注
K	名字未知	生活在第十九王朝，刻有他名字的石棺收藏在柏林博物馆，藏品编号为38
K	名字未知	生活在第十九王朝，他的遗迹发现于孟菲斯
K	名字未知	生活在第十九王朝[35]

吉萨博物馆内藏有一块黑色花岗岩的门槛基石，显然来自萨弗拉金字塔神殿。两根滑石圆柱是萨弗拉仅存的遗迹：一根收藏在大英博物馆，圆柱上刻有他的卡名和全名；另一根被皮特里收藏，其上刻的信息如上所述。

一些王表证实了第五王朝的法老传承顺序。拉斯赫姆卡王陵里的王表[36]列举了萨弗拉的前任法老们，但哈夫拉和萨弗拉之间相隔的时间太长，降低了这份王表的可信度。王表还提到中间时期的一些统治情况，但起始时间比曼涅托王表上的时间晚一百一十三年，统治时间又比曼涅托王表的多出四十一年。虽然没有提及，但如果不计入门卡拉的统治时间，这份王表中提到的中间时期的统治时间可能比曼涅托王表中的时间晚七十年。不过，这样一来，哈夫拉和萨弗拉的统治时间需要稍加延长，更不用说未被提及的法老的统治时间。根据现有证据，人们既可以忠于已故的法老，如普塔巴乌内弗忠诚于胡夫，也可以忠于在世的法老。

巴勒莫的一块石头王表上列有四位法老在节日献祭的情

况[37]，而普塔卡巴乌的祭司名单[38]按顺序列出了四位法老，如下所示：

拉斯赫姆卡王表的法老	巴勒莫王表的法老	韦斯特卡莎草纸的法老	普塔卡巴乌祭司名单的法老
哈夫拉	—	—	—
门卡拉	—	—	—
塞普塞斯卡夫	塞普塞斯卡夫	—	—
乌瑟卡夫	乌瑟卡夫	乌瑟卡夫	—
萨弗拉	萨弗拉	萨弗拉	萨弗拉
—	内弗尔卡拉	卡考	内弗尔卡拉
—	—	—	内弗尔拉
—	—	—	拉恩乌塞

第五王朝第三任法老内弗尔卡拉（ ），在位时间约为公元前3680年到公元前3660年，相关信息如下：

巴金字塔。

圆柱，曾经收藏在布拉克博物馆（图41）[39]。

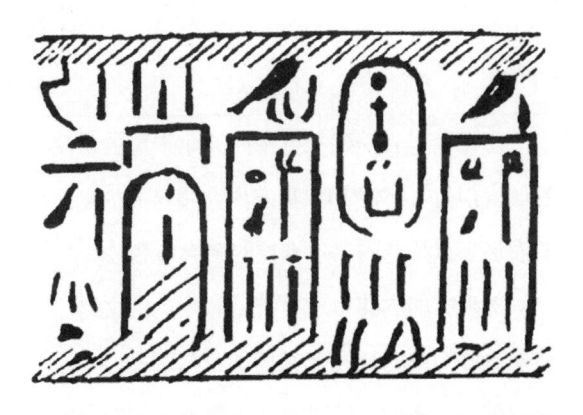

图41 ●圆柱，比例为1：2，曾经收藏在布拉克博物馆

内弗尔卡拉的金字塔又被称为"巴金字塔",但至今仍未被找到,可能位于阿布西尔。

巴金字塔的看守人叫提,葬于萨卡拉[40]。法老（K）和金字塔（P）的祭司是:

祭司种类: 法老的祭司（K）,金字塔的祭司（P）	祭司名字	备注
P	提[41]	
P	阿哈特赫特普赫尔[42]	
P	塞德恩马特[43]	
P	普塔恩马特[44]	
K	斯内森阿卜[45]	
K	阿塔[46]	
K	乌尔库乌[47]	
K	谢普塞斯卡夫-安赫[48]	
K	埃梅里[49]	
K	普塔巴乌内弗[50]	
K	普塔鲁恩	刻有普塔鲁恩名字的石碑藏于卢浮宫,藏品编号为c154

巴勒莫王表提到了供奉内弗尔卡拉的供品。根据位于吉萨的佩肯伊凯[51]、埃梅里[52]和塞内弗陵墓的信息,可以了解到当地的农场都以法老内弗尔卡拉的名字命名。

对现存的内弗尔卡拉统治时期内的文物,为人所知的只有布拉克博物馆的1878年被盗的一根圆柱[53]。

现在,我们不妨看看在对第五王朝的研究过程中面临的最困难问题，这是由几位法老使用双名造成的。在阿拜多斯王表中，卡考（）位于萨弗拉和内弗尔卡拉之间。所以卡考必然是内弗尔卡拉或者谢普塞斯卡拉的别名。而在韦斯特卡莎草纸中，卡考和第五王朝的前两位法老并列。因此，卡考更可能是内弗尔卡拉的别名。不过，这只是推测。卡考出现在五个地方，其中包括一枚圣甲虫和一块门帘——根据制作风格判断，其出现时间可能在卡考死后。

在阿拜多斯王表中，卡考位于萨弗拉之后。

在韦斯特卡莎草纸中，卡考位于萨弗拉之后。

王陵中有关于采石场工作的描述[54]。

萨卡拉莎草纸记载，参见阿萨尔。

提的一个花瓶，上面有王后卡卡赫克努的名字[55]。

圣甲虫，目前收藏在詹姆斯·贝处及大英博物馆（图42）。

图 42 ●圣甲虫，现藏于大英博物馆

图43 ●圣甲虫，现被詹姆斯·贝收藏

门帘，目前收藏在大英博物馆。

此外，普塔霍特普[56]和斯内森阿卜[57]的王陵中出现的地名及人名卡卡安赫[58]，都与卡考的名字有几分相似。

第五王朝第四位法老谢普塞斯卡拉（　），在位时间约为公元前3660年到公元前3653年。

我们只在萨卡拉王表和一个圣甲虫上发现有关谢普塞斯卡拉的信息（图43）。他的遗迹很少，这与他是第五王朝中在位时间最短的法老相符。他可能就是巴勒莫供品清单上的苏特斯法老[59]，因为这位法老继承内弗尔卡拉之位，而后两位国王的名字都是众所周知的。[60]

第五王朝第五位法老兰尼弗雷夫（　），在位时间约为公元前3653年到公元前3633年。

在萨卡拉王表上，兰尼弗雷夫被错称为"卡内弗拉"。但上文已经提到的、由遗迹佐证的阿拜多斯王表上的名字显然是正确的。

兰尼弗雷夫的金字塔被称为"内特巴乌金字塔"，已知有两位金字塔祭司——拉恩赫恩阿[61]和塞德恩马特[62]及两位先知——拉恩考[63]和普塔哈巴乌[64]。目前收藏在吉萨博物馆[65]的森纳阿蒙的石碑刻有兰尼弗雷夫的名字。另外，一个平民以兰尼弗雷夫的名字取名，名为兰尼弗安赫[66]。

霍拉考（ ）只出现在斯内森阿卜[67]、普塔霍特普[68]和塞内弗[69]王陵的三个农场的名字中。因为在斯内森阿卜王陵中发现的所有农场都是以霍拉考之后的第五王朝法老继承者们的名字命名的，所以我们推测，"斯内森阿卜"应该是兰尼弗雷夫的私人名字。

第五王朝第六任法老拉恩乌塞（ ），安（ ），在位时间约为公元前3633年到公元前3589年，相关信息如下：

门阿苏特金字塔，位于阿布西尔金字塔群中间[70]。

石板，位于西奈[71]。

红色花岗岩雕像，目前收藏在吉萨博物馆。

雕像，由辛努塞尔特一世下令制作，现藏于大英博物馆[72]。

雪花石膏花瓶，收藏在柏林[73]。

圣甲虫（图44）。

拉恩乌塞和安指的肯定是同一位法老，因为这两个名字都刻在一尊由辛努

图44 ●圣甲虫，现被皮特里收藏

塞尔特一世下令制作的法老安的雕像上。雕像腰带一侧刻的是"安",另一侧则刻了"拉恩乌塞"[74]。拉恩乌塞的金字塔位于阿布西尔金字塔群中间。金字塔的石头上有红色的采石场标志。金字塔被称为"门阿苏特",这个名字经常用于称呼神职人员。法老(K)和金字塔(P)的祭司是:

祭司种类:法老的祭司(K),金字塔的祭司(P)	祭司名字	备注
P	安赫姆阿哈[75]	
P	卡恩热图[76]	
P	斯内森阿卜[77]	
P	塞德恩马特[78]	
P	卡恩内弗特[79]	
P	哈比杜阿[80]	
P	普塔卡巴乌[81]	
P	提[82]	
P	阿赫特霍特普[83]	
P	内赫阿卜斯,此处存疑	发现内赫阿卜斯的石柱[84]
P	普塔巴乌内弗[85]	
P	阿塔[86]	

现藏于吉萨博物馆的阿纳安赫祭坛也属于这个时期。前面提到,在萨卡拉,我们发现了拉恩乌塞的红色花岗岩雕像(图45),还发现了一些现藏于吉萨博物馆的早期人物雕像。这一法老统治时期制作的雪花石膏花瓶上刻有拉恩乌塞的名字,还

图 45 ●拉恩乌塞雕像，现藏于吉萨博物馆

有许多其他时期的雪花石膏花瓶。这些花瓶上分别刻有胡夫、拉恩乌塞、乌纳斯、佩皮和麦伦拉等人的名字。这些花瓶的风格非常相似，很难相信，它们是在三个不同王朝时期制作的。花瓶制作原址尚不清楚，但很可能是在一起被发现的，因为这么多、这么薄的花瓶不可能在多个神殿的废墟中都存在。它们可能来自某个神殿中某个位于曼涅托王表第六王朝或者之后朝代的法老为前任法老们做的一套花瓶祭品。据说，阿拜多斯王表中也有其中几位法老的名字。由于多个花瓶上刻有麦伦拉的名字，麦伦拉可能就是这些花瓶的制作者。

法老安的供奉物中有一些刻有鱼类的圣甲虫。另外，圣甲虫上还刻有"萨拉"，意为"太阳之子"，说明圣甲虫是献给法老安的。这是最早使用"太阳之子"的例子，表明法老安是拉的后代。

在索耶特艾雅安北部的里盖小金字塔中，我们发现了拉恩乌塞的名字，但仍不确定拉恩乌塞的金字塔是哪座。拉恩乌塞大权在握，统治时间很长。因此，比起里盖小金字塔，阿布西尔金字塔群中间的大金字塔有可能是他的。但在一些祭司对拉恩乌塞金字塔的说明中，他的金字塔形似方尖碑，这使我们将注意力转移到代赫舒尔的双坡金字塔上[87]。而里盖金字塔的两个尖角处都雕刻有和大金字塔一样的名字——"门阿苏特"，这可能是拉恩乌塞的第二处遗迹。

安的名字有不同的拼法，复合形式的名字有(Anny) ankh——(安尼)安赫和(Anna) ankh——(安纳)安赫。

第五王朝第七任法老门卡霍尔（），在位时间约为公元前3589年到公元前3580年，相关信息如下：

内特阿苏特金字塔，位置不明。

肖像石板(图46)[88]。

西奈石板[89]。

图46 ● 雕刻着门卡霍尔形象的石板，人们发现它在塞拉皮雍统治时期被再次使用

萨卡拉雪花石膏雕像，现藏于吉萨博物馆。

圣甲虫。

至今仍未发现门卡霍尔的金字塔，但许多祭司称它为"内特阿苏特"。法老(K)和金字塔(P)的祭司和先知如下：

祭司种类：法老的祭司(K)，金字塔的祭司(P)	祭司名字
P	普塔霍特普[90]
P	阿赫特霍特普[91]
P	拉恩赫恩阿[92]
P	普塔内弗阿特[93]
P	斯尼夫鲁内弗[94]
P	塞内弗[95]
P	凯德赫恩斯[96]
K	阿提[97]

一块刻有门卡霍尔像的石板得以保存，并且嵌在塞拉皮雍神殿的墙上。在这块石板上，门卡霍尔代表曼卡尔站着，手持指挥棒和权杖，秃鹫内赫贝特从头顶飞过。门卡霍尔面前是直立的花瓶，花瓶里插着一朵长长的莲花。花瓶上刻有："仁慈的神灵、两国之主门卡霍尔，如拉神般赐予万物生命"。讨论曼凯拉金字塔时，我们已经察觉到，刻有门卡霍尔像[98]的石板应该早在第五王朝时就出现了[99]。

在后来的一块石碑上，图图[100]对多姆泰夫[101]、凯贝赫森努夫[102]和门卡霍尔表达了崇拜之情[103]。由此可见，直到后来，门卡霍尔仍备受尊崇。

在瓦迪马加拉发现的石碑很小，部分被毁，但上面刻有门卡霍尔的卡名和边框[104]。在萨卡拉发现的一组王室雕像中，有一尊门卡霍尔的雪花石膏雕像，现藏于吉萨博物馆。还有三个圣甲虫是门卡霍尔较小的遗迹[105]。

第五王朝第八位法老达德卡拉（ ），阿萨（ ），在位时间约为公元前3580年到公元前3536年。

根据碑文"苏特恩巴提-拉达德卡-萨拉-阿萨"[106]及对内弗金字塔的研究，我们可以确定这两个名字是指同一位法老。

其相关信息如下：

内弗金字塔，位置不明。

石板，发现于瓦迪马加拉[107]。

石板，发现于矿山[108]。

石板[109]。

石板，发现于哈马马特干涸的河床[110]。

萨卡拉莎草纸，目前收藏在吉萨博物馆。

雪花石膏花瓶，目前收藏在法国卢浮宫博物馆。

有色燧石块，现被皮特里收藏。

圆柱，现被阿梅莉亚·爱德华兹收藏。

圣甲虫（图47）。

遗迹上经常把达德卡拉的金字塔称为"达德卡拉内弗金字塔"或者"阿萨内弗金字塔"。金字塔的先知是：

马内弗[111]

斯尼夫鲁内弗[112]

图 47 ●圣甲虫，现被皮特里收藏

拉卡普[113]

阿赫特霍特普[114]

塞内弗[115]

何塞特[116]

未知[117]

阿图什（乌阿卜[118]）

农场常用阿萨来命名，也许因为阿萨统治的时间很久[119]。

与以前的统治时期相比，在阿萨统治期间，古埃及人在东部沙漠地区留下更多的遗迹。比如，在瓦迪马加拉，人们发现了三块石碑；在哈马马特干涸的河床发现了数篇长碑文。瓦迪马加拉的一块石碑刻着达德卡拉的卡名和名字，卡名后写有"萨拉"。"萨拉"是这时才普遍使用的新名号[120]。在同一地点，梅杰·麦克唐纳发现了一块石板，上面写着对牲畜数量的估算[121]。埃伯斯发现了一些毁坏严重的石碑碎片[122]。海因里希·卡尔·布鲁格施发现了两块可能是相同复制品的石碑[123]。在哈马马特干涸的河床上的普塔霍特普王陵中，人们也发现了刻有"阿萨"的碑文[124]。

与达德卡拉有关的一些小遗迹也被发现。从风格上看，有些物品显然出自与达德卡拉同名的第二十五王朝的埃塞俄比亚人达德卡拉·舍比特库，但也有几件物品显然属于早期作品。一个现藏于法国卢浮宫博物馆的雪花石膏花瓶上刻着："太阳神的至爱——法老达德卡拉于第一个塞德节[125]敬献""达德卡拉赋予万物生命，维护稳定，注入力量。他心灵强大，永恒不灭"。据说，在代赫舒尔的一个陶罐里发现了一块精美的抛光砚台，是由淡黄色燧石制成的，上面刻有法老达德卡拉的名字，被皮特里收藏（图48）。一根黑色的滑石圆柱刻着哈索尔和纳特这两位先知的名字，而法老达德卡拉的卡名重复了两次，这根圆柱被阿米莉亚·爱德华兹收藏。有两个圣甲虫也是达德卡拉的，一个表面平整，另一个表面上刻有卷纹。

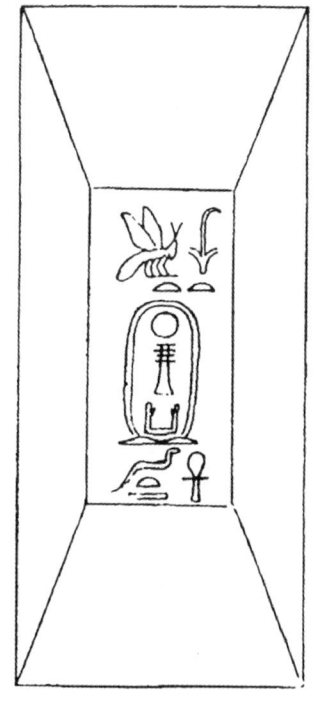

图48 ●有色燧石块，现被威廉·马修·弗林德斯·皮特里收藏

1893年，最古老的莎草纸在萨卡拉阶梯金字塔附近被当地农夫发现，这份莎草纸记录了阿萨的统治。和它一起被发现的还有两块名为卡考和塞特阿卜拉的方尖碑。不幸的是，被当地人发现后，莎草纸被分割成碎片出售。后来，莎草纸碎片才辗转到吉萨博物馆，供亨利·爱德华·纳维尔教授和布里安特先生研究。

　　这一统治时期的代表作品还包括最古老的莎草纸作品《普塔霍特普箴言》。我们实际拥有的现藏于巴黎国立图书馆的作品副本可能出自第十二王朝，但它似乎是原作手写草书体版本的复制本[126]。草书体版本完成的时间可能是原作的实际完成时间，普塔霍特普是在阿萨统治时期写下这部作品的，这似乎确定无疑。普塔霍特普可能是法老达德卡拉的一位年长的导师，王室鼓励他向世人展现自己的智慧和风度。普塔霍特普是法老达德卡拉的臣子中地位最高的，是"法老之子及法老身体之子"。因此，普塔霍特普可能是他的学生阿萨法老的叔叔。这些箴言有各种不同版本的翻译，无论是字面上的还是韵律上都是众所周知的。因此，箴言更应该属于文学而非历史。在此，我们不赘述。

　　第五王朝第九任法老乌纳斯（　　　），在位时间约为公元前3536年到公元前3503年，相关信息如下：

　　内弗阿苏特金字塔，位于萨卡拉。

　　王陵，位于萨卡拉。

　　石板，发现于象岛(图49)[127]。

图49 ●石板，发现于象岛

雪花石膏花瓶，现藏于大英博物馆、佛罗伦萨博物馆。

圣甲虫。

人们没有发现第二个可以指代乌纳斯的名字。他似乎一生都保留着自己的私人名字，从未使用过与"拉"组合的王名[128]。

1881年，乌纳斯金字塔在萨卡拉被发现，入口由一条从北而来的倾斜通道构成（图50）。进入入口，可以到达一个水平的小腔室和一条通道。通道由花岗岩砌成，沿着这条通道可达三个门口，甚至可以再远一点。通道尽头是一个方形房间，墙上满是碑文。房间的西边，有一条短通道通向另一个腔室，其超过一半的墙面都刻有碑文，室内放有一副玄武岩石棺。房间东边的另一条短通道通向一条交叉通道，连接三个小房间。房间角落里有一堆小木器、刀柄、斧子等，它们可能用来举行丧葬仪式，将它们留在这里的原因可见刻在墙上的关于丧礼仪式的长文[129]。毋庸置疑，这座位于萨卡拉金字塔的南端的金字塔，是为纪念乌纳斯而建。因为在它的旁边有一座王陵[130]，石块背面的采石场标记上刻有他的名字。与通常的马斯塔巴建筑一样，王陵呈长方体，但其体积更大。显然，我们可以看出是王陵由精致的砖石砌成的。现在，砖石已经消失不见，只留下粗糙的台阶。与金字塔一样，王陵的入口在北边。一条倾斜的

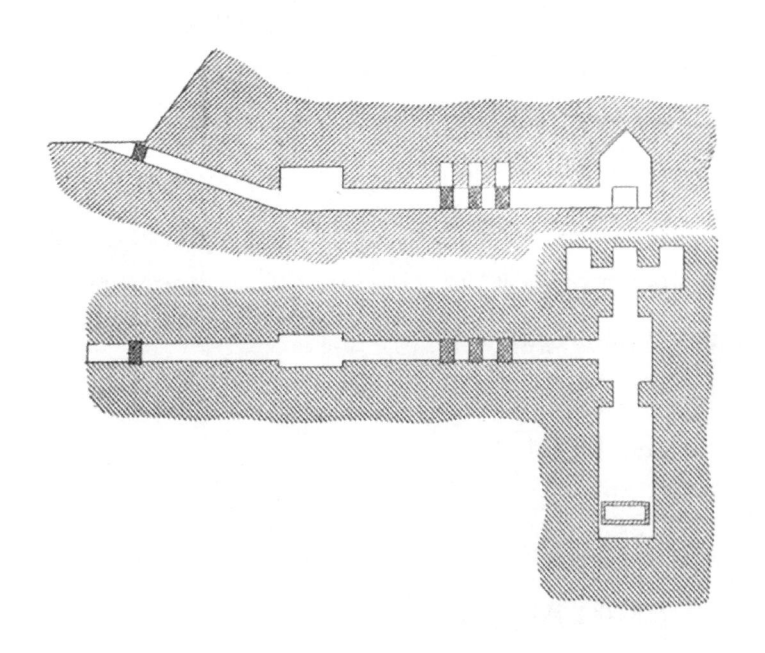

图 50 ●乌纳斯金字塔的通道布局截面图

通道在底部水平延伸，通过三个滑道后来到一扇吊闸门。最后，这条通道可以进入一间腔室。腔室呈东西延展，屋顶为筒形。从王陵西端可以打开另一个筒形屋顶的房间。王陵的南面东端有一条水平的短通道及四个凹槽和一个小腔室。王陵的内部设计和金字塔的内部设计很像，各个部分都和萨卡拉的乌纳斯金字塔等级相同，尽管空间排列有着很大的不同。它有可能是乌纳斯继任者的王陵，只用了一些刻有乌纳斯名字的旧石块。我们还发现了乌纳斯的一个臣子泰塔的金字塔，但仍未找到其他的有可能是乌纳斯王陵的陵墓。因此，这座王陵很可能就是为乌纳斯而建的。

然而，提到乌纳斯的祭司，有一些矛盾的地方。其中一位祭司阿赫特霍特普，在他的墓中有两块石碑。在一块石碑上，他被称为"乌纳斯内弗阿苏特金字塔的先知"，但在另一块石碑上，他是"乌纳斯阿苏特阿苏提金字塔的先知"——此处存疑。如果这不是笔误，那么如同斯尼夫鲁和门卡拉，乌纳斯可能有两座金字塔。因此，刻有碑文的金字塔和王陵都可能属于乌纳斯。乌纳斯金字塔的先知是：

德佩曼赫[131]

拉赫恩特，王室女成员[132]

萨布[133]

普塔谢普斯[134]

阿赫特霍特普[135]

据碑文"德佩曼赫是哈索尔神殿的先知。哈索尔敬爱乌纳斯"可知，乌纳斯似乎在孟菲斯为哈索尔建了一座神殿[136]。

象岛石碑[137]是由一大块圆形花岗岩精雕细琢而成的，石碑位于通往村庄的路上，靠近渡口。石碑上刻有克奴姆的名字，还刻有三头公羊。以这块石碑为基础，后来的法老们创作了四种碑文，这是尼罗河急流区最早的碑文。

哈马马特的碑文提到了一个叫乌纳斯安赫的人，但这句碑文出现时间比乌纳斯统治时期要晚[138]。

直到第五王朝末期，都灵王表仍然保存完好，记录了最后三位法老及其统治年份。都灵王表记录的数字与曼涅托王表记录的数字不一致：两处门卡霍尔的统治时期分别为八年和九年，这很可能是因为忽略了月份；两处达德卡拉的统治时期分别为四十四年和二十八年，差别过大，就算将其共治时期纳入考量，也无法解释清楚；两处乌纳斯的统治时期分别为三十三年和三十年，三年的差别可能是他与前任法老共治导致的。根据斯内森阿卜王陵中的信息，人们可以看出斯内森阿卜与阿萨、乌纳斯之间的关系，从而可以推测他们的统治时期可能同属一个时代[139]。第五王朝末期，即乌纳斯统治时期后，都灵王表总结了第五王朝的法老的总述，但只详细记录了自美尼斯到乌纳斯的历史，并且法老即位的顺序及在位时长都有缺失。在小遗迹中，有两个来自阿比多斯的精美雪花石膏花瓶，现收藏在大英博物馆。圣甲虫比以前法老时期的都要常见，但是种类上没有什么变化。

一开始，第五王朝就呈现出浓重的祭司色彩，这种风格的起源似乎是复兴了赫利奥波利斯的元素。赫利奥波利斯元素可能起源于美索不达米亚,即尼罗河三角洲流域拉的祭司的篡权行为。祭司宣称自己是拉的后裔,这种说法被所有后来的法老尊崇。对祭司神职的尊崇源于对宗教基础的高度关注。实际上,第五王朝早期的每位法老都有十几位或更多的祭司。在第五王朝统治期间,古埃及鲜少对外开战,大型遗迹也很少,这同样体现出尊崇祭司等神职人员的特点。法老仍然控制着西奈半岛,但这时,他们的主要精力都集中在建造精美的王陵和巩固宗教基础上。

第五王朝的建筑与以前建筑的恢宏风格大不相同:砌筑不够仔细,形式和颜色变得正式。尽管有些艺术作品生动活泼,就像提王陵里的作品一样,但与第四王朝恢宏的雕像相比,它们只能用单调和粗糙形容。因此,作品各方面的衰落都是明显的。这一时期创作的作品,无论规模大小,更多的是为追求表达效果,而不是为认识现实。

【注释】

1 另一种说法是乌瑟卡夫的在位时间为约公元前 2498 年到约公元前 2491 年,共 7 年。——译者注
2 另一种说法是萨弗拉的在位时间为约公元前 2490 年到约公元前 2477 年,共 13 年。——译者注
3 另一种说法是内弗尔卡拉的在位时间为约公元前 2477 年到约公元前 2467 年,共 10 年。——译者注

4	另一种说法是谢普塞斯卡拉的在位时间为约公元前2467年到约公元前2460年，共7年。——译者注	
5	另一种说法是兰尼弗雷夫的在位时间约为公元前2460年到约公元前2425年，共35年。——译者注	
6	另一种说法是门卡霍尔的在位时间约为公元前2422年到公元前2414年，共8年。——译者注	
7	象岛与阿斯旺隔尼罗河相望，是努比亚人传统定居区域的最北端。它在古埃及语里叫"阿布"，意为"大象"或"象牙"。——译者注	
8	弗朗索瓦·奥古斯特·斐迪南·马里耶特：《埃及和努比亚的古迹》，第54页。——原注	
9	卡尔·里夏德·列普修斯：《埃及和埃塞俄比亚的古迹》，柏林，贝萨克赫书店，1849年，第2卷，第48页。——原注	
10	卡尔·里夏德·列普修斯：《埃及和埃塞俄比亚的古迹》，柏林，贝萨克赫书店，1849年，第2卷，第112页。——原注	
11	弗朗索瓦·奥古斯特·斐迪南·马里耶特：《古老帝国的马斯塔巴》，第101页。——原注	
12	弗朗索瓦·奥古斯特·斐迪南·马里耶特：《古老帝国的马斯塔巴》，第199页。——原注	
13	弗朗索瓦·奥古斯特·斐迪南·马里耶特：《古老帝国的马斯塔巴》，第313页。——原注	
14	弗朗索瓦·奥古斯特·斐迪南·马里耶特：《古老帝国的马斯塔巴》，第308页。——原注	
15	弗朗索瓦·奥古斯特·斐迪南·马里耶特：《古老帝国的马斯塔巴》，第311页。——原注	
16	弗朗索瓦·奥古斯特·斐迪南·马里耶特：《古老帝国的马斯塔巴》，第312页。——原注	
17	海因里希·卡尔·布鲁格施：《埃及古迹汇编》，第7卷，第3页。弗朗索瓦·奥古斯特·斐迪南·马里耶特：《古老帝国的马斯塔巴》，第314页。——原注	
18	弗朗索瓦·奥古斯特·斐迪南·马里耶特：《古老帝国的马斯塔巴》，第316页到第319页。——原注	
19	弗朗索瓦·奥古斯特·斐迪南·马里耶特：《古老帝国的马斯塔巴》，第259页。——原注	
20	弗朗索瓦·奥古斯特·斐迪南·马里耶特：《古老帝国的马斯塔巴》，第199页。——原注	
21	卡尔·里夏德·列普修斯：《埃及和埃塞俄比亚的古迹》，柏林，贝萨克赫书店，1849年，第2卷，第39页。——原注	
22	雅克·德·摩根：《古埃及纪念碑碑文目录》，第1卷，第88页。——原注	
23	弗朗索瓦·奥古斯特·斐迪南·马里耶特：《古老帝国的马斯塔巴》，第198页。——原注	
24	弗朗索瓦·奥古斯特·斐迪南·马里耶特：《古老帝国的马斯塔巴》，第213页。——原注	
25	弗朗索瓦·奥古斯特·斐迪南·马里耶特：《古老帝国的马斯塔巴》，第242页。——原注	
26	弗朗索瓦·奥古斯特·斐迪南·马里耶特：《古老帝国的马斯塔巴》，第294页。——原注	
27	弗朗索瓦·奥古斯特·斐迪南·马里耶特：《古老帝国的马斯塔巴》，第308页。——原注	
28	弗朗索瓦·奥古斯特·斐迪南·马里耶特：《古老帝国的马斯塔巴》，第319页。——原注	
29	弗朗索瓦·奥古斯特·斐迪南·马里耶特：《古老帝国的马斯塔巴》，第324页。——原注	
30	卡尔·里夏德·列普修斯：《埃及和埃塞俄比亚的古迹》，柏林，贝萨克赫书店，1849年，第2卷，第55页。——原注	
31	卡尔·里夏德·列普修斯：《埃及和埃塞俄比亚的古迹》，柏林，贝萨克赫书店，1849年，第2卷，第55页。——原注	
32	卡尔·里夏德·列普修斯：《埃及和埃塞俄比亚的古迹》，柏林，贝萨克赫书店，1849年，第2卷，第55页。——原注	
33	卡尔·里夏德·列普修斯：《埃及和埃塞俄比亚的古迹》，柏林，贝萨克赫书店，1849年，第2卷，第59页。——原注	

34	《塞拉皮雍石碑》，第 427 页。——原注	
35	《塞拉皮雍石碑》，第 413 页。——原注	
36	卡尔·里夏德·列普修斯：《埃及和埃塞俄比亚的古迹》，柏林，贝萨克赫书店，1849 年，第 2 卷，第 41 页。——原注	
37	埃马纽埃尔·德·鲁热：《曼涅托王表前六王朝的遗迹研究》，巴黎，皇家印书馆，1866 年，第 74 页。——原注	
38	弗朗索瓦·奥古斯特·斐迪南·马里耶特：《古老帝国的马斯塔巴》，第 295 页。——原注	
39	弗朗索瓦·奥古斯特·斐迪南·马里耶特：《埃及和努比亚的古迹》，第 54 页。——原注	
40	埃马纽埃尔·德·鲁热：《曼涅托王表前六王朝的遗迹研究》，巴黎，皇家印书馆，1866 年，第 94 页。——原注	
41	埃马纽埃尔·德·鲁热：《曼涅托王表前六王朝的遗迹研究》，巴黎，皇家印书馆，1866 年，第 94 页。——原注	
42	弗朗索瓦·奥古斯特·斐迪南·马里耶特：《古老帝国的马斯塔巴》，第 340 页。——原注	
43	弗朗索瓦·奥古斯特·斐迪南·马里耶特：《古老帝国的马斯塔巴》，第 329 页。——原注	
44	弗朗索瓦·奥古斯特·斐迪南·马里耶特：《古老帝国的马斯塔巴》，第 250 页。——原注	
45	弗朗索瓦·奥古斯特·斐迪南·马里耶特：《古老帝国的马斯塔巴》，第 258 页。——原注	
46	卡尔·里夏德·列普修斯：《埃及和埃塞俄比亚的古迹》，柏林，贝萨克赫书店，1849 年，第 2 卷，第 59 页。——原注	
47	卡尔·里夏德·列普修斯：《埃及和埃塞俄比亚的古迹》，柏林，贝萨克赫书店，1849 年，第 2 卷，第 43 页。——原注	
48	卡尔·里夏德·列普修斯：《埃及和埃塞俄比亚的古迹》，柏林，贝萨克赫书店，1849 年，第 2 卷，第 55 页。——原注	
49	卡尔·里夏德·列普修斯：《埃及和埃塞俄比亚的古迹》，柏林，贝萨克赫书店，1849 年，第 2 卷，第 55 页。——原注	
50	卡尔·里夏德·列普修斯：《埃及和埃塞俄比亚的古迹》，柏林，贝萨克赫书店，1849 年，第 2 卷，第 55 页。——原注	
51	卡尔·里夏德·列普修斯：《埃及和埃塞俄比亚的古迹》，柏林，贝萨克赫书店，1849 年，第 2 卷，第 45 页。——原注	
52	卡尔·里夏德·列普修斯：《埃及和埃塞俄比亚的古迹》，柏林，贝萨克赫书店，1849 年，第 2 卷，第 49 页。——原注	
53	弗朗索瓦·奥古斯特·斐迪南·马里耶特：《埃及和努比亚的古迹》，第 54 页。——原注	
54	埃马纽埃尔·德·鲁热：《曼涅托王表前六王朝的遗迹研究》，巴黎，皇家印书馆，1866 年，第 97 页。——原注	
55	阿尔弗雷德·维德曼：《埃及史》，第 197 页。——原注	
56	弗朗索瓦·奥古斯特·斐迪南·马里耶特：《古老帝国的马斯塔巴》，第 353 页。——原注	
57	弗朗索瓦·奥古斯特·斐迪南·马里耶特：《古老帝国的马斯塔巴》，第 504 页、第 509 页。——原注	
58	埃马纽埃尔·德·鲁热：《埃及研究》，第 4 页、第 62 页。——原注	
59	《埃及语言杂志》，1885 年，第 78 页。——原注	
60	私人名字是法老在出生时被赋予的名字，通常与"拉之子"一起出现。古埃及法老有五个名字，包括荷鲁斯名、双女神名、金荷鲁斯名、王名和私人名字。——译者注	
61	弗朗索瓦·奥古斯特·斐迪南·马里耶特：《古老帝国的马斯塔巴》，第 283 页。——原注	
62	弗朗索瓦·奥古斯特·斐迪南·马里耶特：《古老帝国的马斯塔巴》，第 329 页。——原注	

63	弗朗索瓦·奥古斯特·斐迪南·马里耶特：《古老帝国的马斯塔巴》，第313页。——原注	
64	弗朗索瓦·奥古斯特·斐迪南·马里耶特：《古老帝国的马斯塔巴》，第295页。——原注	
65	阿尔弗雷德·维德曼：《埃及史》，第198页。——原注	
66	弗朗索瓦·奥古斯特·斐迪南·马里耶特：《古老帝国的马斯塔巴》，第335页。——原注	
67	卡尔·里夏德·列普修斯：《埃及和埃塞俄比亚的古迹》，柏林，贝萨克赫书店，1849年，第2卷。——原注	
68	弗朗索瓦·奥古斯特·斐迪南·马里耶特：《古老帝国的马斯塔巴》，第353页。——原注	
69	卡尔·里夏德·列普修斯：《埃及和埃塞俄比亚的古迹》，柏林，贝萨克赫书店，1849年，第2卷，第80页。——原注	
70	卡尔·里夏德·列普修斯：《埃及古代重要文件》，第7页。——原注	
71	卡尔·里夏德·列普修斯：《埃及和埃塞俄比亚的古迹》，柏林，贝萨克赫书店，1849年，第2卷，第152页。——原注	
72	卡尔·里夏德·列普修斯：《埃及古代重要文件》，第9页。——原注	
73	卡尔·里夏德·列普修斯：《埃及和埃塞俄比亚的古迹》，柏林，贝萨克赫书店，1849年，第2卷，第39页。——原注	
74	卡尔·里夏德·列普修斯：《埃及古代重要文件》，第7页。——原注	
75	弗朗索瓦·奥古斯特·斐迪南·马里耶特：《古老帝国的马斯塔巴》，第213页。——原注	
76	弗朗索瓦·奥古斯特·斐迪南·马里耶特：《古老帝国的马斯塔巴》，第340页。——原注	
77	弗朗索瓦·奥古斯特·斐迪南·马里耶特：《古老帝国的马斯塔巴》，第329页。——原注	
78	弗朗索瓦·奥古斯特·斐迪南·马里耶特：《古老帝国的马斯塔巴》，第250页。——原注	
79	弗朗索瓦·奥古斯特·斐迪南·马里耶特：《古老帝国的马斯塔巴》，第258页。——原注	
80	卡尔·里夏德·列普修斯：《埃及和埃塞俄比亚的古迹》，柏林，贝萨克赫书店，1849年，第2卷，第59页。——原注	
81	卡尔·里夏德·列普修斯：《埃及和埃塞俄比亚的古迹》，柏林，贝萨克赫书店，1849年，第2卷，第43页。——原注	
82	卡尔·里夏德·列普修斯：《埃及和埃塞俄比亚的古迹》，柏林，贝萨克赫书店，1849年，第2卷，第55页。——原注	
83	阿尔弗雷德·维德曼：《埃及史》，第199页。——原注	
84	阿尔弗雷德·维德曼：《埃及史》，第199页。——原注	
85	卡尔·里夏德·列普修斯：《埃及和埃塞俄比亚的古迹》，柏林，贝萨克赫书店，1849年，第2卷，第55页。——原注	
86	卡尔·里夏德·列普修斯：《埃及和埃塞俄比亚的古迹》，柏林，贝萨克赫书店，1849年，第2卷，第59页。——原注	
87	阿尔弗雷德·维德曼：《埃及史》，第199页。——原注	
88	卡尔·里夏德·列普修斯：《埃及和埃塞俄比亚的古迹》，柏林，贝萨克赫书店，1849年，第3卷，第19页、第291页。埃马纽埃尔·德·鲁热：《曼涅托王表前六王朝的遗迹研究》，巴黎，皇家印书馆，1866年，第6卷。——原注	
89	卡尔·里夏德·列普修斯：《埃及和埃塞俄比亚的古迹》，第2卷，第39页。——原注	
90	埃马纽埃尔·德·鲁热：《曼涅托王表前六王朝的遗迹研究》，第99页。——原注	
91	埃马纽埃尔·德·鲁热：《曼涅托王表前六王朝的遗迹研究》，第101页。——原注	
92	弗朗索瓦·奥古斯特·斐迪南·马里耶特：《古老帝国的马斯塔巴》，第280页。——原注	
93	弗朗索瓦·奥古斯特·斐迪南·马里耶特：《古老帝国的马斯塔巴》，第322页。——原注	

94	弗朗索瓦·奥古斯特·斐迪南·马里耶特：《古老帝国的马斯塔巴》，第395页。——原注
95	弗朗索瓦·奥古斯特·斐迪南·马里耶特：《古老帝国的马斯塔巴》，第398页。——原注
96	弗朗索瓦·奥古斯特·斐迪南·马里耶特：《古老帝国的马斯塔巴》，第402页。——原注
97	弗朗索瓦·奥古斯特·斐迪南·马里耶特：《古老帝国的马斯塔巴》，第418页。——原注
98	埃马纽埃尔·德·鲁热：《曼涅托王表前六王朝的遗迹研究》，巴黎，皇家印书馆，1866年，第6卷。——原注
99	卡尔·里夏德·列普修斯：《埃及和埃塞俄比亚的古迹》，柏林，贝萨克赫书店，1849年，第3卷，第19页、第291页。——原注
100	图图，具体身份不明。——译者注
101	多姆泰夫是荷鲁斯四子之一，是葬礼之神。——译者注
102	凯贝赫森努夫是荷鲁斯四子之一，是保护神。——译者注
103	保罗·皮埃雷：《卢浮宫埃及博物馆未出版的碑文集》，第2卷，第28页。——原注
104	卡尔·里夏德·列普修斯：《埃及和埃塞俄比亚的古迹》，柏林，贝萨克赫书店，1849年，第3卷，第19页、第115页。——原注
105	阿尔弗雷德·维德曼：《埃及史》，第200页。——原注
106	埃马纽埃尔·德·鲁热：《曼涅托王表前六王朝的遗迹研究》，巴黎，皇家印书馆，1866年，第100页。——原注
107	卡尔·里夏德·列普修斯：《埃及和埃塞俄比亚的古迹》，柏林，贝萨克赫书店，1849年，第2卷，第39页。——原注
108	《埃及语言杂志》，第7卷，第26页。——原注
109	埃伯斯：《西奈》，第536页。——原注
110	卡尔·里夏德·列普修斯：《埃及和埃塞俄比亚的古迹》，柏林，贝萨克赫书店，1849年，第2卷，第115页。——原注
111	卡尔·里夏德·列普修斯：《埃及和埃塞俄比亚的古迹》，柏林，贝萨克赫书店，1849年，第2卷，第65页到第70页。——原注
112	埃马纽埃尔·德·鲁热：《埃及研究》，第9卷，第3页、第4页。——原注
113	弗朗索瓦·奥古斯特·斐迪南·马里耶特：《古老帝国的马斯塔巴》，第272页。——原注
114	弗朗索瓦·奥古斯特·斐迪南·马里耶特：《古老帝国的马斯塔巴》，第421页。——原注
115	弗朗索瓦·奥古斯特·斐迪南·马里耶特：《古老帝国的马斯塔巴》，第398页。——原注
116	埃马纽埃尔·德·鲁热：《埃及研究》，第9卷，第3页。——原注
117	卡尔·里夏德·列普修斯：《埃及和埃塞俄比亚的古迹》，柏林，贝萨克赫书店，1849年，第2卷，第78页。——原注
118	乌阿卜可能是某种头衔。——译者注
119	卡尔·里夏德·列普修斯：《埃及和埃塞俄比亚的古迹》，柏林，贝萨克赫书店，1849年，第2卷，第71页、第76页。弗朗索瓦·奥古斯特·斐迪南·马里耶特：《古老帝国的马斯塔巴》，第351页、第383页。——原注
120	卡尔·里夏德·列普修斯：《埃及和埃塞俄比亚的古迹》，柏林，贝萨克赫书店，1849年，第2卷，第39页。——原注
121	《埃及语言杂志》，第7卷，第26页。——原注
122	埃伯斯：《西奈》，第536页。——原注
123	海因里希·卡尔·布鲁格施：《埃及碑文词库》，第1494页。——原注
124	卡尔·里夏德·列普修斯：《埃及和埃塞俄比亚的古迹》，柏林，贝萨克赫书店，1849年，第2卷。——原注

125 塞德节是古埃及的重要节日之一。——译者注
126 《圣经考古记录》，伦敦，圣经考古学会，1879年到1918年，第13卷，第65页。——原注
127 威廉·马修·弗林德斯·皮特里：《1887年在埃及的一个季节》，第12卷。——原注
128 王名是法老继承法老之位时的名字，象征法老统治上下埃及。——原注
129 《埃及作品汇编》，第3期，第117页；第4期，第41页。——原注
130 弗朗索瓦·奥古斯特·斐迪南·马里耶特：《古老帝国的马斯塔巴》，第361页。——原注
131 弗朗索瓦·奥古斯特·斐迪南·马里耶特：《古老帝国的马斯塔巴》，第195页。——原注
132 弗朗索瓦·奥古斯特·斐迪南·马里耶特：《古老帝国的马斯塔巴》，第360页。——原注
133 弗朗索瓦·奥古斯特·斐迪南·马里耶特：《古老帝国的马斯塔巴》，第375页。——原注
134 弗朗索瓦·奥古斯特·斐迪南·马里耶特：《古老帝国的马斯塔巴》，第377页。——原注
135 弗朗索瓦·奥古斯特·斐迪南·马里耶特：《古老帝国的马斯塔巴》，第422页到第424页。——原注
136 弗朗索瓦·奥古斯特·斐迪南·马里耶特：《古老帝国的马斯塔巴》，第195页。埃马纽埃尔·德·鲁热：《曼涅托王表前六王朝的遗迹研究》，巴黎，皇家印书馆，1866年，第105页。——原注
137 威廉·马修·弗林德斯·皮特里：《1887年在埃及的一个季节》，第12卷。——原注
138 卡尔·里夏德·列普修斯：《埃及和埃塞俄比亚的古迹》，柏林，贝萨克赫书店，1849年，第2卷，第115页。弗拉基米尔·谢苗诺维奇·戈列尼谢夫：《哈马马特》，第7页。——原注
139 埃马纽埃尔·德·鲁热：《曼涅托王表前六王朝的遗迹研究》，巴黎，皇家印书馆，1866年，第102页。——原注

第 5 章

第六王朝

SIXTH DYNASTY

曼涅托王表中第六王朝法老的顺序	其他多份王表中法老的顺序	多处遗迹上雕刻的法老的顺序	在位时长(年) 曼涅托王表记载的在位时长	在位时长(年) 都灵莎草纸记载的在位时长	在位时间
奥托斯	泰塔[1]	泰塔	30	……	约公元前3503年到公元前3473年
……	乌瑟卡拉[2]	阿提	……	6	约公元前3473年到公元前3467年
菲奥斯	麦雷拉（A.）[3] 佩皮（S.）	弗麦雷拉 佩皮一世	53	20	约公元前3467年到公元前3447年
梅图苏夫斯	麦伦拉[4] 奈姆蒂姆萨夫一世	麦伦拉 奈姆蒂姆萨夫一世	7	4	约公元前3447年到公元前3443年
菲奥普斯	内弗卡拉[5] 佩皮二世	内弗卡拉 佩皮二世	95	9-	约公元前3443年到公元前3348年
门特苏夫斯	麦伦拉 奈姆蒂姆萨夫二世[6]	麦伦拉 奈姆蒂姆萨夫二世	1	1	约公元前3348年到公元前3347年
……	内特卡拉	……	……	……	
尼托克利斯	门卡拉 内塔克提	……	12	……	约公元前3347年到公元前3335年

第六王朝的法老们更有活力。他们纪念碑的数量比以往王朝都要多，覆盖地域也更广，都清楚地表明了这一点。关于第六王朝的终结，虽然有一些不确定因素，但大部分史实确定无疑。

第六王朝第一任法老泰塔（），在位时间约为公元前3503年到公元前3473年，相关信息如下：

达德阿苏特金字塔，位于萨卡拉[7]。

石头雕画，发现于哈特努布[8]。

石块[9]，发现于丹德拉。

铭文[10]，发现于丹德拉。

佩皮一世献祭[11]，发现于丹德拉。

雪花石膏花瓶，发现于阿拜多斯，收藏在吉萨博物馆[12]。

石膏瓶盖(图51)，目前收藏在大英博物馆[13]。

泰塔似乎从未使用过王名。与乌纳斯一样，在整个统治时期，泰塔只使用自己的私人名字。即使在他的金字塔里，我们也只发现了"泰塔"这个名字。而他的卡名塞赫特普塔，只在哈特努布的一副石头雕画上出现过。

泰塔金字塔的布局方式与乌纳斯金字塔完全相同，只是三个小房间整合成了一个大房间，但泰塔金字塔遭到了更严重

图51 ●雪花石膏瓶盖

的破坏。为寻找宝藏，劫掠者几乎摧毁了长通道尽头密室的墙壁。与其他金字塔的破门方法不同，劫掠者烧毁了泰塔金字塔的花岗石大圆石门并开凿出一条路，还砸碎了墙壁。他们从而获得了经验，知道在其他金字塔中这样寻找是没有用的。因此，泰塔金字塔可能是劫掠者最先掠夺的一座金字塔。泰塔金字塔墙上的文字比乌纳斯金字塔墙上的文字字体要小。这种变化在佩皮一世法老的小象形文字中得到了进一步体现。比起乌纳斯金字塔内的碑文，泰塔金字塔碑文的主题更宗教化，更少直接讲述仪式的内容，尽管两座金字塔内的许多碑文内容基本一致[14]。

泰塔金字塔的祭司是：

名字	遗迹	遗迹发现地
萨布[15]		
普塔谢普斯[16]		
哈帕[17]		
阿萨[18]		
美尼斯	陵墓	萨卡拉
未知[19]		
拉赫恩特		

拉赫恩特[20]是泰塔的女先知。

"泰塔"这个名字出现在阿帕安赫的灵柩上，灵柩现藏于柏林[21]。显然，泰塔是个私人名字，并且在哈特努布石块上被刻了两遍。石块采自第十二王朝的雪花石膏采石场，上面还刻着一人端坐的图案。在佐耶特麦伊廷，"泰塔"这个名字也以私人名字的形式出现[22]。然而，由于在早期古埃及史中，"泰塔"这个名字很常见，所以很多名字刻记可能与泰塔法老毫无关系。艾卡的雕画之一出现了一个复合名字——泰塔安赫[23]。据曼涅托王表记载，传说泰塔被自己卫队的成员杀害。后世有人认为泰塔的继任者乌瑟卡拉是主谋，但考虑到乌瑟卡拉统治乏力，这种说法可能性不大。

与泰塔法老相关的小遗存很少。在阿拜多斯发现的一个雪花石膏花瓶[24]有"达德特敬爱的泰塔"字样，还刻有公羊首的奥西里斯的形象。这个花瓶与在阿拜多斯发现的另一尊乌纳斯的花瓶表明，所有刻有王名的花瓶都来自阿拜多斯。目前，刻有泰塔名字的瓶盖都收藏在大英博物馆。泰塔没有圣甲虫或圆柱纪念物。

第六王朝第二位法老乌瑟卡拉（ ），阿提（ ），在位时间约为公元前3473年到公元前3467年。

阿拜多斯王表上有乌瑟卡拉的名字，但萨卡拉王表没有对应法老的名字，都灵王表对这部分的记录也不太完整。目前，还没有找到关于这位法老名字的其他痕迹。法老阿提虽然统治时间很短，但碑文中记载了他在位第一年在哈马马特的事迹，包括下令采集矿石、建造金字塔等。由于阿提确实属于第六王朝，我们可以推测阿提就是乌瑟卡拉。在这几个王朝，几乎每个法老王名都与私人名字挂钩，所以这一猜想不是没有可能[25]。

哈马马特碑文中还提到一位名叫普塔恩考的官员带领一

群弓箭手和工匠来访，为建造阿提法老的巴乌金字塔带来了石材。与这段碑文相邻的是贵族阿提安赫（此处存疑）的名字，他的名字最后一部分已经被毁坏[26]。

第六王朝第三位法老麦雷拉（⬚），佩皮一世（⬚），在位时间约为公元前3467年到公元前3447年，相关信息如下：

门内弗金字塔，位于萨卡拉[27]。

圆柱和圣甲虫（图52-1）。

门框等，发现于塔尼斯[28]。

斯芬克斯像，藏于卢浮宫（此处存疑），发现于塔尼斯。

门框，发现于布巴斯提斯[29]。

石碑，发现于瓦迪马加拉[30]。

陶片，发现于罕卡[31]。

石头碑文，发现于哈马马特[32]。

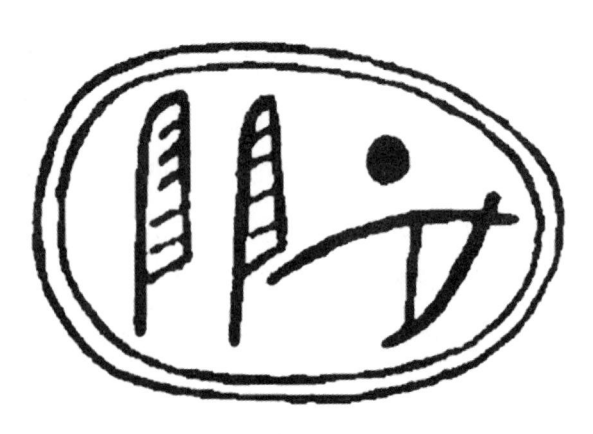

图52-1 ●圣甲虫，现被默奇收藏

石头雕画，发现于哈特努布。

石块[33]，发现于丹德拉。

铭文[34]，发现于丹德拉。

佩皮一世献祭[35]，发现于丹德拉。

碑文碎片，发现于科普托斯。

小雕像，发现于希拉孔波利斯[36]。

石头碑文，发现于盖贝尔-艾尔-西尔塞拉[37]。

石头碑文，发现于象岛[38]。

石头碑文，发现于塞赫尔[39]。

金字塔内的卡诺匹斯罐[40]（图52-2），目前收藏在吉萨博物馆[41]。

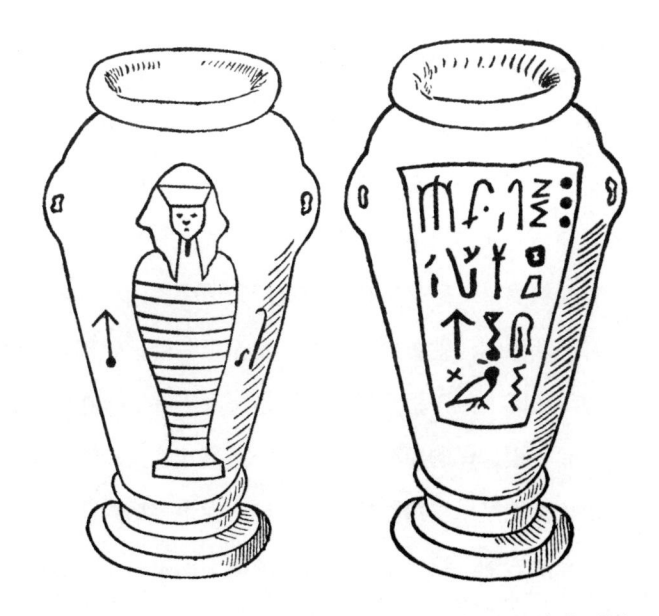

图52-2 ●卡诺匹斯罐

小雕像[42]。

花瓶[43]。

牌匾，现被皮特里收藏。

王后安赫奈斯麦利拉[44]。

儿子伦拉奈姆蒂姆萨夫一世、内弗卡拉佩皮二世。

佩皮一世留下了许多大大小小的遗迹，比第十二王朝之前任何一位统治者留下的都多。他似乎也是古埃及早期君主中最活跃的一位。佩皮一世的金字塔被称为"门内弗"，1880年在萨卡拉被发现。佩皮一世金字塔与乌纳斯金字塔和泰塔金字塔属于同一类型，但唯一不同的是，佩皮一世金字塔东边只有一个房间，没有设置交叉通道和三个小房间。金字塔内的墙面已经被严重破坏，断壁残垣占据了房间的一半空间。金字塔周围的堆积物中有许多刻有碑文的碎片，很大一部分都被运往欧洲。金字塔中部被挖开一个入口，王陵顶部原本深嵌的石头屋梁也被挖开。如今，这座金字塔的构造清晰明了，并且显示了其建造方法。这座金字塔屋梁是斜的，有五六英尺深，在屋脊上纵横交错。屋梁很长，一直深入墙中。因此，屋梁的重心正好在墙面内，就像悬臂一样，梁无须在屋顶处相互接触以做支撑。实际上，一根这样的屋梁是远远不够的。在这座金字塔内，有三根这样的屋梁，一根接一根搭建起来。这样一来，金字塔内部就足以支撑整体。对佩皮一世金字塔的恶意破坏远非寻宝者能做到。这座金字塔入口通道上的每一个人名都被划掉了，塔内的黑色玄武岩石棺也遭到彻底破坏。石棺内刻着一排排凹槽，已被撞得粉碎，甚至打破了一英尺厚的坚硬玄武岩。

地板凹陷处有一个花岗岩盒子，里面存放着雪花石膏的卡诺匹斯罐和花瓶[45]。盒盖没有被固定，只有一块约有两腕尺厚的板子放在上面。

留在佩皮一世金字塔内的碑文与泰塔金字塔的碑文属于同一类型[46]。佩皮一世金字塔的砖石主体不是由凿开的石头，而是由凿成的碎石建成的（图53）。砖石中间以松散的碎渣填充，显示了古埃及后期金字塔建造工艺的粗糙。

佩皮一世有许多位先知。他们分别属于门内弗金字塔（P）、赫特卡、灵魂逗留之地（K），或者被称为"梅尔

图53 ● 金字塔主体由碎石和小木片构成。右边是墓室顶部的砖石构造

特"（Mert或者M）的地方。如果不是先知，那么我们会特别注明是梅尔（mer），即看守人。哈马马特的碑文上刻着一个有监督金字塔雕刻工作的人员名字——提塔[47]，他是梅尔。

先知所属地：金字塔门内弗（P）、赫特卡、灵魂逗留之地（K）、梅尔特（M）	先知的名字	先知遗迹发现地/收藏者
P	梅拉	发现于萨卡拉的墓
P	阿杜	肯诺波思康[48]
P	扎乌塔	肯诺波思康[49]
P	乌纳	阿拜多斯[50]
P	舍沙	阿拜多斯[51]
P	麦雷拉普塔塞安赫	阿拜多斯[52]
P	佩皮纳	阿拜多斯[53]
M、P	塞萨	萨卡拉[54]
P	未知	丝罗丝拉[55]
P、M	阿萨卡	卡拉[56]
K	阿塔	佐耶特麦伊廷[57]
K	卡凯	佐耶特麦伊廷[58]
K	未知	佐耶特麦伊廷[59]
此处存疑	乌哈	波斯诺收藏[60]
此处存疑	未知	米尼亚附近的沙罗纳

在提尼斯，人们发现了一个刻有象形文字的红色花岗岩门框和一块花岗岩[61]，在布巴斯提斯发现了另一个门框[62]，在科普托斯发现了一块石灰岩碎片。根据盖乌斯·普林尼·塞孔杜斯的说法，佩皮一世下令在赫利奥波利斯建造一座方尖碑。另外，根据一份托勒密王朝时的碑文，丹德拉神殿的地基也是由

佩皮一世下令建造的。因此，我们从佩皮一世统治时期采石场的大量石刻碑文中可以看出，他下令建造了许多宏伟的建筑。在瓦迪马加拉的岩石上，佩皮一世刻了一块大石碑，记录了他十八岁时远征瓦迪马加拉的情形[63]。

在佩皮一世的整个统治时期，最重要的一个遗迹是用红色花岗岩建成的斯芬克斯像。斯芬克斯像发现于塔尼斯，目前收藏在卢浮宫。这尊斯芬克斯像的原址旁还有一尊破碎的斯芬克斯像。斯芬克斯像底座右边刻有其所属法老的名字，尽管曾被小心翼翼抹去，但三个象形文字的痕迹仍然存在。这些残留文字的痕迹显示了原文符号之多，整个王名包含了二十个到三十个符号。除了佩皮一世，很少有人用这么长的复合王名，并且残留的符号看起来很像"荷鲁梅里塔享众神疼爱，佩皮如太阳一样生活"。虽然这个猜测尚未得到证实，但很可能是上述含义。如果这个猜测被广泛接受，那么我们就有了已知最早的斯芬克斯像及佩皮一世的精美画像。不过，令人可惜的是，我们未能获得收藏在卢浮宫中的斯芬克斯像的照片。

在象岛乌纳斯的石碑上，佩皮一世加了一行自己的名字和头衔[64]。而名字似乎曾被人更改，显示为"拉*内弗"。这除非是指内弗夫拉——尽管可能性极小，否则不可能指任何一位佩皮一世以前的法老。在塞赫尔发现的一篇碑文，写的是一个名为佩皮安赫的人[65]。在丝罗丝拉狭窄海峡的岩石上刻有佩皮一世的名字[66]，还刻着关于佩皮一世金字塔上一位先知的碑文，但先知的名字无从得知[67]。

距尼罗河十英里之外,在特拉阿玛纳后面的沙漠中,有一个叫哈特努布的采石场。哈特努布采石场内有许多关于佩皮一世的碑文:第一篇碑文雕刻的日期是佩皮一世在位第二十五年(前3442);第二篇碑文位于采石场的入口处;第三篇碑文由一个叫特胡提内赫的贵族雕刻,他是奥西省的长官。同样来自奥西省的一位高官是贝巴,他是奥西省的沙姆沙伊赫,其头衔是"希可·哈特·佩皮"。

哈马马特也有许多碑文,它们由被派往采石场的工人雕刻。最长的一篇碑文[68]具有特殊的价值,记录了佩皮一世在其统治第十八年(前3449)举办塞德节的情形。塞德节每隔三十年,或者每逢天狼星偕日升[69],就会庆祝一次。人们曾以为,塞德节是为庆法老统治满三十年举行的庆典。然而,这次塞德节在佩皮一世在位第十八年(前3449)举办,说明塞德节的时间周期只与纯粹的天文现象有关。另外一篇采石场工人雕刻的碑文记录了参会的各方首领的名字。[70]在另一篇碑文上,刻有麦雷拉作为上埃及法老和佩皮一世作为下埃及法老的形象[71]。他们坐在王座上,背靠背,安排着塞德节事宜[72]。还有一篇碑文,刻有佩皮一世供奉敏的场景[73]。另一篇碑文上只有佩皮一世的名字[74]。最后,有一块刻着"麦雷拉普塔梅里安赫"的石碑[75],麦雷拉普塔梅里安赫是雕刻作品的负责人。

艾卡的雕画碑文上用的都是私人名字,其中许多人以佩皮的名字命名,如佩皮安赫[76]、麦雷拉森卜[77]和麦雷拉安赫[78]。

在这一统治时期,我们第一次看到了一份连续的历史文献。这份文献十分有趣，展示了埃及人当时的迁徙和征战活动。乌纳的传记碑文是在他位于阿拜多斯的墓中发现的，记录了乌纳的一生，目前收藏在吉萨博物馆[79]。传记碑文中先是提到埃及男孩人生的第一座里程碑，即束上腰带，或者穿上腰布，这相当于英格兰男孩"穿上长裤"，这都是在泰塔法老统治时发生的事。乌纳年轻时，乌瑟卡拉的短暂统治就已经结束。随着年岁增长，乌纳被授予各种官职。他担任过负责监督金字塔的祭司，还曾担任过法官，并且得到麦雷拉的重用。乌纳顺利完成的第一件差事就是将靠近开罗的图拉王室采石场里的精致石头运往麦雷拉在阿拜多斯的王陵。乌纳详细阐释了白色石棺、石棺盖、大石碑或者神龛的假门及固定装置、两块基石和祭坛的建造工作[80]。在对安泰斯王后的审判中，乌纳独自负责审查案件的证据，并且与另一位法官共同撰写了报告。王室的恩宠给乌纳建墓提供了交通便利，接着又安排他在阿姆贝达文发动一场大规模的袭击。成千上万的士兵从埃及南部和北部被调来，就像今天的苏达尼军队一样。黑人从奥尔特、玛扎、阿姆、瓦瓦特和考乌被征召入伍，还有一些士兵来自塔梅胡。马伯乐将奥尔特的范围限定为从德尔到栋古拉的区域，即埃及以西的上努比亚[81]。阿姆位于奥尔特和阿斯旺之间，即西侧的下努比亚，并且在东边与瓦瓦特相对。塔梅胡人被认为是生活在绿洲的人。军队的所有管理工作，包括官员的管理，似乎都在乌纳的掌控下。这次成功远征是乌纳一生中最重要的事。此后，乌纳又进行了五次较小规模的征讨，以保证各地臣服于埃及法老。麦伦拉任命他为南部地区，即阿斯旺以北地区的长官。后来，乌纳的主要职责是在各地为麦伦拉金字塔寻找特殊石材。他从阿巴特带回黑色花岗岩石棺和金字塔顶石，并且从象岛带回花岗岩石假门、门槛、门框和固定装置，装在金字塔内部。金字塔外神殿的花岗岩石门和基石也是由乌纳带回的。然后，他奉命前往哈特努布，制作雪花石膏祭台，并且将祭台带回。现在，我们已经知道乌纳工作的具体采石场，那里还留着麦伦拉的名字，这可能是乌纳前往当地工作时留下的。尼罗河的潮水即将退去，留给他们制作祭台的时间不多了。在埃皮斐月[82]的十七天里，乌纳建造了一艘船，船上放着要带回的石头。但当乌纳到达孟菲斯，将石头拖下船时，船就搁浅了，他无法安全地将船拖过被水淹没的地面。这表明，根据当时埃皮斐月的状况及一千四百六十年的天狼星周期的季节交替，人们可以得出麦伦拉的统治时期大约在公元前3350年[83]。为金字塔内殿提供了上好的石雕作品后不久，乌纳就前往南方，开凿了五条运河，并且在瓦瓦特造船，以便运送更多的花岗岩。为协助乌纳完成这项工作，努比亚诸地，如奥尔特、阿姆和玛扎等，都向乌纳提供了一些树胶。一年内，乌纳完成了全部工作。

传记洋洋洒洒五十行，让我们第一次清晰地了解到行动积极的埃及官员。他们为自己的国家做出了伟大而持久的贡献。

在阿拜多斯发现的一块石板向世人展示了佩皮一世的家庭关系[84]。根据这块石板的碑文，王后的名字是安赫奈斯麦利拉，或者是另一块石板上的安赫奈斯佩皮[85]。麦伦拉是长子，内弗卡拉是次子。麦伦拉年轻时就去世了，由弟弟内弗卡拉继承了法老之位。王后安赫奈斯佩皮的父亲和母亲分别叫凯和内贝特，弟弟叫加乌。在瓦迪马加拉发现的一块石碑上，王后安赫奈斯佩皮以麦伦拉的妻子、内弗卡拉母亲的身份出现[86]。

在希拉孔波利斯发现了一尊黑色花岗岩小雕像，现收藏在吉萨博物馆[87]，以及两尊麦雷拉小雕像的残片，一块是硬石材质，另一块是绿釉材质[88]。卢浮宫藏有一些雪花石膏花瓶，其中一个花瓶上刻有塞德节[89]，还有一个瓶盖现收藏在英格兰[90]。有一个猴子造型的花瓶现藏于维也纳[91]，在罕卡发现了一块刻有佩皮名字和头衔的陶片[92]。还有一块绿色的釉面陶片上刻有"受敏宠爱的拉梅里"字样，现被皮特里收藏。有一些铜质和石质圆柱被发现，分别被巴黎卢浮宫、波斯诺、大英博物馆、亨利·马丁·肯纳德和泰勒收藏[93]（图54）。另外，还有一些圣甲虫被发现。还发现了一块吊顶石板，上面刻着"佩皮王，塔胡提的至爱"，现藏于博洛尼亚。

收藏在都灵、名为"佩皮"的花岗岩祭坛无疑是佩皮一世统治晚期的作品[94]。

第六王朝第四位法老麦伦拉（），奈姆蒂姆萨夫一世（），在位时间约为公元前3447年到公元前3443年，相关信息如下：

卡内弗金字塔，位于萨卡拉[95]。

石碑，发现于阿斯旺[96]。

图 54 ●石质圆柱，现被爱
德华·伯内特·泰勒收藏

石碑，发现于哈马马特[97]。

雪花石膏花瓶，目前收藏在吉萨博物馆（图55）。

盒子、象牙，现收藏在卢浮宫[98]。

圣甲虫，现被皮特里收藏。

麦伦拉的金字塔是1880年在萨卡拉发现的，其结构与其父麦雷拉的金字塔一样。在前文介绍乌纳事迹的部分，我们曾简要提及金字塔建造前的材料准备工作。麦伦拉金字塔遭到了严重破坏，一些房间的墙壁被毁坏了，但黑色花岗岩石棺仍然相对完好。碑文与其他金字塔的基本相同[99]。

在王陵中发现了麦伦拉的木乃伊，所有包裹材料被洗劫一空，但尸体保存完好，并且目前收藏在吉萨博物馆。根据这具尸体的状态，我们可以判断麦伦拉驾崩时还很年轻。据说，麦伦拉头上还有一绺头发[100]。这与都灵王表中麦伦拉仅统治四年的记载一致。而曼涅托王表上记录的麦伦拉曾在位七年的可能性不大，因为他的弟弟内弗卡拉年仅六岁就继承了他的法老之位。麦雷拉去世时，他的两个儿子麦伦拉和内弗卡拉分别为十

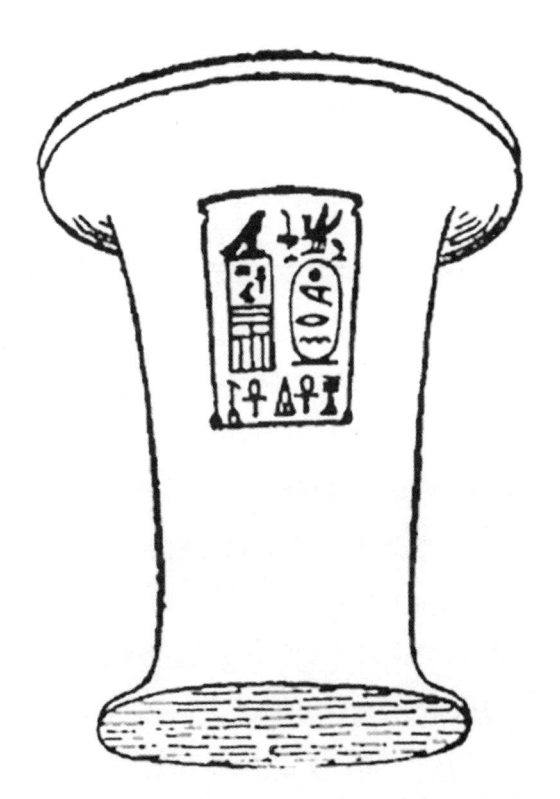

图 55 ●雪花石膏花瓶，现藏于吉萨博物馆

岁和两岁。因此，曼涅托王表上关于麦雷拉统治五十三年的说法可信度不高，而都灵王表记载的麦雷拉统治期为二十年的可能性更大。综上所述，基于对所有统治时期和年龄的考量，我们可以大致按这个顺序排列家族年表。在这份年表中，我们假定长子通常在法老二十岁时出生。

公元前3499年，阿提出生

公元前3479年，麦雷拉出生

公元前3473年，阿提继位

公元前3467年，阿提去世，十二岁的麦雷拉继位

公元前3459年，麦伦拉出生

公元前3449年，内弗卡拉出生

公元前3447年，麦雷拉去世，十二岁的麦伦拉继位

公元前3443年，麦伦拉去世，六岁的内弗卡拉继位

公元前3349年，内弗卡拉去世

根据乌纳传记记载，乌纳在泰塔统治时期束腰，即大约在十岁时。那么，在这些法老的统治期间，乌纳的年龄分别是：在阿提的统治时期，十二岁到十八岁；在麦雷拉统治时期，十八岁到三十八岁；在麦伦拉统治时期即乌纳开始远征各地时，三十八岁到四十二岁。其间，乌纳完成了自己墓室的雕刻工作，在远征前他的墓室也已经建成。四十二岁时，乌纳以贵族身份定居，而其他人则在内弗卡拉未成年时期官居要职。对这点，他在传记中避而不提。

我们已知麦伦拉金字塔中有几位先知。正如我们从阿拜

多斯的石碑上得知的，乌纳曾担任过先知。由于阿拜多斯的石碑是被当地人挖掘出来的，所以我们不知道这些石碑和碑文的原址。所有此类记录永远消失了，但根据石碑上雕刻的崇高头衔[101]，我们几乎可以肯定石碑和长碑文属于同一个人。

先知	遗迹发现地
阿合	萨卡拉[102]
乌纳	阿拜多斯[103]
乌纳，同名不同人	阿拜多斯[104]
乌纳，不确定	阿拜多斯[105]
佩皮纳	阿拜多斯[106]
阿杜	肯诺波思康[107]
扎乌塔	肯诺波思康[108]

在阿斯旺，人们发现了一块石碑。石碑上记录着麦伦拉在任内第五年（前3442）到阿斯旺接受奥尔特和瓦瓦特首领的臣服[109]。另一块石碑上[110]刻有一名官员崇拜麦伦拉的场景及麦伦拉的两个王名。第三块石碑刻记的时间为麦伦拉在位第四年（前3443）[111]。此外，在哈马马特，人们发现一块刻有王室成员名字的石碑[112]。

在对麦雷拉统治时期的论述中，我们讨论了乌纳的碑文，内容包括乌纳在麦雷拉统治时期对阿姆发动进攻及为麦雷拉金字塔运回花岗岩。另一篇很有价值的传记性碑文主要记录的是麦伦拉统治时期发生的事，部分内容也与下一个统治时期有关。这篇碑文位于阿斯旺悬崖上的一座墓前[113]，记载了南方一位叫哈尔胡夫的长官的事迹。哈尔胡夫的父亲阿拉似乎是接手乌纳努比亚事务的官员，因为传记开头就说，麦伦拉派哈尔胡夫和阿拉一起前往阿姆，即西部的下努比亚探险——开拓道路。历经七个月，他们带着大量贡品或者说战利品回来。接着，麦伦拉又让哈尔胡夫单独出发。在八个月内，哈尔胡夫一路披荆斩棘，到达奥尔特，即上努比亚，在埃及西部展开了一次前所未有的巡视，并且在回来时带着大量贡品。哈尔胡夫的第三次探险，始于艾斯尤特，穿越沙漠，发现阿姆，即下努比亚的首领正与特胡人交战。交战地点是"天堂的西端"，即西部绿洲。在交战中，埃及人为阿姆提供了莫大的帮助，得到阿姆人真诚的感谢。安抚了阿姆后，埃及人从阿姆到达奥尔特，即上努比亚西部，又从东岸的西顿和瓦瓦特回国，他们途经的地方都处在和平的状态。他们从这些地方带回三百头驴，驴背上驮着香、乌木、豹皮、象牙等物。各部落人看见阿姆的士兵和埃及人走在一起，纷纷进贡牛、山羊和各种土产。哈尔胡夫凯旋，麦伦拉派遣一名官员，带着一艘满载美食的小船——作为对艰苦战斗后的哈尔胡夫的赏赐，沿河而上迎接他。在确定上述探险地的位置时，我们采用了马伯乐[114]的观点，但埃斯内托·斯基亚帕雷拉[115]认为上述探险地的位置还要更往南一些。这座墓中还有一份奇怪的文件，显然是哈尔胡夫在内弗卡拉统治初期的另一次探险中留下的。文件的日期标注是内弗卡拉统治第二年（前3442）。这是一封写给哈尔胡夫的王室信函，是对哈尔胡夫在埃及南方，可能是在阿斯旺时发送急件的答复。文件开头说，哈尔胡夫和士兵们和平地从阿姆回来，还带回了许多珍贵的贡品，包括神灵的舞者，即宗教舞蹈的极佳表演者登。如同阿萨时期巴尔德都从蓬特带来登一样，法老高度赞扬了哈尔胡夫出色的表现。因此，法老命令哈尔胡夫，在带回登时，要让随从们严加看守，不要让登掉进水里。在晚上睡觉时，也要有随从陪同，不能让登逃跑。相对于其他珍贵的贡品，年仅八岁的内弗卡拉当时最期待见到的就是登了。哈尔胡夫如果能让登安然无恙到来，那么应该会获得比巴尔德都更高的尊荣。另外，法老还命人为哈尔胡夫等人准备回程路上需要的食物和日用品[116]。

综上可知，早在阿萨时期，古埃及就有探险队被派往蓬特，探险队也带回了远方的物产。此外，埃及人在上努比亚建立了大型据点。他们从大型据点征募士兵和纳贡，并且不时派出探险队探索新的地区，甚至会以武力或者恩惠占据一切能占据的土地或者资源。

在麦伦拉的少量遗迹中，有一些雪花石膏花瓶发现于象岛[117]和阿拜多斯[118]，和另外一些在其他地方发现的花瓶分别收藏在佛罗伦萨[119]和伦敦。目前，一个刻有麦伦拉名字的象牙盒子收藏在卢浮宫[120]。人们还发现了麦伦拉的一个圣甲虫（图56），其外

图56 ● 麦伦拉圣甲虫，现被皮特里收藏

层为蓝色釉陶,现被皮特里收藏。

对麦伦拉第二个名字的解读还有一些疑问。第一个符号有不同读法,可读作"霍尔""索卡"或者"梅提",但由于它的希腊文写作"梅提素朴希斯",我们便将它读作"奈姆蒂姆萨夫"。

第六王朝第五位法老内弗卡拉（ ），佩皮二世（ ），在位时间约为公元前3443年到公元前3348年,相关信息如下:

门安赫金字塔,位于萨卡拉[121]。

石碑,发现于瓦迪马加拉[122]。

雕画,发现于哈特努布[123]。

雕刻板,发现于科普托斯。

石碑,发现于象岛[124]。

雪花石膏人物雕像底座[125]。

花岗岩研钵,现收藏在吉萨博物馆。

石灰石罐,现藏于吉萨博物馆[126]。

花瓶盖,发现于象岛[127]。

花瓶盖,现被皮特里收藏。

圆柱[128]。

圣甲虫。

玫瑰花饰,现被詹姆斯·贝收藏(图57)。

内弗卡拉的金字塔叫门安赫金字塔,1881年在萨卡拉发现,结构和以前建造的金字塔一样,但这座金字塔内碑文字迹

图 57 ●玫瑰花饰，现被詹姆斯·贝收藏

较小，篇幅较长，大部分碑文的内容在其他金字塔内也出现过。部分碑文的内容与宗教有关，还有一部分与仪式有关。金字塔内部墙面已经被寻宝者严重破坏，但花岗岩石棺保存完好，棺盖没有被掀翻，只是被推倒在石棺和墙壁之间的砖砌石凳上。所有金字塔内部都有砖砌石凳的构造，以支撑棺盖，直到需要时合上石棺。

目前已知门安赫金字塔的几个先知：

先知	遗迹发现地
阿杜	肯诺波思康[129]

●续 表

先知	遗迹发现地
扎乌塔	肯诺波思康[130]
阿巴	德尔埃尔格拉维[131]
扎乌	德尔埃尔格拉维[132]

瓦迪马加拉有一块十分精美的石碑，刻记时间是内弗卡拉在位第二年(前3442)。因为内弗卡拉还是个孩子时，就已经继承法老之位了，所以当石碑完工时，内弗卡拉还很小。石碑上刻有内弗卡拉母亲安赫奈斯佩皮的一些信息，并被放在突出位置，包括安赫奈斯佩皮的名字、王室血统及形象。从名号来看，安赫奈斯佩皮似乎是当时的共治法老[133]。

在象岛也发现了一块精美的石碑，它位于乌纳斯法老的石碑旁[134]。这块石碑提到了法老内弗卡拉统治时期内的第二个塞德节，由于统治时间很长，内弗卡拉举行过三次到四次塞德节庆祝活动。

在胡夫统治时期开放的哈特努布雪花石膏采石场内，有许多关于内弗卡拉的碑文。有三块石碑刻有内弗卡拉的名字，碑文长达几行，其中一块石碑雕刻的日期为内弗卡拉在位第六年(前3437)。采石场入口附近雕刻着一组王室成员的名字，并且刻得很深。正由于雕刻的碑文，我们知道此地叫哈特努布[135]。

在科普托斯发现的两块雕刻了内弗卡拉法老的石碑，碑文内容表明神殿由他所建(图58)。

有几个平民墓地也提到了内弗卡拉。考马特的梅里曾为

图 58 ●石碑，发现于科普托斯

内弗卡拉办事[136]，哈尔胡夫在阿斯旺曾向王室写了一封关于舞者登的信。当时，内弗卡拉只是一个八岁的小男孩。因此，这封信旨在引起他的兴趣[137]。萨本是与金字塔有关的官员[138]。在阿斯旺的尼库的墓中，人们也发现了内弗卡拉的名字[139]。据萨乌库在萨卡拉的墓地信息可知，他是内弗卡拉金字塔的祭司[140]。塞萨在吉尔格的墓地表明自己对法老内弗卡拉的崇敬[141]。另外，在艾卡发现的一块石灰石碑上刻有内弗卡拉的名字[142]。

王宫里有位贵妇人，叫尼伯特，又名贝巴，在内弗卡拉手下任职[143]。库阿有个儿子，叫内弗卡拉安赫[144]。

至于内弗卡拉的小遗迹，人们在萨卡拉发现了一尊雪花石膏坐像的底座[145]，还发现一个黑色花岗岩研钵，上面刻有内弗卡拉的名字，是王族子弟阿蒙尼森布的物品，目前收藏在吉萨博物馆。在象岛，人们发现了一个花瓶盖[146]、一个石灰石罐子，目前收藏在吉萨博物馆[147]；还发现许多圣甲虫，这些圣甲虫比古王国时期其他法老的圣甲虫都要普通（图59）。另外，其他一些遗存上虽然刻有内弗卡拉的名字，但毫无疑问属于第二十五王朝的沙巴卡法老及其他与内弗卡拉同名的法老。许多博物馆内都有刻着内弗卡拉名字的雪花石膏花瓶，或许其中有若干个花瓶是真的，虽然我还从没发现过真品。许多花瓶是在后来制作的花瓶上刻上前朝法老的名字。花瓶的形状表明它们是第十九王朝而不是第六王朝时期的作品。

第六王朝第六位法老麦伦拉-奈姆蒂姆萨夫二世（），在位时间约为公元前3348年到公元前3347年。

上述名字组合出现在阿拜多斯王表上，因此，我们可以肯定这两个名字指的是同一位法老。在曼涅托王表中，佩皮

图59 ●佩皮二世及佩皮二世之后的圣甲虫类型

二世的继任者是门特苏夫斯。都灵王表上这部分的法老名字丢失，但根据一块带有数字的残片，我们可以推断是内弗卡拉。内弗卡拉长达九十多年的统治时期是埃及史上十分独特的历史时期。而内弗卡拉的继任者统治时间只有一年，可能指的就是这位第六任法老麦伦拉-奈姆蒂姆萨夫二世。然而，人们还没有发现麦伦拉-奈姆蒂姆萨夫二世的纪念碑或者同期遗迹。

第六王朝第七位法老内特卡拉（ ）。在阿拜多斯王表上，内特卡拉出现在上面提到的名字后面，但这一名字没有在其他地方出现。

第六王朝第八位法老门卡拉（ ），内塔克提（ ），在位时间约为公元前3347年到公元前3335年。

一方面，据曼涅托王表记载，门卡拉是第六王朝最后一任法老。然而，这一时期是存疑最多的一个时期。在阿拜多斯王表上，门卡拉继承了内特卡拉的法老之位。此外，我们没有发现关于门卡拉的其他信息。另一方面，据曼涅托王表记载，第六王朝以尼托克利斯为末任法老，其前任法老是门特苏夫斯。都灵王表中对内塔克提的记载证实了门卡拉法老的真实性，这一名字刻在很可能属于这一时期的一块残片上。

门卡拉和内塔克提的唯一联系由第六王朝后期的一个奇怪的错误引出。据曼涅托记载，吉萨的第三座金字塔由尼托克利斯建造，但希罗多德认为这座金字塔属于美丽的洛德庇斯[148]。显然，洛德庇斯就是指尼托克利斯，曼涅托形容她面容姣好、脸色红润。虽然这座金字塔曾被扩建，但从优秀的砖砌技术、外部的花岗岩外壳及内部没有碑文的情况来看，我们可以肯定整座金字塔都是在第四王朝时期建造的，与第六王朝建在萨卡拉的碎石金字塔没有任何关系。那么这个故事的起源只有一个，即吉萨的第三座金字塔的真正建造者是第四王朝时期的门卡拉。人们将他与第六王朝末期的门卡拉女法老混淆，但这个故事让我们将"门卡拉"这一名字与内塔克提或者尼托克利斯联系在一起。实际上，第四王朝时期的门卡拉才是吉萨的第三座金字塔的真正拥有者。

第六王朝在动荡不安中终结。根据希罗多德[149]记载，尼托克利斯的哥哥被杀，尼托克利斯愤而手刃仇人，为兄报仇，但没有证据表明尼托克利斯的哥哥是麦伦拉还是内弗卡拉。麦伦拉只统治了一年，但内弗卡拉统治了很长一段时间。因此，这导致政局混乱。内弗卡拉软弱不堪，子孙们争夺王位，国内局势变得非常复杂。经过几段短暂的统治后，第六王朝以灭亡告终，接下来是一个漫长的混乱时期。第六王朝的终结方式是不确定的，我们将在下一个朝代的叙述中更加了解这点。

在这里，我们给出两个可能属于第四王朝到第六王朝的法老，但他们生活的确切时期，我们尚不清楚，因为他们的相关信息仅在孤立的物品上出现过。

内布卡拉（）出现在第六王朝时期的一个圣甲虫上，该圣甲虫现被普利斯收藏（图60）。

图60 ●圣甲虫，现被普利斯收藏

霍尔内弗肯（）的名字被雕刻在一块雪花石膏盖上，现被皮特里收藏（图61）。显然，这块雪花石膏盖是第四王朝的作品。霍尔内弗肯很可能与泰奥迪勒·德韦里亚（）在布拉克莎草纸第八章中提到的名字相同[150]。

不同于之前任何一个王朝，第六王朝既没有第四王朝的纯朴，也没有第五王朝对神职的高度崇拜。第六王朝的理想是积极的对外征服和探索海外。当时，埃及各地涌现出各种纪念碑，人民生活出现了前所未有的全面发展。

第六王朝的艺术虽然越来越普及，但品位越来越低下。建造金字塔时，第六王朝的工匠并没有使用与山丘媲美的坚实石块，而是使用碎石堆围起粗糙的墙壁，再覆以光滑外壳建造。当时，私人墓室没有其祖先的墓室坚固。不过，第六王朝

图61 ●雪花石膏盖，比例尺1∶2，现被威廉·马修·弗林德斯·皮特里收藏

时期制作的小物件十分精致奢华，如现收藏在卢浮宫的象牙盒和头枕。在第六王朝，我们看到以前是罕见奢侈品的艺术作品在公众范围内广泛传播和降价带来的广泛影响。不过，这与第十八王朝到第十九王朝出现的艺术衰落的现象完全不同。

【注释】

1 另一种说法认为泰塔的在位时间约为公元前2345年到公元前2333年，共12年。——译者注
2 另一种说法认为乌瑟卡拉的在位时间约为公元前2333年到公元前2332年，共1年。——译者注
3 另一种说法认为麦雷拉的在位时间约为公元前2332年到公元前2283年，共49年。——译者注
4 另一种说法认为麦伦拉的在位时间约为公元前2283年到公元前2278年，共5年。——译者注
5 另一种说法认为内弗卡拉的在位时间约为公元前2278年到公元前2184年，共94年。——译者注
6 另一种说法认为奈姆蒂姆萨夫二世大约只在公元前2184年在位。——译者注
7 《埃及作品汇编》，第5期，第1页。——原注
8 乔治·威洛比·弗雷泽：《从哈特努布雪花石膏采石场收集的僧侣体文字岩画》，第4卷和第15卷。——原注
9 约翰尼斯·迪米兴：《丹德拉》，第4卷。——原注
10 约翰尼斯·迪米兴：《丹德拉》，第1卷。——原注
11 约翰尼斯·迪米兴：《丹德拉》，第2卷。——原注
12 弗朗索瓦·奥古斯特·斐迪南·马里耶特：《阿拜多斯纪念碑总目录》，第1卷，第146页。——原注
13 威廉·马修·弗林德斯·皮特里：《历史上的圣甲虫》，第57页。——原注
14 《埃及作品汇编》，第5期，第1页。——原注
15 弗朗索瓦·奥古斯特·斐迪南·马里耶特：《古老帝国的马斯塔巴》，第375页。——原注
16 弗朗索瓦·奥古斯特·斐迪南·马里耶特：《古老帝国的马斯塔巴》，第377页。——原注
17 埃马纽埃尔·德·鲁热：《埃及研究》，第9卷，第3页。——原注
18 保罗·皮耶雷：《卢浮宫埃及博物馆未出版的碑文集》，第2卷，第76页。——原注
19 卡尔·里夏德·列普修斯：《埃及和埃塞俄比亚的古迹》，柏林，贝萨克赫书店，1849年，第2卷，第116页。——原注
20 弗朗索瓦·奥古斯特·斐迪南·马里耶特：《古老帝国的马斯塔巴》，第360页。——原注
21 卡尔·里夏德·列普修斯：《埃及和埃塞俄比亚的古迹》，柏林，贝萨克赫书店，1849年，第2卷，第98页。爱德华·迈耶：《古代史》，第98页。——原注
22 卡尔·里夏德·列普修斯：《埃及和埃塞俄比亚的古迹》，柏林，贝萨克赫书店，1849年，第2卷，第110页。——原注

23 卡尔·里夏德·列普修斯：《埃及和埃塞俄比亚的古迹》，柏林，贝萨克赫书店，1849年，第2卷，第117页。《埃及语言杂志》，第13卷，第70页。——原注

24 弗朗索瓦·奥古斯特·斐迪南·马里耶特：《阿拜多斯纪念碑总目录》，第1卷，第1464页。——原注

25 埃马纽埃尔·德·鲁热：《第六王朝》，第149页。——原注

26 卡尔·里夏德·列普修斯：《埃及和埃塞俄比亚的古迹》，柏林，贝萨克赫书店，1849年，第2卷，第115页。弗拉基米尔·谢苗诺维奇·戈列尼谢夫：《哈马马特》，第7卷。——原注

27 《埃及作品汇编》，第5期，第157页。——原注

28 威廉·马修·弗林德斯·皮特里：《塔尼斯》，第1卷，第1页。——原注

29 亨利·爱德华·纳维尔：《布巴斯提斯：1887年到1889年》，伦敦，保罗·特伦奇·特吕布纳出版社，1891年，第32卷。——原注

30 卡尔·里夏德·列普修斯：《埃及和埃塞俄比亚的古迹》，柏林，贝萨克赫书店，1849年，第2卷，第116页。——原注

31 海因里希·卡尔·布鲁格施：《埃及碑文词库》，莱比锡，欣里希思出版社，1883年，第1212页。——原注

32 卡尔·里夏德·列普修斯：《埃及和埃塞俄比亚的古迹》，柏林，贝萨克赫书店，1849年，第2卷，第115页。——原注

33 约翰尼斯·迪米兴：《丹德拉》，第4卷。——原注

34 约翰尼斯·迪米兴：《丹德拉》，第1卷。——原注

35 约翰尼斯·迪米兴：《丹德拉》，第2卷。——原注

36 《埃及作品汇编》，第10期，第139页。——原注

37 威廉·马修·弗林德斯·皮特里：《1887年在埃及的一个季节》，第539页、第630页。——原注

38 威廉·马修·弗林德斯·皮特里：《1887年在埃及的一个季节》，第309页。——原注

39 雅克·德·摩根：《古埃及纪念碑碑文目录》，第1卷，第87页。——原注

40 卡诺匹斯罐是古埃及人制作木乃伊时，用作保存内脏，以供来世使用的器具。——译者注

41 《埃及作品汇编》，第5期，第158页。——原注

42 《埃及语言杂志》，第23卷，第78页。——原注

43 让-弗朗索瓦·商博良：《埃及和努比亚的纪念碑》，第2卷，第88页。威廉·马修·弗林德斯·皮特里：《塔尼斯（上部）》，第12卷。《埃及作品汇编》，第5期，第158页。——原注

44 弗朗索瓦·奥古斯特·斐迪南·马里耶特：《阿拜多斯纪念碑总目录》，第1卷，第523页。——原注

45 《埃及作品汇编》，第5期，第158页。——原注

46 《埃及作品汇编》，第5期，第157页；第7期，第145页；第8期，第87页。——原注

47 卡尔·里夏德·列普修斯：《埃及和埃塞俄比亚的古迹》，柏林，贝萨克赫书店，1849年，第2卷，第115页。——原注

48 卡尔·里夏德·列普修斯：《埃及和埃塞俄比亚的古迹》，柏林，贝萨克赫书店，1849年，第2卷，第113页。——原注

49 卡尔·里夏德·列普修斯：《埃及和埃塞俄比亚的古迹》，柏林，贝萨克赫书店，1849年，第2卷，第114页。——原注

50	弗朗索瓦·奥古斯特·斐迪南·马里耶特：《阿拜多斯纪念碑总目录》，第1卷，第529页。——原注
51	弗朗索瓦·奥古斯特·斐迪南·马里耶特：《阿拜多斯纪念碑总目录》，第1卷，第532页。——原注
52	弗朗索瓦·奥古斯特·斐迪南·马里耶特：《阿拜多斯纪念碑总目录》，第1卷，第532页。——原注
53	弗朗索瓦·奥古斯特·斐迪南·马里耶特：《阿拜多斯纪念碑总目录》，第1卷，第528页。——原注
54	弗朗索瓦·奥古斯特·斐迪南·马里耶特：《古老帝国的马斯塔巴》，第420页。——原注
55	威廉·马修·弗林德斯·皮特里：《1887年在埃及的一个季节》，第630页。——原注
56	弗朗索瓦·奥古斯特·斐迪南·马里耶特：《古老帝国的马斯塔巴》，第456页。——原注
57	卡尔·里夏德·列普修斯：《埃及和埃塞俄比亚的古迹》，柏林，贝萨克赫书店，1849年，第2卷，第110页。——原注
58	卡尔·里夏德·列普修斯：《埃及和埃塞俄比亚的古迹》，柏林，贝萨克赫书店，1849年，第2卷，第110页。——原注
59	卡尔·里夏德·列普修斯：《埃及和埃塞俄比亚的古迹》，柏林，贝萨克赫书店，1849年，第2卷，第111页。——原注
60	阿尔弗雷德·维德曼：《埃及史》，第210页。——原注
61	威廉·马修·弗林德斯·皮特里：《塔尼斯（下部）》。——原注
62	亨利·爱德华·纳维尔：《布巴斯提斯：1887年到1889年》，伦敦，保罗·特伦奇·特吕布纳出版社，1891年，第32卷。——原注
63	卡尔·里夏德·列普修斯：《埃及和埃塞俄比亚的古迹》，柏林，贝萨克赫书店，1849年，第2卷，第116页。——原注
64	威廉·马修·弗林德斯·皮特里：《1887年在埃及的一个季节》，第309页。——原注
65	雅克·德·摩根：《古埃及纪念碑碑文目录》，第1卷，第87页。——原注
66	威廉·马修·弗林德斯·皮特里：《1887年在埃及的一个季节》，第539页。——原注
67	威廉·马修·弗林德斯·皮特里：《1887年在埃及的一个季节》，第630页。——原注
68	卡尔·里夏德·列普修斯：《埃及和埃塞俄比亚的古迹》，柏林，贝萨克赫书店，1849年，第2卷，第115页。——原注
69	偕日升是一颗恒星在地平线下一段时间或周期后，首度在拂晓时又出现在东方地平线上，或正好在地平线上但隐藏在太阳的光芒中的现象。——译者注
70	卡尔·里夏德·列普修斯：《埃及和埃塞俄比亚的古迹》，柏林，贝萨克赫书店，1849年，第2卷，第115页。——原注
71	麦雷拉和佩皮一世为同一位法老的两个名字。麦雷拉，意为"拉所喜爱的"，是法老的拉名，拉名体现了法老和太阳神的血脉联系。佩皮一世是法老的王名，亦称登基名，拉名和登基名都写在王名圈中。——译者注
72	卡尔·里夏德·列普修斯：《埃及和埃塞俄比亚的古迹》，柏林，贝萨克赫书店，1849年，第2卷，第115页。——原注
73	卡尔·里夏德·列普修斯：《埃及和埃塞俄比亚的古迹》，柏林，贝萨克赫书店，1849年，第2卷，第115页。——原注
74	卡尔·里夏德·列普修斯：《埃及和埃塞俄比亚的古迹》，柏林，贝萨克赫书店，1849年，第2卷，第115页。——原注
75	卡尔·里夏德·列普修斯：《埃及和埃塞俄比亚的古迹》，柏林，贝萨克赫书店，1849年，第2卷，第115页。——原注

76	卡尔·里夏德·列普修斯:《埃及和埃塞俄比亚的古迹》,柏林,贝萨克赫书店,1849年,第2卷,第117页。——原注	
77	卡尔·里夏德·列普修斯:《埃及和埃塞俄比亚的古迹》,柏林,贝萨克赫书店,1849年,第2卷,第117页。——原注	
78	卡尔·里夏德·列普修斯:《埃及和埃塞俄比亚的古迹》,柏林,贝萨克赫书店,1849年,第2卷,第117页。《埃及语言杂志》,第13卷,第70页。——原注	
79	埃马纽埃尔·德·鲁热《第六王朝》,第17卷和第18卷。《埃及语言杂志》,第20卷,第2页。——原注	
80	《圣经考古记录》,第11卷,第316页。——原注	
81	加斯东·卡米耶·夏尔·马伯乐:《批判性评论》,1892年,第324页。——原注	
82	埃皮斐月是古埃及和科普特历法中的第十一个月。——译者注——原注	
83	威廉·马修·弗林德斯·皮特里:《1887年在埃及的一个季节》,第20页。——原注	
84	弗朗索瓦·奥古斯特·斐迪南·马里耶特:《阿拜多斯纪念碑总目录》,第1卷,第523页。——原注	
85	弗朗索瓦·奥古斯特·斐迪南·马里耶特:《阿拜多斯纪念碑总目录》,第1卷,第524页。——原注	
86	卡尔·里夏德·列普修斯:《埃及和埃塞俄比亚的古迹》,柏林,贝萨克赫书店,1849年,第2卷,第116页。——原注	
87	《埃及作品汇编》,第10期,第139页。——原注	
88	《埃及语言杂志》,第23卷,第78页。——原注	
89	让-弗朗索瓦·商博良:《埃及和努比亚的纪念碑》,第188页。——原注	
90	威廉·马修·弗林德斯·皮特里:《塔尼斯》,第12卷,第5页。——原注	
91	阿尔弗雷德·维德曼:《埃及史》,第213页。——原注	
92	海因里希·卡尔·布鲁格施:《埃及碑文词库》,莱比锡,欣里希思出版社,1883年,第1212页。——原注	
93	弗雷德里克·卡约:《1815年、1816年、1817年和1818年到底比斯绿洲和底比德东部和西部的沙漠之旅》,第37卷,第17页到第18页。——原注	
94	《圣经考古记录》(翻译本),第3卷,第110页到第112页。——原注	
95	《埃及作品汇编》,第9期,第177页。——原注	
96	威廉·马修·弗林德斯·皮特里:《1887年在埃及的一个季节》,第338页。《埃及作品汇编》,第15期,第147页。——原注	
97	卡尔·里夏德·列普修斯:《埃及和埃塞俄比亚的古迹》,柏林,贝萨克赫书店,1849年,第2卷,第115页。——原注	
98	让-弗朗索瓦·商博良:《埃及和努比亚的纪念碑》,第188页。——原注	
99	《埃及藏品》,第9期,第177页;第10期,第1页;第11期,第1页。——原注	
100	阿尔弗雷德·维德曼:《埃及史》,附录22。——原注	
101	弗朗索瓦·奥古斯特·斐迪南·马里耶特:《阿拜多斯纪念碑总目录》,第1卷,第204页。——原注	
102	弗朗索瓦·奥古斯特·斐迪南·马里耶特:《阿拜多斯纪念碑总目录》,第1卷,第528页。——原注	
103	弗朗索瓦·奥古斯特·斐迪南·马里耶特:《阿拜多斯纪念碑总目录》,第1卷,第529页。——原注

104	弗朗索瓦·奥古斯特·斐迪南·马里耶特：《阿拜多斯纪念碑总目录》，第1卷，第533页。——原注
105	弗朗索瓦·奥古斯特·斐迪南·马里耶特：《阿拜多斯纪念碑总目录》，第1卷，第542页。——原注
106	弗朗索瓦·奥古斯特·斐迪南·马里耶特：《阿拜多斯纪念碑总目录》，第1卷，第528页。——原注
107	卡尔·里夏德·列普修斯：《埃及和埃塞俄比亚的古迹》，柏林，贝萨克赫书店，1849年，第2卷，第113页。——原注
108	卡尔·里夏德·列普修斯：《埃及和埃塞俄比亚的古迹》，柏林，贝萨克赫书店，1849年，第2卷，第114页。——原注
109	《埃及作品汇编》，第15期，第147页。——原注
110	卡尔·里夏德·列普修斯：《埃及和埃塞俄比亚的古迹》，柏林，贝萨克赫书店，1849年，第2卷，第116页。威廉·马修·弗林德斯·皮特里：《1887年在埃及的一个季节》，第338页。——原注
111	威廉·马修·弗林德斯·皮特里：《1887年在埃及的一个季节》，第81页。——原注
112	卡尔·里夏德·列普修斯：《埃及和埃塞俄比亚的古迹》，第2卷，第115页。——原注
113	加斯东·卡米耶·夏尔·马伯乐：《批判性评论》，1892年，第358页。埃斯内托·斯基亚帕雷拉：《赫丘夫墓》。——原注
114	加斯东·卡米耶·夏尔·马伯乐：《批判性评论》，1892年，第358页。——原注
115	埃斯内托·斯基亚帕雷拉是意大利考古学家，都灵埃及博物馆第一任馆长。——译者注
116	《埃及语言杂志》，第30卷，第78页。埃及探索基金：《考古报告》，1894年。——原注
117	弗朗索瓦·奥古斯特·斐迪南·马里耶特：《埃及和努比亚的古迹》，第54页。——原注
118	弗朗索瓦·奥古斯特·斐迪南·马里耶特：《阿拜多斯纪念碑总目录》，第1卷，第1465页。——原注
119	让-弗朗索瓦·商博良：《埃及和努比亚的纪念碑》，第4卷，第424页。——原注
120	让-弗朗索瓦·商博良：《埃及和努比亚的纪念碑》，第188页。——原注
121	《埃及作品汇编》，第12期，第53页、第136页。——原注
122	卡尔·里夏德·列普修斯：《埃及和埃塞俄比亚的古迹》，柏林，贝萨克赫书店，1849年，第2卷，第116页。——原注
123	乔治·威洛比·弗雷泽：《从哈特努布雪花石膏采石场收集的僧侣体文字岩画》，第3卷、第4卷。——原注
124	威廉·马修·弗林德斯·皮特里：《1887年在埃及的一个季节》，第311页。——原注
125	阿尔弗雷德·维德曼：《埃及史》，第215页。——原注
126	海因里希·卡尔·布鲁格施：《埃及古迹汇编》，第1卷，第5页、第10页。——原注
127	弗朗索瓦·奥古斯特·斐迪南·马里耶特：《埃及和努比亚的古迹》，第54页。——原注
128	弗朗索瓦·奥古斯特·斐迪南·马里耶特：《埃及和努比亚的古迹》，第54页。——原注
129	卡尔·里夏德·列普修斯：《埃及和埃塞俄比亚的古迹》，柏林，贝萨克赫书店，1849年，第2卷，第113页。——原注
130	卡尔·里夏德·列普修斯：《埃及和埃塞俄比亚的古迹》，柏林，贝萨克赫书店，1849年，第2卷，第114页。——原注
131	《埃及作品汇编》，第13期，第67页。埃及探索基金：《考古报告》，1893年，第14页。——原注

132 《埃及作品汇编》,第13期,第66页。埃及探索基金:《考古报告》,1893年,第14页。——原注

133 卡尔·里夏德·列普修斯:《埃及和埃塞俄比亚的古迹》,柏林,贝萨克赫书店,1849年,第2卷,第116页。——原注

134 威廉·马修·弗林德斯·皮特里:《1887年在埃及的一个季节》,第311页。——原注

135 乔治·威洛比·弗雷泽:《从哈特努布雪花石膏采石场收集的僧侣体文字岩画》,第3卷和第4卷。——原注

136 卡尔·里夏德·列普修斯:《埃及和埃塞俄比亚的古迹》,柏林,贝萨克赫书店,1849年,第2卷,第113页。——原注

137 埃斯内托·斯基亚帕雷拉:《赫丘夫墓》,第19页。——原注

138 《埃及作品汇编》,第10期,第184页。——原注

139 《圣经考古记录》,第10卷,第37页。——原注

140 《法兰西人在开罗的考古任务》,第1卷,第199页。——原注

141 《埃及语言杂志》,第20卷,第124页。——原注

142 《埃及语言杂志》,第20卷,第124页。——原注

143 弗朗索瓦·奥古斯特·斐迪南·马里耶特:《阿拜多斯纪念碑总目录》,第1卷,第527页。——原注

144 弗朗索瓦·奥古斯特·斐迪南·马里耶特:《阿拜多斯纪念碑总目录》,第1卷,第525页。——原注

145 阿尔弗雷德·维德曼:《埃及史》,第215页。——原注

146 弗朗索瓦·奥古斯特·斐迪南·马里耶特:《埃及和努比亚的古迹》,第54页。——原注

147 海因里希·卡尔·布鲁格施:《埃及古迹汇编》,第1卷,第5页、第10页。——原注

148 希罗多德:《历史》,第2卷,第134页。——原注

149 希罗多德:《历史》,第2卷,第100页。——原注

150 《布拉克莎草纸》,第1卷,第39页。——原注

第 6 章

第七王朝到第十王朝

SEVENTH TO TENTH
DYNASTIES

这段时期保存下来的法老名字没有任何显著标志。因此，在这里，我们将这几个王朝作为一个整体来介绍。

有一些关于这几个王朝法老的文件，如下所示，我们按照文件的关联性一一排列。具体细节将在下文讨论。

都灵王表	阿拜多斯王表	曼涅托王表和埃拉托色尼王表	遗迹
9 内弗卡	—	—	—
10 内弗斯	—	—	—
11 阿卜	—	—	—
12 ……比（...y）总计历时181年 从美尼斯起历时1755年	—	统治时间截至第十一王朝后期。因此，从美尼斯起历时1755年，即约公元前3322年	—
1 缺失	—	—	—
2 内弗卡拉	内弗尔卡拉		
3 赫提	—		
4 ……比（...y）	内弗卡拉奈比	—	奈比
5 缺失	达德卡施马拉	—	—
6 内弗卡拉	内弗卡拉		
7 赫提	霍尔梅伦		
8 斯……（S...)	斯尼夫卡		
9 缺失	拉恩卡	—	拉恩卡
10 缺失	内弗卡拉特热勒		
11 霍尔，此处存疑（Hor...)	霍尔内弗卡		
12 霍……（H...)	—	—	—

● 续 表

都灵王表	阿拜多斯王表	曼涅托王表和埃拉托色尼王表	遗迹
13 缺失	内弗卡拉佩皮森卜	—	—
14 斯……（S，此处存疑……）	斯尼夫卡安努	塞姆普努克提斯	—
15 缺失	……乌考拉	—	—
16 缺失	内弗考拉	—	—
17 缺失	霍尔考拉	第七王朝，五位法老，历时七十年；第八王朝，二十七位法老，历时一百四十六年	—
18 缺失	内弗尔卡拉		—
总计 18 任法老	内弗卡拉奈比		—
—	—	约公元前 3106 年 1 阿赫托斯，曼涅托王表库特尔，埃拉托色尼王表 2…… 3 梅乌勒斯，埃拉托色尼王表 第九王朝，十九位法老，历时一百八十五年 约公元前 2821 年	1 阿卜梅里拉 2 赫提 3 卡梅里拉 4 马阿卜拉 4 斯赫哈拉 5 夸乌塞拉 6 阿霍特普拉 7 阿 希安 乌纳兹 雅皮赫尔
—	—	约公元前 2985 年	—
—	—	—	安特夫一世
—	—	—	门图霍特普一世
—	—	—	安特夫二世
缺失	—	—	安特夫三世
缺失	—	—	门图霍特普二世
缺失	—	—	安特夫四世

● 续 表

都灵王表	阿拜多斯王表	曼涅托王表和埃拉托色尼王表	遗迹
缺失	—	第十一王朝，在位16年——此处存疑，或为6年，历时43年	安特夫四世
内卜赫尔拉	内卜赫尔拉		安特夫五世
山赫卡拉	山赫卡拉	—	门图霍特普三世
缺失	—	约公元前2778年	—

在曼涅托王表上，内塔克提是第六王朝最后一位法老。因此，我们通常将都灵王表上内塔克提之后的法老划到第七王朝。但我们有充分的理由假设，第六王朝在内塔克提之后仍延续了四代：第一，在都灵王表上，内塔克提之后第六王朝并没有中断，而是写上了四位法老的名字。并且对第六王朝和所有自美尼斯以来的法老，都灵王表做了一个很长的总结。总结时间截至第六王朝末期，但并未包括第七王朝，第七王朝则与第八王朝紧密相连。第二，总结中说历时一百八十一年。虽然总结没有明述这一数字的含义，但可以肯定它指的不是法老数量，因为自美尼斯以来的法老统治年数甚至不及这一数字的一半。因此，我们似乎有充分的理由使用都灵王表，而不是曼涅托王表的数字。曼涅托王表的数字说明，从泰塔到内塔克提历时一百六十八年，比灵王表记录的时间少了十三年，这与第六王朝还有四位统治短暂的法老的说法恰好一致。第三，我们还有另一证据，虽然从表面上看不太可信，但本质上提供的信息是一致的，值得我们去关注。曼涅托指出，从美尼斯时期到第十一王朝末期，历

时两千三百年。曼涅托对第七王朝到第十一王朝时间长度最可能的解读是"70+146+100+185+43=544（年）"。用2300减去544，可得出在曼涅托王表中，从美尼斯时期到第六王朝结束历时一千七百五十六年，大致与都灵王表的1755年基本一致。古文献上的数字其实是"……755"。这个数字比较大，除了指时间长度，恐怕别无所指。对自美尼斯以来的时长来说，"755"或者"2755"都是不可能的。因此，毫无疑问，这个数字就是"1755"，与曼涅托的记载惊人地接近。

因此，我们有充分的理由认为，如果将都灵王表上内塔克提法老之后、第六王朝总结部分之前的四位法老放在第六王朝末期，那么每位法老都有3到4年的统治时间。

除了上述灾难性的朝代断裂部分，都灵王表还有两块碎片，被称为"47号碎片"和"48号碎片"。威尔金森将这两块碎片并排排列起来，猜测其中一定有几位法老拥有两个王名，这种情况在都灵王表的其他部分都没有再出现。布鲁格施则完全忽视了48号碎片，认为这块碎片不在威尔金森的考虑范围内。然而，似乎没有理由不把48号碎片排在47号之前，因为后者位于列表的底部；由此拼接出的总长度与王表上其余栏（列）的长度相一致，从中推导出的信息与王表末期注明的法老数量和阿拜多斯王表也相当吻合。

在第八王朝末年的总结中，我们发现共有十八位法老，这一数字正是根据碎片排列得出的。但在阿拜多斯王表中，我们只找到十五位法老。因此，都灵王表上肯定有三位法老没有被记载在阿拜多斯王表中。如果将两份名单整理在一起，那么必然要在阿拜多斯王表中插入三个空位。而且，我们不能指望在都灵王表出现的私人名字——如赫提——出现在阿拜多斯王表中，因为后者只列王名。在掌握要点的基础上，我们发现两份王表不但没有任何矛盾的地方，而且还有一些相互关联之处。譬如，"……比"是指"内弗卡拉奈比"，"斯……"是指"斯尼夫卡"，"霍尔，此处存疑……"是指"霍尔内弗卡"，"S，此处存疑"是指"斯尼夫卡安努"。最后一个名字被迪米兴误抄为"拉内弗卡"。随后，布鲁格施、维德曼、布里安和巴奇都重复了这个错误。此外，迪米兴发表的复制本还有三个小错误。

上述调整只是权宜之计。问题的关键在法老属于哪个朝代。根据可能性最大的文本，曼涅托认为第七王朝有五位法老、第八王朝有二十七位法老。因此，这些名单可能只是从两个王朝的三十二位法老中挑选出来的。有两个理由说明这些法老不是第九王朝或者第十王朝的：首先，在艾斯尤特发现的阿卜梅里拉和卡梅里拉法老可能属于赫拉克来俄波利斯王朝，即第九王朝和第十王朝，但阿拜多斯王表没有出现这两位法老的名字。其次，虽然埃拉托色尼王表上的许多拼写都模糊不清，但没有出现明显的名字错位，它只列出了部分法老的名字。从第十五条条目开始，即我们了解历史的地方，王表上的名字和实际在位法老名字的对比如下：

埃拉托色尼王表中法老的名字	实际在位法老的名字
萨奥菲斯	胡夫
萨奥菲斯二世	哈夫拉
莫斯赫勒斯	门卡拉
莫乌斯提斯	伊姆霍特普
帕姆斯	佩皮一世
阿帕泼乌斯（100年）	佩皮二世（100年）
艾赫斯科索卡拉	此处存疑
尼托库里斯	内塔克提
梅塔奥斯	此处存疑
提奥斯马乐思	达德卡施马拉
提利洛斯，或提尼洛斯	特热勒，或特热努
塞姆普努克提斯	斯尼夫卡
库特尔	赫提
梅勒斯	马阿卜拉

现在看来，可以肯定的是，埃拉托色尼王表上的"暴君库特尔塔努斯"指的是曼涅托王表上"比所有前人都要可怕的阿赫托斯，在埃及各地作恶，被癫狂所困扰，被一只鳄鱼杀死"。因此，这位法老开启了赫拉克来俄波利斯王朝，即第九至第十王朝的统治。在埃拉托色尼王表中，在他之前的法老属于第七王朝到第八王朝。这样，我们就可以确定阿拜多斯王表上的各个时期，并看到它在第八王朝和第十一王朝之间没有任何记载。此外，在埃拉托色尼王表上，这位法老的继任者是梅勒斯，可能读作梅夫勒斯，这与圣甲虫上的马阿卜拉或者马阿夫拉法老是一致的。从统治时期的状况来看，第十一王朝与第

十王朝似乎属于同一时代。但是，门图霍特普三世之前的法老都未被涵盖其中，他后来因被视作王朝开创者而受到人们尊崇。

1895年春，在奈加代和巴拉斯的发掘工作表明，一个外来民族入侵了埃及，并且驱赶了早期居民，甚至没有允许早期居民的任何艺术作品留下。从丧葬仪式看，这些外邦人[1]的入侵时间似乎是在旧王国时期结束后、中王国时期开始前，即第六王朝后、第十王朝前，或者第十一王朝早期。因此，外邦人的入侵时间可能在第七王朝到第九王朝之间。在下文中，我们可以看到希安、乌纳兹和雅格赫尔都可能出现在第九王朝和第十王朝，希安是基波林的宗主国。因此，这将把"新民族"出现的时间限制在建都于孟菲斯的第七王朝和第八王朝时期。人们已经挖掘出"新民族"曾经生活的两座城镇，还发现了两千多座墓，但没有发现具有典型埃及风格的物件。"新民族"完全弃用象形文字，甚至弃用任何标注物品个人所有权的书写体系。他们只会画一些很粗糙的动物图案。在硬石的雕刻方面，"新民族"的作品与精致扯不上任何关系。然而，在其他方面，"新民族"比埃及人更胜一筹。例如，"新民族"燧石加工技术的水平或许比当时世界上其他地区都高。"新民族"制作的燧石薄片精致规整，雕刻完美，缺口精确，表面缝隙填充的碎片难以被察觉。在燧石打造方面，"新民族"做得比埃及人好很多。现在发现的几把做工精致的大刀——现收藏在牛津大学阿什莫尔艺术与考古博物馆和皮特·里弗斯博物馆的大刀——就属于这类。石质花瓶的做工很精致，细节和边缘处理得很完美。花瓶完全是手工制作。现在证明，做工精美的燧石手镯也出于"新民族"之手。"新民族"还用铜制作工具和武器，陶器是他们最喜爱的工艺品。在品类、样式和装饰方面，"新民族"的工艺都能赶上甚至超过早期埃及居民的工艺水平。带有光亮黑色瓶盖的红面花瓶，还有圆柱状、带有波浪状把手的罐子，都是"新民族"工艺品的特点。他们引进了仿石制的淡黄色陶罐。陶罐上有红色的人物、动物、螺旋等图案，还有黑色的装饰物。从埃及流传下来的各种形状的粗糙石板也是"新民族"的作品，这些石板用于抛光装饰雕像眼部的绿色孔雀石。

"新民族"的丧葬方式与埃及人不同。"新民族"会在山谷中选择一片浅滩，挖出一个方坑，掩埋尸体，使整颗头在南边，脚在北边；脸转向西边，而不是东边。在墓穴北边，我们可以发现大量排成一排的陶罐，有时多达八十个。

在阿拜多斯和基波林，"新民族"的地位似乎很稳固。阿拜多斯和基波林都是"新民族"的主要据点，当地售卖古墓随葬品的人也这样说。然而，从敏耶到考姆翁布，我们都发现了"新民族"分散在各地的物品。由于其中没有黑人，"新民族"不可能从南方来。他们完全剥夺了埃及人的财产，却在孟菲斯延续了埃及的王朝统治。这表明"新民族"不可能来自尼罗河上游。如果将这个民族的来源地限定在东方或者西方，那么"新民族"来自西方的可能性更大。因为这个民族与后期纪念碑上的利比亚人和塔赫努人很像。当时，对埃及来说，西方充满巨大的威胁。据萨尼哈特说，阿蒙涅姆赫特一世派出一支庞大的军队陪同贵族一起前往提玛胡。"新民族"的主要聚居地在大绿洲对面，主要据点是阿拜多斯和基波林，这两个地方都位于通往绿洲的沙漠尽头。据现有材料和新的研究结果显示，"新民族"似乎是利比亚人，他们穿过绿洲入侵埃及。

讨论完朝代之间的联系及王表的实质，接下来，我们将介绍这个时代出土的少数遗迹。

第七王朝到第八王朝第四位法老内弗卡拉奈比，在位时间约为公元前3290年到公元前3280年。

内弗卡拉奈比有三个圣甲虫，其中一个现被詹姆斯·贝收藏（图62），另外两个已经丢失。它们的风格虽然与佩皮一世时

图62 ● 内弗卡拉奈比圣甲虫，现被詹姆斯·贝收藏

图63 ● 早期对称设计的圣甲虫，现藏于大英博物馆或者被皮特里收藏

期的圣甲虫风格很相像，但其实属于这一时期的风格。

第七王朝到第八王朝第六位法老内弗卡拉（ ）。

在众多圣甲虫中，有一部分都刻有这个同样的名字，根据风格判断，它们显然属于这一时代。这些圣甲虫向世界首次展示了对称设计(图63)。

第七王朝到第八王朝第九位法老拉恩卡（ ），在位时间约为公元前3230年到公元前3220年。

这个法老有几个圣甲虫(图64)。

第九王朝到第十王朝第一位法老阿卜梅里拉（ ），赫提（ ），在位时间约为公元前3106年。

图64 ● 圣甲虫，现藏于卢浮宫博物馆

根据一些铜质作品的残片，可能是火盆或者其他圆形物品推断，阿卜梅里拉与

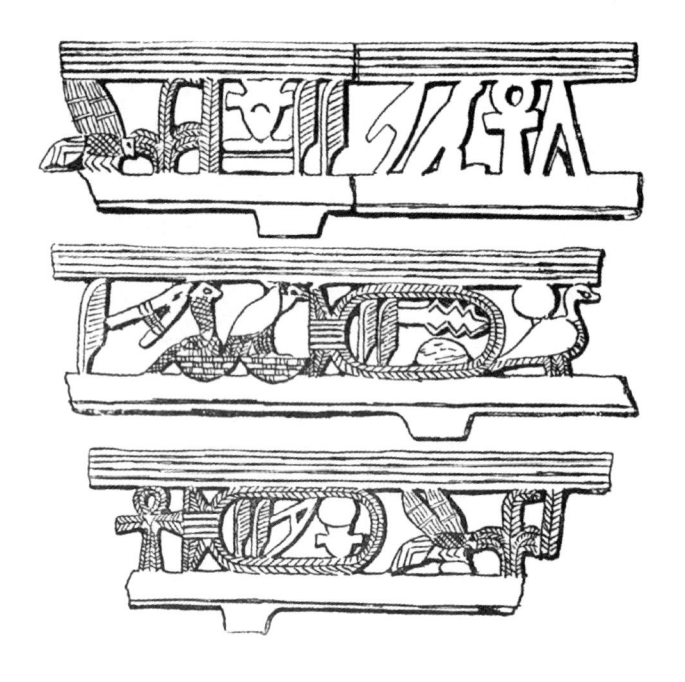

图 65 ●赫提火盆铜质品，
现藏于法国卢浮宫博物馆

赫提是指同一位法老（图65）。残片现收藏在卢浮宫[2]。另外，我们还发现了赫提的圣甲虫[3]（图66），与上文提到的前王朝的拉恩卡和内弗卡拉的圣甲虫相似。在第一大瀑布区，我们也发现了他的名字。赫提作为一个私人名字，十分普遍。在利布莱恩的辞典[4]里就出现了三十六个赫提，几乎没什么识别价值。但由于这位赫提法老留下了一些遗迹，他很可能是第九王朝的第一位法老，所以在曼涅托的记载中，赫提留下

图 66 ●圣甲虫，现藏于法国卢浮宫博物馆

了浓墨重彩的一笔。埃拉托色尼王表上的库特尔很可能是库特斯的一个变体，因为希腊语的第十七个字母（rho）和第十八个字母（sigma）在希腊莎草纸中很容易混淆。

第九王朝到第十王朝第二位法老卡梅里拉（ ）。

这位法老因现藏于卢浮宫的一块木板而为人所知（图67）。这块木板与前述阿卜梅里拉时期的碎铜片一同在艾斯尤特附近的一座墓中被发现。柏林博物馆陈列着卡梅里拉金字塔的祭司阿皮安库[5]的棺木。卡梅里拉的名字也出现在艾斯尤特的一座墓中[6]，这座墓的建造时间很清楚。第九王朝、第十王朝的三位王子——赫提一世、特发巴和赫提二世的墓都建在艾斯尤特。赫提一世和特发巴[7]都曾积极与底比斯的首领们作战。赫提一世说，在艾斯尤特，自己开凿了一条运河，并且在旱季获得充足的水源，用来灌溉自己的土地，使埃及富裕。赫提一世

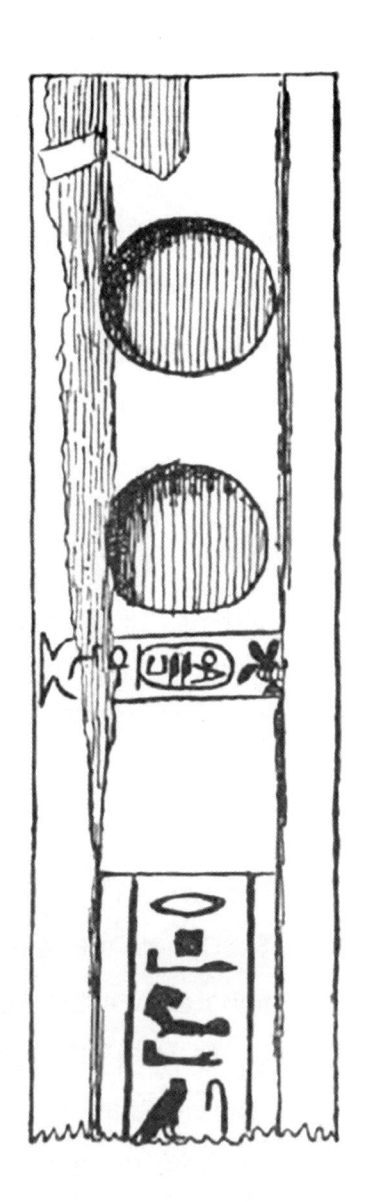

图67 ●木板，现藏于法国卢浮宫博物馆，下面部分被截掉

的组织管理能力很强，行事公正，赢得了卡梅里拉法老的友谊。特发巴或许是他的儿子，安定了这个国家，抢劫行为也很少发生。南部地区的人从象岛叛变，去了坎（Qan）。在海上，特发巴与尼罗河上的底比斯人发生冲突。赫提二世生活在卡梅里拉时期，并且为自己建造了神殿和墓地。另外，赫提二世还严惩南部地区的人，卡梅里拉也加入对南部地区的战争中。此后，首都赫利奥波利斯的人们纷纷走上街头，迎接凯旋的法老卡梅里拉。可以看出，底比斯人几乎是独立的，并且在第九和第十王朝之间持续不断地发动战争。第十一王朝早期可能与第十王朝重叠，卡梅里拉属于第十王朝。在这些法老统治的共计一百六十年时间里，第十一王朝时长四十三年，剩下的一百二十年与第十王朝重叠，这与曼涅托的说法一致。

第九王朝到第十王朝第三位法老马阿卜拉（ ）。

马阿卜拉似乎是埃拉托色尼王表上的梅乌勒斯，因此属于第九或者第十王朝。他的圣甲虫采用了寻常的工艺，看起来很普通（图68）。

同一时期另外四位法老的已知遗迹仅有圣甲虫。

第九王朝到第十王朝第四位法老斯赫哈拉的圣甲虫和马阿卜拉的一样普通（图69）。

图68 ●圣甲虫（马阿卜拉），现藏于大英博物馆

图69 ●圣甲虫(斯赫哈拉)，现被皮特里收藏

图70 ●圣甲虫（夸乌塞拉），现被皮特里收藏

至今发现了两个属于第九王朝到第十王朝第五位法老夸乌塞拉的圣甲虫（图70）。

至今发现了两个属于第九王朝到第十王朝第六位法老阿霍特普拉的圣甲虫，其中一个被皮特里收藏，另一个收藏在柏林博物馆（图71）。

至今发现了四个属于第九王朝到第十王朝第七位法老阿的圣甲虫，现收藏在大英博物馆和埃文斯处（图72）。

据记载，人们在第一大瀑布区发现了这一时代另一个法老内弗赫普拉的名字。

至此，我们看到了第七王朝和第八王朝如何走向衰落。这时，埃及首都从孟菲斯向南迁移到法尤姆河上的赫拉克来俄波

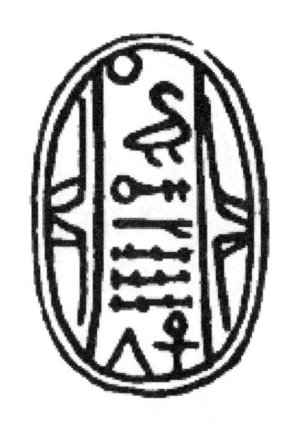

图 71 ●圣甲虫（阿霍特普拉），现被皮特里收藏

图 72 ●圣甲虫，现藏于大英博物馆

利斯。在那里，埃及与邻国底比斯的势力长期不和，双方矛盾日益激烈。那么，这次迁都南下的原因是什么？一定是发生了什么灾难，将埃及从古老的权力中心赶到了一座相对偏僻的城镇。除非外来势力入侵尼罗河三角洲，否则几乎不会发生这种情况。在接下来的两三年里，我们从一个埃及化的法老身上看到外来统治者的风格，他留下了纪念碑，这意味着他获得了整个埃及的统治权，就像后来的喜克索斯人。

塞乌塞恩拉（），希安（），在位时间约为公元前3100年，相关信息如下：

雕像，发现于布巴斯提斯[8]。

石块，发现于基波林[9]。

石狮，发现于巴格达，现收藏在大英博物馆。

圆柱。

圣甲虫。

在布巴斯提斯神殿，人们发现了希安黑色花岗岩雕像的下半部分（图73）。雕像具有鲜明的埃及风格，但碑文很特别。在基波林发现的一块黑色花岗岩石刻有同样的名字。在巴格达或者其附近发现的一尊石狮，上面刻的名字已经被划掉，经过多次争论，现在被认为是属于希安的。另外，我们还发现了这位国王的两根圆柱和五个圣甲虫，其重要性在发现雕像后才开始显现。

图73 ● 希安法老雕像的底座，发现于布巴斯提斯，现藏于大英博物馆

图 74-1 ●圣甲虫，现藏于雅典

让我们仔细观察上述遗迹。首先，圣甲虫有两种类型（图 74-1、图 74-2、图 74-3）：第一种类型两边刻有卷线，顶部或者底部没有连接，呈现为不连续的卷线。第二种类型通常在名字两边刻有一条垂直线，并且在边缘处刻有象形文字。最近，我们还发现了希安的另一个圣甲虫，这个圣甲虫现被希尔顿·普利斯收藏。

这两种类型的圣甲虫在佩皮一世及第九王朝马阿卜拉统治时期很常见。但第十二王朝及之后的王朝，没有一个圣甲虫采用过这种方式设计。因此，我们认为，不可能像最初设想的那样，这位法老处在喜克索斯王朝。此外，应当指出的是，这位法老的名字是希安，而不是像之前读的拉安。在基波林发现的雕像和石块上，可以发现埃及人通过添加圣蛇标志，或者通

图74-2 ● 圣甲虫，里多尔福·维托里奥·兰佐内收藏

过雕刻大号字，总是小心翼翼地区分"拉"和"赫"。四个圣甲虫和两根圆柱上都刻有法老的私人名字。为区分"赫"和"拉"，"赫"字上总刻有两条横线。因此，我们不可能将这个名词错认为除"希安"外的其他名字。在圆柱和圣甲虫上，他都被称为"希可塞图"，意为"山丘之子"或是沙漠。这个头衔同样属于贝尼哈桑的移民领袖阿布沙。它意味着对埃及东部沙漠的统治。布巴斯提斯位于瓦迪杜米拉河河口，是最可能被东部入侵者占领的城市。希安征服了埃及大部分地区，并且将当地首领驱逐出旧首都孟菲斯。因此，希安的实力显而易见。他统治着埃及文明程度较高的地区，这可从其雕像的规模

图74-3 ●圣甲虫，从左往右依次为默奇收藏、皮特里收藏、斯派塞收藏、乔治·威洛比·弗雷泽收藏、《布拉克博物馆画册》所载

和圣甲虫的数量看出。因此，在征服埃及前，希安一定是一位强大的统治者。我们虽然无法确定希安的统治范围延伸到哪里，但在巴格达发现的现收藏在大英博物馆的希安的石狮太大无法放在口袋中，太小无法作为后来征服的战利品，可以推断希安曾作为整个阿拉伯半岛北部的法老或酋长，统治着幼发拉底河及尼罗河流域。[10]

希安的埃及头衔很特别，他的卡名是"安阿德布"，即"拥抱领土"，寓意其统治范围的宽广。希安王名后的头衔是"卡夫梅里"，意为"卡神深爱的人"。对埃及人来说，这样的称呼是荒谬的，因为"卡"指的是自己的替身。但对闪米特人来说，他们相信守护天使和附属于个人或者地方的精灵、卡或者看不见的替身。因此，"卡"或无形的替身也有"天使替身"之意，"卡夫梅里"很可能是"他的守护天使的宠儿"的意思。希安的两根圆柱做工都比较粗糙。在雅典发现的圆柱上仅刻有多条塞图线条，中间混杂着三座山的雕刻。兰佐内圆柱上的雕刻复杂难懂，必须借助其他雕刻才能看懂其中蕴意。但由于刻有"希可塞图"和"赫",我们可以肯定这根圆柱属于希安。希安名字的书写形似岛屿和鹰的形状,而鹰与鹅十分相似,这一点可由掌印官哈尔的圣甲虫证实。

希安甚至有可能被列入卡纳克神殿的图特摩斯三世王室成员的名单。墓室的左侧摆有诸位法老的雕像,都是第十三王朝及之前的法老,乌塞恩拉的雕像也在其中。这里说的乌塞恩拉不可能是第五王朝的法老,因为他在该王表上已经被记作安。此外,乌塞恩拉的位置在门图霍特普三世和一个至今身份未明的法老之间,这一列都是第十一和第十二王朝的法老。因此,乌塞恩拉的在位时间应该在第十一王朝初期。唯一的问题在于来自其他国家的王子成为埃及的法老。然而,如果所谓的喜克索斯雕像的确是外国入侵者,与阿蒙涅姆赫特三世雕像类型一致,那么外邦人很可能被包括在埃及法老的祖先当中。

根据圣甲虫的样式,另外两位法老也属于这一时期。

目前,已经发现三个属于乌纳兹法老的圣甲虫:一个刻有图案,一个刻有"拉乌纳兹"字样,目前被皮特里收藏(图75),还有一个刻有不连续的卷线,目前收藏在吉萨博物馆。

现在,已经发现两个属于雅皮赫尔[11]的圣甲虫,其中一个刻有连续的卷线[12](图76)。

以上三位法老的名字都不是埃及名字。因此,他们可能是外国人。根据遗迹推测,他们是埃及第九王朝到第十王朝的同代人。

图 75 ● 圣甲虫（乌纳兹），现被皮特里收藏

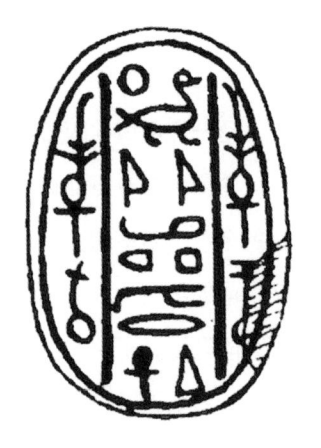

图 76 ● 圣甲虫（雅皮赫尔），现被默奇收藏

【注释】

1 在这里，我们称这类外邦人为"新民族"。——原注

2 《圣经考古记录》，伦敦，圣经考古学会，1879年到1918年，第13卷，第429页。——原注

3 威廉·马修·弗林德斯·皮特里：《迈杜姆》。——原注

4 延斯·丹尼尔·卡罗勒斯·利布莱恩：《人名辞典》。——原注

5 《圣经考古记录》，伦敦，圣经考古学会，1879年到1918年，第13卷，第524页。——原注

6 弗朗西斯·卢埃林·格里菲斯：《斯乌特和德尔里菲的碑文》，伦敦，特吕布纳公司，1889年，第13卷。——原注

7 加斯东·卡米耶·夏尔·马伯乐：《批判性评论》，1889年，第421页。——原注

8 亨利·爱德华·纳维尔：《布巴斯提斯：1887年到1889年》，伦敦，保罗·特伦奇·特吕布纳出版社，1891年，第12卷。——原注

9 《埃及作品汇编》，第16期，第42页。——原注

10 根据石狮的体积，既不可能是建成后再带过去的，因为相对来说太大，也不可能是后来征服者的纪念品，因为相对来说过小。——原注

11 据另一个圣甲虫上的刻记，证明其正确的读法不是雅皮赫尔，而是雅格赫尔。因此，可以将这个名字与叙利亚神雅格布或者雅名联系。雅格布在图特摩斯三世的王表中被称为"雅格布-埃尔"，在公元2世纪的一个祭坛上被称为"巴勒·阿卡伯斯"。——原注

12 威廉·马修·弗林德斯·皮特里：《迈杜姆》。——原注

第 7 章

第十一王朝

ELEVENTH DYNASTY

王表上关于第十一王朝时期的记载不甚完善，需要结合各种信息碎片来研究。人们通常认为安特夫法老和曼图霍特普法老是不同时期的人，但有充分理由相信他们是一个密切相关的王室家族。在舒特尔利盖发现的石碑上，刻有安特夫崇拜曼图霍特普的画像，前者由后者的大臣陪同。在第十一王朝的私人名字中，我们发现安特夫和曼图霍特普完全被混合在一起，仿佛这些名字既流行又普通。在卡纳克神殿的王表上，一位曼图霍特普法老位于两位安特夫法老之间。

第十一王朝的法老总数也不确定。根据遗迹推断，包括末期的山赫卡拉在内，第十一王朝的法老不超过九位。都灵王表只记载了六位法老，显然省略了前三位。马伯乐认为[1]，这三位法老被认为是篡位的王室成员，与其他六位统治者属于同一王朝。而据曼涅托记载，十六位法老统治了四十三年。此后，阿蒙涅姆赫特一世统治了十六年。有这样一种可能，最初，曼涅托根据都灵王表写了六位法老，数字十六是抄写阿蒙涅姆赫特一世统治十六年时出现的错误。

根据卡纳克神殿的王表和遗迹推断，以下法老之位排列似乎更合理：

卡纳克神殿内王表的法老	其他遗迹记录的法老		在位时间
安（特夫一世）[2]	拉塞谢赫尔哈玛特	安特夫（一世）	约公元前2985年到公元前2965年
曼（图霍特普一世）[3]	内布霍特普	伊恩图霍特普（一世）	约公元前2965年到公元前2945年

卡纳克神殿内王表的法老	其他遗迹记录的法老		在位时间
安（特夫二世）[4]	—	安特夫（二世）	约公元前2945年到公元前2940年
安特夫（三世）[5]	拉塞斯赫苏普马特	安特夫（三世）	约公元前2940年到公元前2922年
（曼图霍特普二世）[6]此处存疑	内布塔乌伊拉	曼图霍特普（二世）	约公元前2922年到公元前2902年
安特夫（四世）	荷鲁乌阿安赫	安特夫（四世）	约公元前2902年到公元前2852年
奈布赫佩拉	奈布赫佩拉	安特夫（五世）	约公元前2852年到公元前2832年
内卜赫尔拉	内卜赫尔拉	曼图霍特普（三世）	约公元前2832年到公元前2786年
山赫卡拉	山赫卡拉	（安特夫六世）此处存疑	约公元前2786年到公元前2778年

上表中有一部分较为精准的数据，也有一部分是基于假设而来。法老的数目是根据卡纳克王表而来，排列顺序也依其所定，但其中唯有一个名字不见了，据推测应为图霍特普。

最后三位法老的名字中都有"拉"。因此，我们可以确定最后三位法老的位置，但问题的关键是最开始的四位安特夫法老。了解他们的第一条线索是他们棺木的样式。目前，大英博物馆藏有一副精美的镀金棺木，卢浮宫也有一副制作更简单的(省略了耳朵)棺木，但两副棺木在其他方面极为相似，很可能出自同一工匠之手。据卢浮宫的棺木上的文字显示，它是安特夫三世为其兄长制作的，这就是两副安特夫棺木如此相似的原因。现藏于大英博物馆的棺木属于弟弟，他下令为兄长安特夫二世打造了现藏于卢浮宫的镀金灵柩。显然，兄弟二人的情谊十分深厚。在表中，安特夫二世和安特夫三世接连继承法老之位。因此，我们可以断定，现藏于卢浮宫的镀金棺木属于安特夫二世，现藏于大英博物馆的棺木属于安特夫三世。

卢浮宫还藏有另一副安特夫棺木，即拉塞谢赫尔哈玛特的棺木，他的名字被刻在胸前。不同于其他棺木，这副棺木没有精美的雕刻，没有从上到下的镀金和粉饰，只有粗糙的雕刻和粉漆。在一个正在崛起的朝代，这副棺木的出现时间不可能晚于精美镀金棺木的出现时间。因此，它只能是安特夫一世的。

另一重要遗迹属于安阿或者安特夫，荷鲁斯名[7]为乌阿安赫。他的碑碣和四只猎犬雕像众所周知，在象岛还发现了一块他的石碑。他不可能是安特夫三世或者安特夫五世，因为他们的荷鲁斯名不一致，也不是安特夫二世，因为乌阿安赫的法老之位由其子继承。从其精美的雕刻工艺来看，上述遗迹亦不太可能是安特夫一世时期的作品。因此，我们只能认为他是安特夫四世。安特夫五世则是他的继任者——从雕刻风格上看，两类遗迹的雕工确有明显的联系。虽然该遗迹有可能属于其他安特夫或者曼图霍特普王室的成员，但我们没有足够的理由在卡纳克王表中随意增加一位法老。有这样一个猜想，卡纳克王表上的前三位安特夫法老的名号为"荷鲁"，与拥有遗迹的法老们的名号不一样。因此，卡纳克王表中的前三位法老可能并不等同于遗迹上出现的前三位法老。不过，重要的遗迹不可能只有默默无闻的王子的名字，而将王室中更重要的法老排除在外。卡纳克王表中的安特夫一定是当时拥有这一名字的伟大统治者。

对曼图霍特普王室的争论要少得多。这个王室只有三名成员比较有名，其中一位曼图霍特普法老以"拉"命名。在另外两位法老中，内布塔乌伊拉比内布霍特普重要得多。于是，我们几乎可以肯定内布塔乌伊拉出现的时间要晚一些。

王子安特法（ ）在位时间约为公元前3005年到公元前2985年，统治埃及部分地区。

这位王子的石碑是在底比斯的安特夫金字塔附近被发现的，这里复刻了其中的一部分石碑图像，显示安特法曾统治南方（图77），但没有说明这时的法老是谁。其头衔是"世袭贵

图77 ● 王子安特法石碑的一部分，现藏于吉萨博物馆

族，底比德的统治者，法老命令的执行者，边境的守护者，南方的支柱，地区的长官。他使两土地繁荣，是先知的首领，献身于伟大的神灵，安特法"。其中的关键句为"他使两土地"繁荣，因为既然提到了法老，那就说明王子安特法没有统治上下埃及，因此，他生活的两土地必然是指尼罗河两岸，这似乎明晰了"塔乌伊"的真正含义。我们可以看到，他统治着底比德和南方，通过水利工程供养整个埃及[8]。因此，王子安特法是在第十王朝的赫拉克来俄波利斯法老的统治下。他的遗迹风格粗犷，但多少保留了埃及古王国时期宏伟的风格，再现了当时的生活场景。

第十一王朝第一位法老拉塞谢赫尔哈玛特（），安特夫一世（），在位时间约为公元前2985年到公元前2965年。

安特夫一世的遗迹只有一副棺木，现藏于卢浮宫（图78）[9]。这副棺木由木头粗刻而成，上面绘有翅膀图案，寓意是"保护他的身体"，装饰物被涂成蓝色、红色和暗黄色，但填涂算不上精致。

第十一王朝第二位法老内布霍特普，曼图霍特普一世（），在位时间约为公元前2965年到公元前2945年，相关信息如下：

基波林神殿，遗迹现收藏在吉萨博物馆[10]。

石板，发现于克诺索斯[11]。

私人石碑，现收藏在卢浮宫[12]。

曼图霍特普一世在基波林的神殿遗迹被托勒密七世重新使用。雕刻的图像为曼图霍特普一世在屠杀尼西人、萨提人和提赫努人，即三种与埃及南部、东部和西部接壤的民族。

克诺索斯岛第一大瀑布的一块石碑上刻着法老曼图霍特普一世的名字，但没有雕刻他的形象，只描绘了三位神，即库努牡[13]、敏和萨提特[14]。神许诺曼图霍特普一世"所有的土地都在他脚下"。在克诺索斯发现的另一块石碑[15]和在哈马马特发现的一块石碑[16]可能都属于他，因为石碑上雕刻的王名含有"塞拉"字样，这在后来的曼图霍特普时期并不常见。卢浮宫的一块编号为676的私人石碑刻有一位官员崇拜曼图霍特普一世的图像，图中的曼图霍特普一世正襟危坐，手持一根长长的权杖。

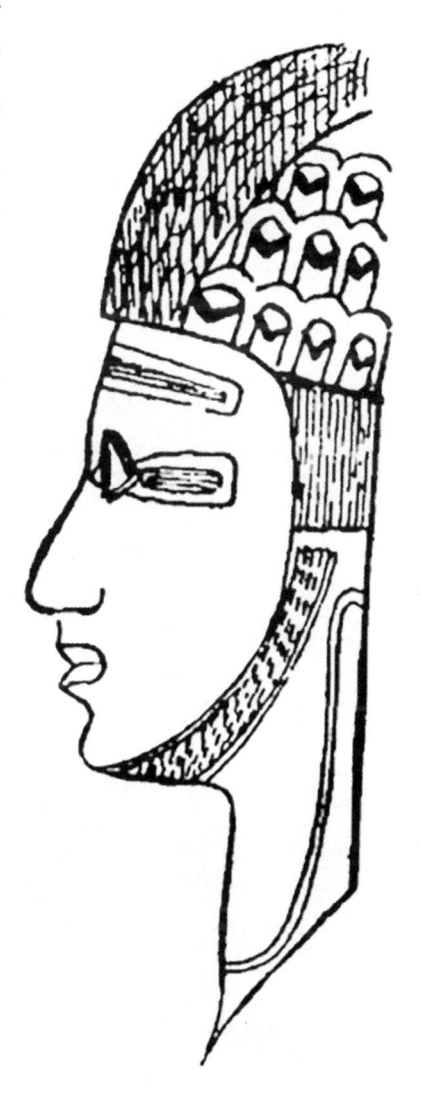

图78 ● 安特夫一世的棺木（局部），现藏于法国卢浮宫博物馆

第十一王朝第三位法老安特夫二世（ ），在位时间约为公元前2945年到公元前2940年。

安特夫二世的遗迹只有一副棺木，发现于底比斯，现收藏在卢浮宫(图79)[17]。因为这副棺木曾被当地人掠夺，所以它的发掘地并不能确定。但几乎可以肯定，其原址就在安特夫二世王陵附近。据遗迹记载，安特夫二世的弟弟安特夫三世继承了法

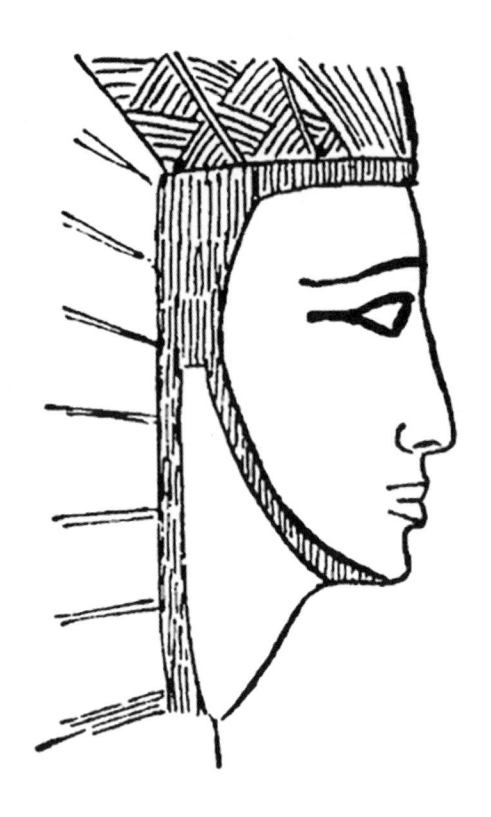

图79 ●安特夫二世的棺木（局部），
现藏于法国卢浮宫博物馆

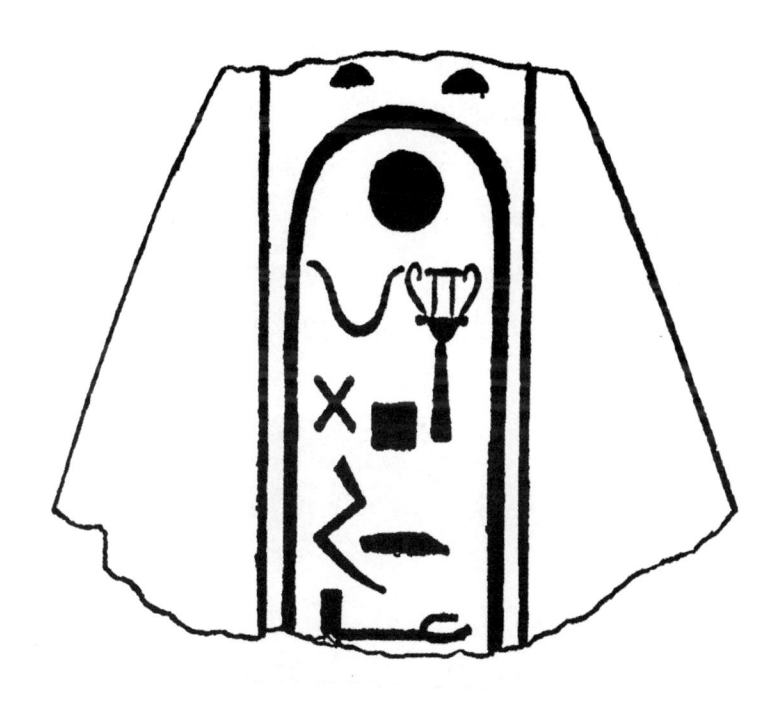

图80 ●安特夫三世的小金字塔，现藏于大英博物馆

老之位，并为前者制造了这副棺木。因此，他可能是年轻时突然驾崩的。棺木上的图案和安特夫一世的一模一样。但比起后者粗糙的雕刻工艺，安特夫二世棺木上的图案更精美，并且全身镀金。

第十一王朝第四位法老拉塞斯赫苏普马特（），安特夫三世（），在位时间约为公元前2940年到公元前2922年，相关信息如下：

小金字塔，现收藏在大英博物馆，编号为578（图80）。

棺木，现收藏在大英博物馆[18]。

丧葬盒，现收藏在法国卢浮宫博物馆，编号为614。

对安特夫三世身份的确认是从一些遗迹中推测得出的。上文指出，现藏于大英博物馆的镀金棺木属于安特夫三世（图81）。此外，大英博物馆内还有一座属于他的小金字塔，卢浮宫收藏的他兄长的棺木可能来自同一座陵或者相邻的陵。在安特夫三世的陵中，人们发现了一个用于装卡诺皮克罐的丧葬盒。

图81 ●安特夫三世的棺木，
现藏于大英博物馆

安特夫三世的陵在艾伯特关于检查皇家陵墓的莎草纸中被提及，"太阳之子拉塞斯姆乌普马、安特夫三世法老的陵墓。我们发现石碑矗立的地方曾遭盗贼破坏。但经当日查究，陵墓仍完好无损，盗贼未能得逞"。因此，直到第二十王朝末期，即它被埋葬后的大约十六个世纪中，安特夫三世的遗体未受侵扰。

上述棺木的风格充分反驳了马里耶特对安特夫诸法老遗迹的诋毁。它的风格与雅赫摩斯一世时期的遗迹一样出色，完全可以和曼图霍特普诸法老的任何遗迹相媲美。

第十一王朝第五位法老内布塔乌伊拉（ ），曼图霍特普二世（ ），在位时间约为公元前2922年到公元前2902年，相关信息如下：

碑文，发现于哈马马特[19]。

碑文，发现于克诺索斯[20]。

圣甲虫（图82）。

母亲阿姆[21]。

我们对这位法老的了解大多来自哈马马特采石场工人所刻的碑文。在位第二年（前2921），内布塔乌伊拉举办了塞德节，以庆祝天狼星升起。这表明，举办类似节日的时间取决于固

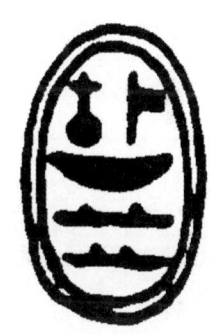

图82 ● 圣甲虫（内布塔乌伊拉），现藏于法国卢浮宫博物馆

定的天象活动日期，而不取决于统治的年份。这些碑文大多与法老执政第二年由贵族阿蒙涅姆赫特主持展开的王室石棺的准

备工作有关。碑文标注的日期皆为当年（前2921）的帕奥皮月[22]。第一块石碑记录了一件奇事：一只羚羊向军队跑去，停在军队附近的一块岩石旁，并在那里生下了它的孩子。士兵抓住了这只羚羊，并用它献祭。石碑旁放有另一块石碑，这是内布塔乌伊拉献给敏神的，标注日期是公元前2921年帕奥皮月3日。另外，还有一块石碑标注的日期是公元前2921年帕奥皮月15日。据这块碑文记载，法老内布塔乌伊拉命阿蒙涅姆赫特带领一万名士兵从南方的诺姆、南部地区、中部地区和乌阿布出发，带来石矿中的纯硬石，以制作能为自己带来永生的永存石棺，或者建造南方神殿的纪念碑。一块刻有阿蒙涅姆赫特名字的私人石碑标注的时间是同一天。石碑上记载着阿蒙涅姆赫特所有的职务和头衔，还记载着他是和采石场工人、工匠、雕刻者及许多其他类型的工人一起被派来的。另外，他还带来一副巨大的石棺。士兵们毫发无损，全部安全返回。据碑文记载，到23日，他们做出一副石棺，并且在从山谷中找到的一处水井旁，挖出一个十腕尺见方的水池。士兵们严密守卫着水池，不让动物发现，也避免引起穴居人的注意。虽然古代的士兵和君主曾经过此地，但从未发现这处水井。28日，王室石碑上又添了一段附言，记载他们制作出长八腕尺、宽四腕尺、厚两腕尺的石棺盖，还宰杀了牛和羚羊，并用香炉献香。来自北方地区的三千名水手跟随探险队前进。在一篇碑文中，法老内布塔乌伊拉被称为"王室母亲阿姆的儿子"。这不仅提供了法老母亲的名字，还表明她是内布塔乌伊拉年轻时的共治法老，就像佩皮二世的母亲安赫奈斯佩皮在他年少时与他共治一样。

在克诺索斯发现的一块石碑记录了曼图霍特普二世征服了13个部落[23]。

有几个圣甲虫被称为内布塔乌伊拉。因为它们中有一半都刻有王室头衔"内特内弗"或者"苏特恩",所以我们可以肯定它们属于曼图霍特普二世。另外,这是第十一王朝时期的圣甲虫首次亮相。这些圣甲虫很小,也很简陋。

第十一王朝第六位法老荷鲁乌阿安赫,安特夫四世,在位时间约为公元前2902年到公元前2852年,相关信息如下:

金字塔,位于底比斯。

石碑,现收藏在吉萨博物馆[24]。

石碑,发现于象岛(图83)[25]。

安特夫四世的砖砌金字塔中有一块石碑,现收藏在吉萨博物馆。石碑上的图案为站立的法老安特夫四世与四只猎犬。马里耶特发现这块石碑时,它已经断成两半。此后,这块石碑又遭当地人破坏。后来,马伯乐将这块石碑部分复原。因此,法老安特夫四世的全名和头衔连同石碑的顶端都缺失了,拉名也无从得知。这块石碑是为"荷鲁乌阿安赫、法老安阿再生"而造。此外,在提及法老前,石碑上还有一行字,写着"奉给法老安特夫荷鲁乌阿安赫的供品"。人们认为这两个名字一定指不同的法老,但碑文的内容似乎并不支持这种看法。古埃及任何一个朝代都没有出现过两位法老取相同卡名,或者荷鲁斯名

图83 ●石碑，发现于象岛

的情况。因此，荷鲁乌阿安赫不太可能属于其他人。另外，王名第一部分中的"安"应是"安特夫"的缩写。

艾伯特莎草纸在对拉美西斯十世王陵状况调查文件中首先提到这座王陵。其上记录了"这是法老萨拉安阿的遗迹，位于阿蒙霍特普神殿北边。石碑对面的王陵表面部分遭到损坏，石碑上的图案为法老安特夫四世站立着，他两脚之间是他的狗贝胡卡阿。当天进行的检查发现王陵状态良好"。

石碑上的图案为法老与四只猎犬站在一处。四只猎犬的名字来自利比亚语，但被赋予埃及文化的寓意，分别是"羚羊""灰狗""黑狗"和"火罐"。法老安特夫四世身后站着一个仆人,叫特肯鲁,其名字来自柏柏尔语。令人遗憾的是,石碑的顶部和一半的碑文都不见了。根据我们收集到的信息,安特夫四世曾举办奠酒祭神仪式,出资建造神殿,供奉祭品;他曾下令挖掘一条运河,并且夺得阿拜多斯,释放了当地囚犯;他为自己的城市增光添彩,使民众受益无穷,并将法老之位传给儿子;在统治的第五十年（前2852）,安特夫四世修建了这块石碑,献给太阳的儿子荷鲁乌阿安赫、安阿法老。正如上文所述,他的另一块精美石碑与在象岛发现的其他前朝法老的石碑相邻[26]。

第十一王朝第七位法老奈布赫佩努拉（），安特夫五世（），在位时间约为公元前2852年到公元前2832年,相关信息如下:

王陵和方尖碑,位于底比斯[27]。

神殿,位于科普托斯。

雕刻法令的石碑,发现于科普托斯。

雕像,现被乔治·勒德罗·李收藏。

圣甲虫（图84）。

图84 ● 圣甲虫,现被威廉·马修·弗林德斯·皮特里收藏

这一时期,更多王室头衔涌现,法老的卡名、秃鹰的名字和圣蛇的名字都不同,私人名字和王名也不一样。两座小

方尖碑高十一英尺六英寸，上面刻着安特夫五世所有的名字和头衔。它们曾矗立在王陵前，如今却躺在尼罗河中靠近卡穆勒的地方，至今无人尝试复原它们。

拉美西斯十世时期的调查人员到访过这座王陵，他们的记录如下："太阳之子奈布赫佩努拉、安特夫的遗迹遭盗贼毁坏，墙上出现了二点五腕尺深的洞。祭品运送官奥里帕阿蒙墓地的外室也被盗贼挖出了一腕尺深的洞，如今已成废墟。王陵完好无损，盗贼未能进入。"

经历了前一个时代的灾难后，安特夫五世似乎在科普托斯重建了神殿。他曾在神殿中竖立的四十来块石碑被面朝下放置，成为后来的重建者的铺路石。石碑大多小而薄，其厚度不足以砌墙，这表明神殿只是用砖石砌成的。石碑上雕刻了安特夫向敏、荷鲁斯和一个女神献祭的场景，雕刻部分是浮雕，部分是凹雕（图85）。

在现藏于大英博物馆、发现于科普托斯辛努塞尔特一世王陵陵口的石碑上刻有一篇法令，雕刻日期是安特夫五世统治第三年（前2949）。根据法令雕刻的位置判断，它似乎是复制品，但其雕刻风格和安特夫四世时期的并无二致。无论如何，这无疑是一篇王室法令的精确副本，放在此处以使每个人都能看到这篇颁发给科普托斯亲王的法令。从中我们可以了解到安特夫王室诸法老对国家的管理。

第三年——公元前2949年——法莫诺斯月[28]25日，法老——拉奈布赫佩尔萨拉安特夫——赐万物生命，如太阳般永

图 85 ●刻有安特夫五世头部画像的石碑，发现于科普托斯

存。法令由法老下达给财政大臣、科普托斯亲王敏姆哈特、国王之子及科普托斯行政官凯恩、大臣门赫敏、内弗霍特普尔神殿的抄写员、科普托斯的所有驻军及神殿的所有官员。

看哪，法令已经传给你们。这是为了让你们知道，陛下已经派阿蒙阿蒙塞的抄写员和大臣及塞姆苏海特阿蒙乌塞，到敏神殿里进行调查。

然而，我父亲的敏神殿的官员们参见我的陛下，说神殿里发生了一件邪恶的事——甚至存在由敏霍特普之子泰塔（他的名字被诅咒了）所窝藏的敌人。

因此，把他从我父亲敏的神殿中赶出去，罢免他在神殿中所任职务，包括他的子孙后代。愿他们流浪异国，愿他的食物和圣肉被没收，愿他的名在殿中不被纪念，他犯的罪行就像神的对手犯的罪行一样。让他在敏的神殿中的著作和在官方文件中的记录，悉数被毁。

凡宽恕他的君主或者掌权的统治者，都不可授予白冠，不可供给红冠，也不可坐在荷鲁斯的法老之位上。统治者不能施与他任何恩惠。凡官员或者首领求神饶恕他，愿他的人民、产业、土地，都归我父亲科普托斯的神——敏所有。他的朋友或者双亲的亲属不会被提拔到神殿中担任职务。

这个职位应该授予神殿监察官、大臣敏姆哈特。应给他面包和圣肉，在敏的神殿中对他歌功颂德，并且惠及他的子孙后代。

至此，我们看到第十一王朝要职任命的完整形式，其中包括因叛国罪贬黜一位王室公侯，以及取代他的、新的统治家族的崛起。

很久以前，安东尼·哈里斯就在一座桥上看到了从敏的神殿被搬走的石块，但如今石块已消失不见。

一尊小雕像显示安特夫五世战胜了亚洲人和黑人，现被乔治·李收藏。

在安特夫五世的遗迹中，圣甲虫很常见，已知的便有九个。它们都是对称型的，两边有两条圣蛇，中间是法老的名字。这种对称型圣甲虫属于第七、第八王朝，可能是源自孟菲斯的作品。一枚玻璃制的蓝色软膏状黑豹头上也刻有该法老的名字，现藏于大英博物馆。

第十一王朝第八位法老内卜赫尔拉（　　　），曼图霍特普三世（　　　），在位时间约为公元前2832年到公元前2786年，相关信息如下：

阿赫特阿苏特金字塔，位于底比斯[29]。

神殿，位于底比斯[30]。

石碑，发现于舒特尔利盖[31]。

石碑，发现于阿斯旺[32]。

祭坛[33]。

圣甲虫（图86），现收藏在大英博物馆。

图86 ● 圣甲虫，现藏于大英博物馆

金心，现收藏在法国卢浮宫博物馆。

护身符，属于第二十六王朝[34]。

王后为图米姆[35]，阿哈[36]。

从纪念碑的数量判断，内卜赫尔拉是第十一王朝最伟大的法老，但他格外长的统治期可能是导致他表现如此突出的原因。

除了阿拜多斯的特图石碑，没有其他遗迹提及内卜赫尔拉的金字塔[37]。特图是内卜赫尔拉的阿赫特阿苏特金字塔的首席诵经师，也是荷鲁萨姆塔乌伊——内卜赫尔拉的卡名——的先知。拉美西斯十世统治时期，官方调查团到访过阿赫特阿苏特金字塔，调查记录表明当时金字塔完好无损。据斯基亚帕雷拉记载，马伯乐在底比斯发现了一座刻有内卜赫尔拉王名的门楣，它曾是法老神殿的一部分[38]。

现存最大的内卜赫尔拉纪念碑是刻在舒特尔利盖或者索巴利加勒山谷砂岩上的一块石碑。山谷距离丝罗丝拉四英里左右。石碑上展示了一个巨大的内卜赫尔拉的站立雕像，其对面是一个较小的萨拉安特夫的石像（图87）——这一次要人物可能是他的儿子，虽然有王名，但他的拉名与其父内卜赫尔拉不同。由于内卜赫尔拉的法老之位的继承人叫山赫卡拉，萨拉安特夫很可能是他的私人名字，但这个猜测至今仍无法被证实。法老之子确实有可能出现在这里，因为内卜赫尔拉的身后正是王后的画像，并被称为"王室母亲、他的挚爱阿哈"。法老儿子萨拉安特夫的后面是大臣赫提[39]。另一块石碑上[40]刻有赫

图 87 ●刻在石碑上的人像图案，发现于舒特尔利盖

提参拜已故内卜赫尔拉的画像。他还出现在阿斯旺的一块石碑上[41]，标注的日期是内卜赫尔拉在位第四十一年。因此，赫提应该生活在内卜赫尔拉统治末期，他出现在共治法老萨拉安特夫的画像上就说得通了。内卜赫尔拉在位第四十一年的石碑碑文记录了一些与瓦瓦特或者下努比亚的船只有关的贸易。另一块同年的石碑由一个叫梅尔提[42]的官员在阿斯旺雕刻而成，他是赫利奥波利斯的长官，也是王室在东部沙漠的朋友。阿斯旺石碑上仅有一段简短的文字，只写了王室成员的名字[43]。现收藏在大英博物馆的一尊石雕显示，内卜赫尔拉与布托的乌阿兹特曾有联系，并指出这位法老曾在尼罗河三角洲活动[44]。

这一时期的祭坛展示了两件尼罗河祭祀品的形象，法老的名字和头衔多次出现。雕刻图像由沙巴[45]根据普利斯的油印纸描绘[46]。同时代的私人遗迹中也有关于法老内卜赫尔拉的记录。在都灵发现的一块巨大的梅鲁家族石碑，刻于其统治的第四十六年，这是有记载的关于他统治时期的最晚年份。同样刻于这个时期的还有默蒂森的石碑[47]。默蒂森是一位艺术家，在碑文中描述了自己精湛的工艺。他"知道神的话语的奥秘，是一位技艺高超的艺术家"，"我知道万物归向何处，知道如何描绘运动中的水和负载重物的天平。我知道如何展现人类行走的姿态，包括手臂的位置。我知道如何勾画男人的举止、女人的姿态，荷鲁斯的双臂我再熟悉不过。我还知道如何勾勒太阳神夜间巡游的时间[48]、用来吓恶人的眼睛——对'平等双眼'的戏谑"，"我知道保持双臂平衡，使动物能在地上爬行，使跑步的人不至于摔跤。我知道如何制作护身符，使我们在没有火焰（的暗夜）中顺利行走，也不会被洪水冲走。除了我和我的长子，没人有这样的手艺。神赐予他这方面的天赋，我已经目睹他的双手在宝石匠、金匠、银匠、象牙匠和乌木匠工作中臻于完美"。描述个人各方面艺术能力的碑文非常罕见。通过对默蒂森艺术各分支的奇特描述，人们对通常供学徒练习的艺术科目有了一定了解。学徒们先是要了解动作缓慢的人物，然后了解男人和女人的差异，接着了解神话题材和动作迅速的人物，最后了解具备护身符效力的行业秘密。

一块安默特斯的石碑将阿蒙拉和内卜赫尔拉称为

"神"[49]。后世屡次提及内卜赫尔拉证明他作为王朝的复兴者是多么的荣耀。现收藏在佛罗伦萨博物馆的阿蒙涅姆赫特雕像[50]刻有内卜赫尔拉的卡名,称呼他的方式就像称呼神一样。在底比斯第十八王朝的王陵壁画中,卡贝克特在朝拜内卜赫尔拉及其所处时代的其他法老。第十九王朝马赛的奠酒桌上同样刻有他的名字,以及后世其他法老的名字。在拉美西姆,即拉美西斯二世的祭庙,内卜赫尔拉和美尼斯及雅赫摩斯一世一同被尊为伟大的君主。

内卜赫尔拉的小遗迹很少。只有现收藏在卢浮宫的一颗金心和大英博物馆一枚雕刻精美的圣甲虫属于他的统治时期。后来,人们发现了一个光滑的绿色护身符上有关于内卜赫尔拉的文字,这个护身符可能是在第二十六王朝时期制作的[51]。据说他的王后[52]是图米姆,她被认为是一位没有地位的王后[53]。

第十一王朝第九位法老山赫卡拉（ ），安特夫六世（ ），此处存疑,在位时间约为公元前2786年到公元前2778年,相关信息如下:

碑文,发现于哈姆马特[54]。

碑文,发现于舒特尔利盖[55]。

雕像,发现于萨卡拉[56]。

雪花石膏块,发现于俄蒙特[57]。

雪花石膏牌匾,现收藏在大英博物馆。

镶有石头的金指环,现收藏在大英博物馆[58]。

圣甲虫,现由皮特里收藏（图88）。

向山赫卡拉祈祷[59]的文字记录。

在哈马马特发现的碑文是山赫卡拉统治时期唯一重要的文献。这篇碑文记录了一支探险队前往蓬特圣地探险的经历。蓬特位于红海南端,即索马里海岸和也门一带。通往蓬特的常规路线是从科普托斯穿越沙漠,再经过哈马马特干谷,最后到达红海。探险队的指挥是赫努,他带领从底比斯南部调来的三千名士兵,因为生活在埃及南部的士兵更能忍耐酷热。为了穿越沙漠,赫努为士兵们准备了皮袋盛水,并为士兵每人每日提供一定量的水和二十块饼干。另外,探险队还在四个不同地点挖掘大型水库,到达海岸后造船运送士兵。探险队获得了在圣地港口发现的各种物产。返回途中,赫努经过哈马马特干谷,带回一些制作神殿雕像的石块[60]。这段碑文写于山赫卡拉统治的第八年(前2778),说明山赫卡拉的在位时间并不短。

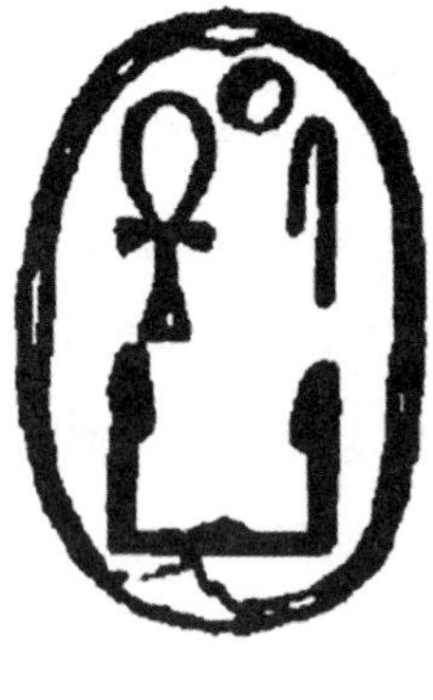

图88 ● 圣甲虫,现被威廉·马修·弗林德斯·皮特里收藏

在舒特尔利盖山谷的内卜赫尔拉大石碑展示了他儿子安特夫(曾与他共治)向他表示敬意的场景。根据卡纳克王表记载,内卜赫尔拉的继任者是山赫卡拉。由于不知道山赫卡拉的私人名字,我们目前只能将他与安特夫六世视为一人[61]。此外,在山谷岩石堆的另一端还发现了一块石碑,上面刻着山赫卡拉坐在法老宝座上,头戴埃及王冠,王座下还坐着一只狗。他的面前

放有供桌，两名侍从牵着羚羊；在他身后，两位贵族双臂交叉跪在地上，其中一位是尔帕特胡提[62]。山谷下方另一处遗迹刻有山赫卡拉的卡名[63]。

在俄蒙特，我们发现了一块原用于装饰神殿的雪花石膏块，上面刻有山赫卡拉的名字[64]。

在萨卡拉，人们曾发现一尊山赫卡拉的雕像，但它似乎从此消失了。德韦里亚根据印象复刻了这尊雕像，现收藏在卢浮宫[65]。

在法古斯附近的哈塔安纳，人们曾发现一尊夫妻双人小雕像。雕像刻有将山赫卡拉当作神并向他祈祷的文字。目前，这尊雕像被爱德华兹收藏[66]。

小物件中还有一块来自德拉阿布内加的雪花石膏板、一枚镶有宝石的金指环和一个雕刻精致的圣甲虫。雪花石膏板上刻着"底比德王门图爱戴的山赫卡拉王"，现收藏在大英博物馆。金指环现收藏在大英博物馆[67]。圣甲虫被皮特里收藏。

上文中，我们梳理了整个第十一王朝的历史。现在，我们再回顾一下这段历史。埃及王室的命名风格稳步发展。首先，在第九王朝，"尔帕"和"拉"作为王名的一部分被广泛使用。接下来，"萨拉"从王名中被挑选出来，成为常用前缀。可以看到，第十一王朝前期的法老都没有圣甲虫，此物最早出现在曼图霍特普二世统治时期，但都做工粗糙、规模较小。在安特夫五世时期，制作工艺有所提升。曼图霍特普三世时期已经出现了制作工艺较好的圣甲虫。在他的继任者山赫卡拉时期，圣甲虫已经制作得十分精致。在政治方面，我们看到了同样的进步。安特夫王子原是赫拉克来俄波利斯领主下一名寂寂无闻的小官。在埃及南部边境，曼图霍特普一世宣示自己对这里的统治权。在底比斯，安特夫二世和安特夫三世建造了一座恢宏的王陵，还精心制作安置木乃伊的镀金棺木。曼图霍特普二世从哈马马特运回石头，夸耀自己征服了埃及南方的十三个部落。安特夫五世在科普托斯修建王陵，在底比斯修建方尖碑，并宣称自己战胜了亚洲人和黑人。在底比斯，曼图霍特普三世建造神殿，建立了许多纪念碑，鼓励艺术发展，一直受到埃及人的爱戴。最后，在国内安泰的情况下，山赫卡拉派出一支外国探险队。这个王朝的发展进程几乎没有中断。由于安特夫四世时期纪念碑的缺失，我们无法得知进步的程度，但同样没有发现任何倒退的迹象。除非对曼图霍特普一世时期以前安特夫法老的数量，或者对安特夫四世遗迹位置有新的发现，否则这一结论很难改变。

关于第十一王朝的存续时间，我们知之甚少。山赫卡拉统治了八年，内卜赫尔拉在位超过四十六年，奈布赫佩拉似乎统治了很长一段时间，安特夫四世统治了五十余年。因此，安特夫五世可能是前者的孙子，安特夫二世与安特夫三世是兄弟关系。总的来说，我们在第十一王朝似乎算出了九代法老。如果我们依照东方国家平均二十年一代的长子继承制，而非欧洲平均两代君主间隔的三十年来计算。我们可以得出整个第十一王朝的持续时间至少为一百八十年，或者是都灵王表记载的六位法老共统治一百二十年。但根据曼涅托王表记载，第十一王朝仅持续四十三年，这说明第十一王朝大部分时间与第十王朝重合。

另外，一些遗迹的原址是不确定的，但可以肯定它们出现的时间早于第十二王朝。在安特夫六世统治时期不确定原址的遗迹中，有一扇发现于阿拜多斯的假门，碑文中提到法老萨拉安特夫当时尚在人世[68]。有一块阿乌伊的石碑，称阿蒙纳阿为安特夫王室中的"肯卡"[69]。另外，安特夫宫殿里还有竖琴弹奏人写的歌，谈及生命的浮华，这是一部著名的文学作品，我们有许多残缺的复制版。从一位叫曼图霍特普的王后的棺木和盥洗室中，我们可以了解到她的信息。目前，这副棺木已经被毁。但一份文字副本显示，棺木是献给"伟大的王室妻子曼图霍特普。她的父亲是大臣、宫殿的守护神森布西纳夫，母亲是女继承人塞贝霍特普"。我们还了解到曼图霍特普王室的一位王子"荷鲁内弗，法老曼图霍特普和伟大的王后谢特萨特之子"。在梵蒂冈，人们发现一尊做工粗糙的雕像头部，上面刻着"仁慈的神曼图霍特普"。

一个圣甲虫上刻着"安恩恩特乌夫"的名字，这种拼写出现在第十一王朝时期出人意料。该圣甲虫现被詹姆斯·贝收藏。

在哈塔安纳，人们发现了王后森蒂的名字。森蒂是女继承人、王室妻子和王室母亲，同属第十一王朝。

【注释】

1 加斯东·卡米耶·夏尔·马伯乐：《批判性评论》，1889年，第421页。——原注

2 另一种说法认为安特夫一世在位时间约为公元前2134到公元前2117年，共17年。——译者注

3 另一种说法认为曼图霍特普一世在位时间约为公元前2119年到公元前2115年，共4年。——译者注

4 另一种说法认为安特夫二世在位时间约为公元前2117年到公元前2069年，共48年。——译者注

5 另一种说法认为安特夫三世在位时间约为公元前2069年到公元前2060年，共9年。——译者注

6 另一种说法认为曼图霍特普二世在位时间约为公元前2046年到公元前1995年，共51年。——译者注

7 荷鲁斯名是埃及法老登基时赋予的名字，表明法老是荷鲁斯神在地上的代表，是埃及法老之位正统的拥有者。荷鲁斯名是法老正式的称谓。——译者注

8 加斯东·卡米耶·夏尔·马伯乐：《布拉克博物馆指南》，第34页。弗朗索瓦·奥古斯特·斐迪南·马里耶特：《埃及和努比亚的古迹》，第50页。——原注

9 保罗·皮耶雷：《卢浮宫埃及博物馆未出版的碑文集》，第1卷，第185页。《埃及语言杂志》，第7卷，第52页。——原注

10 《埃及作品汇编》，第14期，第26页；第16期，第42页。——原注

11 卡尔·里夏德·列普修斯：《埃及和埃塞俄比亚的古迹》，柏林，贝萨克赫书店，1849年，第2卷，第150页。——原注

12 《埃及语言杂志》，1869年，第52页。——原注

13 库努牡是最早的埃及神之一，原为尼罗河源头神，也被认为是儿童的创造者，在后期神话中被视为陶工神和造物神。——译者注

14 萨提特是古埃及神话中的战争、狩猎及生育女神。——译者注

15 卡尔·里夏德·列普修斯：《埃及和埃塞俄比亚的古迹》，柏林，贝萨克赫书店，1849年，第2卷，第150页。——原注

16 卡尔·里夏德·列普修斯：《埃及和埃塞俄比亚的古迹》，柏林，贝萨克赫书店，1849年，第2卷，第150页。——原注

17 保罗·皮耶雷：《卢浮宫埃及博物馆未出版的碑文集》，第1卷，第86页。《埃及语言杂志》，第7卷，第52页。——原注

18 《埃及语言杂志》，1869年，第53页。——原注

19 卡尔·里夏德·列普修斯：《埃及和埃塞俄比亚的古迹》，柏林，贝萨克赫书店，1849年，第2卷，第149页。弗拉基米尔·谢苗诺维奇·戈尼谢夫：《哈马马特》，第10卷到第14卷。——原注

20 海因里希·卡尔·布鲁格施：《法老统治下的埃及：一部完全源自古迹的历史》，第111页。——原注

21 卡尔·里夏德·列普修斯：《埃及和埃塞俄比亚的古迹》，柏林，贝萨克赫书店，1849年，第2卷，第149页。——原注

22 帕奥皮月是古埃及和科普特历法中的第二个月。——译者注

23 海因里希·卡尔·布鲁格施：《法老统治下的埃及：一部完全源自古迹的历史》，第111页。——原注

24 弗朗索瓦·奥古斯特·斐迪南·马里耶特：《埃及和努比亚的古迹》，第49页。——原注

25 威廉·马修·弗林德斯·皮特里：《1887年在埃及的一个季节》，第310页。——原注

26 威廉·马修·弗林德斯·皮特里：《1887年在埃及的一个季节》，第310页。——原注

27 弗朗索瓦·奥古斯特·斐迪南·马里耶特：《埃及和努比亚的古迹》，第50页。——原注

28 法莫诺斯月是古埃及科普特历法中的第七个月。——译者注

29 弗朗索瓦·奥古斯特·斐迪南·马里耶特：《阿拜多斯纪念碑总目录》，第1卷，第605页。——原注

30 埃斯内托·斯基亚帕雷拉：《佛罗伦萨目录》，第1卷，第192页。——原注

31 威廉·马修·弗林德斯·皮特里：《1887年在埃及的一个季节》，第394页、第443页、第489页。——原注

32 卡尔·里夏德·列普修斯：《埃及和埃塞俄比亚的古迹》，柏林，贝萨克赫书店，1849年，第2卷，第149页。威廉·马修·弗林德斯·皮特里：《1887年在埃及的一个季节》，第213页、第243页。——原注

33 《在伦敦举行的第二届国际东方学会议记录报告》，伦敦，特吕布纳公司，1874年，第78页。——原注

34 《圣经考古记录》，伦敦，圣经考古学会，1879年到1918年，第9卷，第181页。——原注

35 《法兰西人在开罗的考古任务》，第1卷，第134页。——原注

36 威廉·马修·弗林德斯·皮特里：《1887年在埃及的一个季节》，第489页。——原注

37 弗朗索瓦·奥古斯特·斐迪南·马里耶特：《阿拜多斯纪念碑总目录》，第1卷，第605页。——原注

38 埃斯内托·斯基亚帕雷拉：《佛罗伦萨目录》，第1卷，第192页。——原注

39 威廉·马修·弗林德斯·皮特里：《1887年在埃及的一个季节》，第489页。——原注

40 威廉·马修·弗林德斯·皮特里：《1887年在埃及的一个季节》，第443页。——原注

41 威廉·马修·弗林德斯·皮特里：《1887年在埃及的一个季节》，第213页。——原注

42 威廉·马修·弗林德斯·皮特里：《1887年在埃及的一个季节》，第243页。——原注

43 卡尔·里夏德·列普修斯：《埃及和埃塞俄比亚的古迹》，柏林，贝萨克赫书店，1849年，第2卷，第149页。——原注

44 阿尔弗雷德·维德曼：《埃及史》，第227页。——原注

45 弗朗索瓦·约瑟夫·沙巴，法国学者，1876年至1880年任《埃及学》杂志的编辑。——译者注

46 《在伦敦举行的第二届国际东方学会议记录报告》，伦敦，特吕布纳公司，1874年，第78页。——原注

47 普利斯·德·埃文尼斯：《埃及古迹》，第7卷。卡尔·里夏德·列普修斯：《埃及古代重要文件》，第9卷。《圣经考古记录》（翻译本），第5卷，第551页。——原注

48 当东方太阳升起时，拉坐太阳船去尼罗河巡视，给人类带来幸福、祥和；每到夜晚，太阳船便从西而下，进入冥河，开始在黑暗世界里度过。拉在冥河里要经过十二道城门，即十二个钟点，每道门都预示着艰险和阻碍。——原注

49 《埃及作品汇编》，第14期，第21页。——原注

50 埃斯内托·斯基亚亚帕雷拉：《佛罗伦萨目录》，第1卷，第192页。——原注

51 《圣经考古记录》，伦敦，圣经考古学会，1879年到1918年，第9卷，第181页。——原注

52 《法兰西人在开罗的考古任务》，第1卷，第134页。——原注

53 《埃及语言杂志》，第21卷，第77页。——原注

54 卡尔·里夏德·列普修斯：《埃及和埃塞俄比亚的古迹》，柏林，贝萨克赫书店，1849年，第2卷，第150页。——原注

55 威廉·马修·弗林德斯·皮特里：《1887年在埃及的一个季节》，第359页、第466页。——原注

56 阿尔弗雷德·维德曼：《埃及史》，第221页。——原注

57 海因里希·卡尔·布鲁格施：《埃及碑文词库》，第1455页。——原注

58 阿尔弗雷德·维德曼：《埃及史》，第221页。——原注

59 威廉·马修·弗林德斯·皮特里：《塔尼斯（下部）》，第13卷。——原注

60 海因里希·卡尔·布鲁格施：《法老统治下的埃及：一部完全源自古迹的历史》，第114页。卡尔·里夏德·列普修斯：《埃及和埃塞俄比亚的古迹》，第2卷，第150页。——原注

61 威廉·马修·弗林德斯·皮特里：《1887年在埃及的一个季节》，第489页。——原注

62 威廉·马修·弗林德斯·皮特里：《1887年在埃及的一个季节》，第359页。——原注

63 威廉·马修·弗林德斯·皮特里：《1887年在埃及的一个季节》，第455页。——原注

64 海因里希·卡尔·布鲁格施：《埃及碑文词库》，第1455页。——原注

65 阿尔弗雷德·维德曼：《埃及史》，第221页。——原注

66 威廉·马修·弗林德斯·皮特里：《塔尼斯（下部）》，第13卷。——原注

67 阿尔弗雷德·维德曼：《埃及史》，第221页。——原注

68 弗朗索瓦·奥古斯特·斐迪南·马里耶特：《阿拜多斯纪念碑总目录》，第1卷，第544页。——原注

69 阿尔弗雷德·维德曼：《埃及史》，第225页。——原注

第 8 章

第十二王朝

TWELFTH DYNASTY

曼涅托王表中法老的顺序	多份王表中法老的顺序	遗迹上记录的法老	在位时长（年） 曼涅托王表中的法老	在位时长（年） 都灵莎草纸中的法老	在位时长（年） 遗迹上的记录	在位时间
阿姆梅尼梅斯	谢特皮布拉	阿蒙涅姆赫特一世[1]	16	19	20	约公元前277?到公元前275?
		共治时长（年）			10	约公元前275?到公元前274?
塞斯奥赫奥西斯	赫佩尔卡拉	辛努塞尔特一世[2]	46	45	32	约公元前274?到公元前271?
		共治时长（年）			2	约公元前271?到公元前271?
阿姆梅尼梅斯	奈布考拉	阿蒙涅姆赫特二世[3]	38	……	30	约公元前271?到公元前268?
		共治时长（年）			3	约公元前268?到公元前268?
塞索斯特里斯	卡赫佩尔卡拉	辛努塞尔特二世[4]	48	[2]9	10	约公元前268?到公元前266?
拉赫阿勒斯	卡考拉	辛努塞尔特三世[5]	8	3—	26	约公元前266?到公元前262?
阿姆梅勒斯	马特恩拉	阿蒙涅姆赫特三世[6]	8	4—	44	约公元前262?到公元前257?
阿姆梅尼梅斯	马赫尔努拉	阿蒙涅姆赫特四世[7]	8	9年3个月27天	6	约公元前257?到公元前256?
斯科米奥菲斯	塞贝克涅夫鲁拉	塞贝克涅夫鲁[8]	4	3年10个月24天	……	约公元前256?到公元前256?
		第十二王朝历时	160年或245年，此处存疑	213年1个月17天，此处存疑		

第十二王朝或许是希腊化时代之前最著名的朝代。然而，仍然有一些不确定的因素困扰着我们。前四位法老的统治时期确定无疑，他们的纪念碑上都刻有两个日期，可以证明每位法老在何时开始与继承人共治。因此，只有他们统治的总时长尚未确定。

阿蒙涅姆赫特一世统治第三十年，即辛努塞尔特一世摄政的第十年（前2748）[9]。曼涅托没有将阿蒙涅姆赫特一世归入第十二王朝，而是将他放在第十一王朝后期。据曼涅托记载，阿蒙涅姆赫特一世的统治时间为十六年。但根据更早的都灵王表记载，阿蒙涅姆赫特一世是第十二王朝第一位法老。在对第十二王朝进行总结的部分，都灵王表自阿蒙涅姆赫特一世统治时期开始叙述。

辛努塞尔特一世与父亲阿蒙涅姆赫特一世共治超过十年，单独治国三十二年，并且在统治第四十二年（前2716）与阿蒙涅姆赫特二世共治。因此，辛努塞尔特一世统治的第四十四年，即阿蒙涅姆赫特二世共治第二年（前2714）[10]。

阿蒙涅姆赫特二世与父亲辛努塞尔特一世共掌朝政二到三年，独治约三十年，与继位者辛努塞尔特二世共治超过三年。阿蒙涅姆赫特二世统治的第三十五年，即辛努塞尔特二世在位第三年（前2681）[11]。

辛努塞尔特二世的统治时间不太确定。曼涅托给出的统治时长为四十八年，但似乎无凭无据。在发现的辛努塞尔特二世的遗迹中，雕刻的日期最晚为其在位第十年。但从整个十二王朝来看，我们有理由认为，在进入继任者辛努塞尔特三世共治时期前，辛努塞尔特二世的统治时间为二十九年。然后，进入共治期后第十年，辛努塞尔特二世似乎还活着，因为除了辛努塞尔特三世在位第八年（前2652）的战争记录，直到辛努塞尔特三世在位第十年（前2650），才出现关于辛努塞尔特二世的文字记载。

而对比都灵王表记载是"[2]9"年。因此，我们说他的统治时长为二十九年也不是不可能。

关于辛努塞尔特三世，我们可以从王表中收集一些信息。遗迹上的日期为辛努塞尔特三世统治第二十六年（前2634）。都灵王表显示辛努塞尔特三世的统治时间超过三十年。据曼涅托王表中的"8"，可以推测辛努塞尔特三世的实际统治时间为三十八年。

显然，阿蒙涅姆赫特三世没有经历过共治时期，因为在他统治第一年（前2622）和第二年（前2621），就有雕刻着日期的纪念碑。因此，我们只能接受迄今为止对他的统治时间最长的一种说法，即四十四年。没有证据表明，阿蒙涅姆赫特四世短暂的九年统治时间或者塞贝克涅夫鲁拉的四年统治时间与其他法老的统治时间重合。

因此，我们得出以下数据：

法老	与儿子共治前的独治年数	总共统治年数	在位时间部分存疑
阿蒙涅姆赫特一世	20	30	约公元前2778年到公元前2758年

●续表

法老	与儿子共治前的独治年数	总共统治年数	在位时间部分存疑
辛努塞尔特一世	42	45	约公元前2758年到公元前2716年
阿蒙涅姆赫特二世	32	35	约公元前2716年到公元前2684年
辛努塞尔特二世	29，此处存疑	39，此处存疑	约公元前2684年到公元前2660年
辛努塞尔特三世	38	38	约公元前2660年到公元前2622年
阿蒙涅姆赫特三世	44	44	约公元前2622年到公元前2578年
阿蒙涅姆赫特四世	9	9	约公元前2578年到公元前2569年
塞贝克涅夫鲁拉	4	4	约公元前2569年到公元前2565年

从上表中，可以看到加入唯一一部分假设的数据——辛努塞尔特二世的统治时间后，第十二王朝总计统治时间为二百四十五年，与都灵王表记载的二百一十三年相近。在尤西比乌对曼涅托王表的摘录中，第十二王朝的统治时间也与上述数据一致，这是因为每位法老的统治时间可能会有短短几年的差别。但从第十二王朝整体的统治时间来看，这样的细微差别我们可以忽略不计。我们采用了都灵王表记载的第十二王朝总计统治时间，并且将有差异的地方填补到辛努塞尔特二世时期，因为辛努塞尔特二世统治时期是最不确定的。在塞克斯特斯·阿弗利卡努斯对曼涅托王表的摘录中，总年数是誊写者在

统治数字丢失后的修正，因为一百六十年的数字仅出现在曼涅托王表中，其他古文献均无类似记载。

第十二王朝第一位法老谢特皮布拉（ ），阿蒙涅姆赫特一世（ ），在位时间约为公元前2778年到公元前2748年，相关信息如下：

遗迹	发现地	收藏地
卡内弗[12]金字塔		
雕像[13]	塔尼斯	
门楣[14]	卡塔安阿	
门窗侧柱[15]	布巴斯提斯	
祭坛[16]	孟菲斯	
雕像[17]	法尤姆	
祭坛[18]	阿拜多斯	
碑文[19]		
石块[20]	哈马马特	
丹德拉遗址[21]		
雕刻石板	科普托斯	
祭坛和雕像[22]	卡纳克	
碑文[23]	象岛	
碑文[24]	阿斯旺	
碑文[25]	克罗索	
祭坛[26]		柏林
圆柱和圣甲虫（图89）		
莎草纸		《阿蒙涅姆赫特一世的指示》[27]《萨尼哈特历险记》[28]

图89 ●圣甲虫（阿蒙涅姆赫特一世），现被阿米莉亚·爱德华兹收藏

从第十一王朝后期起，埃及似乎从混乱中抽身，进入到一个比较稳定的状态。第十二王朝的法老们继续提升政府的管理效力，促进司法体系的完善。这是属于第十二王朝的荣耀，我们可以从法老的卡名中看到这点。卡名反映了每位法老的治国目标：安特夫三世的卡名是"开启正义之旅"，曼图霍特普二世是"两国领主"，这显示了他们强大的权力；曼图霍特普三世是"统一两地[29]"；山赫卡拉是"让两地欣欣向荣"；由于在阿蒙涅姆赫特一世统治时期，上埃及与下埃及已经在他的统治之下，分裂已经不再存在，所以他以"重生"为卡名，意为"重新开创富有生命力的国家管理形式"；辛努塞尔特一世在卡名"再生的生命"中延续这一理念，视国家生命如重生。在这里，我们看到每位法老的王室格言。他们将其作为自己登基时的卡名，显示了他们向诸神请求的恩惠。他们的灵魂——卡出现在众神面前，并且在死后加入拉的行列。格言体现了法老

们为了统治国家，十分关切履行王室的职责。第十二王朝统治下的埃及逐渐繁荣起来。在这个背景下，这些句子描绘了埃及在强大统治者的统治下取得的进步：法老们普遍支持正义，开疆拓土、团结上埃及与下埃及，使埃及繁荣昌盛，社会生活重现生机，最终使埃及获得新生。

最能直接反映埃及情况的资料是在贝尼哈桑发现的希安霍特普的祖父的传记。阿蒙涅姆赫特一世法老对希安霍特普祖父的描述如下："他是世袭王子，管理着美尼特胡夫以东的沙漠。我们为他划定了南部的边界，巩固了北部的边界，又为他将大河从中间一分为二，东侧河水一直流淌着荷鲁斯磐石，直通东部旷野。法老[30]所到之处，不公正的行为将被制止。陛下如亚图姆[31]显现一般，散发出尊贵的光芒。他将拨乱反正，消除城市之间互相掠夺的现象。他将明确城市边界，使每座城市明确自己的地标。他将依照古文献，估算水源并合理分配。他做的事都是出于对人民权利的维护。他任命希安霍特普为世袭王子，受王室恩惠，担任奥西的长官。他设立界标，南到哈勒，北至加卡勒。他将大河谷从中心一分为二，其中的水、田、林、沙，甚至西边的旷野都按这种方式划分。"从这篇传记中，我们看到，为振兴国家，一位精力充沛的管理者在社会组织方面付出的所有心血[32]。

在埃及各地，我们都能看到新一届政府的非凡活力。阿蒙涅姆赫特一世一定是埃及史上最活跃、最有能力的君主之一。从塔尼斯的三角洲边缘到克罗索的上努比亚荒野，我们都能找到他的遗迹。法老的纪念碑遍布大多数城镇，而不是像前朝那样，数目屈指可数。

让我们从北方开始，历数阿蒙涅姆赫特一世的珍贵遗迹。他似乎装饰了塔尼斯神殿。迄今为止，塔尼斯神殿仍然保存着一尊他的上好雕像（图90）。但后来，这尊雕像被麦伦普塔赫夺取[33]。雕像与神殿的红色花岗岩石柱取材一致、质量上

图90 ● 塔尼斯的阿蒙涅姆赫特一世的红色花岗岩雕像头部

乘。再看看这些石柱的光泽度，我们几乎可以确定，它们都是阿蒙涅姆赫特一世建造这座富丽堂皇的神殿时的组成部分。

在塔尼斯附近的卡塔安阿，有一扇门的门楣是阿蒙涅姆赫特一世用红色花岗岩建成的。后来，他的继承者们在此基础上增建了一座恢宏的建筑[34]。

在布巴斯提斯，属于阿蒙涅姆赫特一世的一块石块记录了他为母亲巴斯特[35]建立纪念碑的事[36]。

在孟菲斯发现的一座红色花岗岩祭坛是阿蒙涅姆赫特一世献给卜塔的[37]。

在法尤姆发现了阿蒙涅姆赫特一世和巴斯特的红色花岗岩雕像的下半部分，他们的雕像并排坐着[38]。

在阿拜多斯发现了一座红色花岗岩祭坛，是阿蒙涅姆赫特一世献给奥西里斯的[39]。

在哈马马特发现了一篇官员的长碑文。官员名为安特夫，是敏的祭司，被派往利希努寻找罕见的硬石。安特夫在山中寻找了八天，却找不到合适的硬石。绝望之中，他扑倒在地，向敏、姆特[40]、赫卡乌[41]和沙漠中的众神祈祷并焚香供奉。第二天，安特夫又前往岩石区四处搜寻，终于找到珍贵的硬石。这段关于他苦难的感人记叙被不甚整齐地塞在整篇优美浮华的碑文底部。显然，在开始令人疲倦的长达八天的寻石任务前及在预料到自己将面临的困难前，安特夫就让石匠着手雕刻碑文了[42]。同一时期的另外两篇碑文分别记载了一个叫阿达的人为"敏神圣的父亲"[43]，以及祭司佐瓦克带来石块的事迹，这些石头可能用于装饰科普托斯神殿。佐瓦克带来了两块长十腕尺[44]、一块长十二腕尺的石头，随行的有二百人、两头牛和五十头驴[45]。

在科普托斯发现了一块雕刻精美的浮雕石碑，说明阿蒙涅姆赫特一世在此重建或者装饰了神殿（图91）。

在卡纳克神殿发现了两尊刻有阿蒙涅姆赫特一世名字的雕像[46]及一个献给阿蒙拉的花岗岩祭坛[47]。它们向我们展示了早期的神殿装饰，均由曼图霍特普建造，经不断修饰、扩建而变得如此伟大。

图 91 ●阿蒙涅姆赫特一世的石碑，发现于科普托斯

在象岛，阿蒙涅姆赫特一世将自己的石碑竖立在前任法老们的岩石上，岩石上已经刻有四位法老的名字[48]。再往前走一点，在大瀑布上方的河边有一堆很高的石头，岩石顶端刻着阿蒙涅姆赫特一世的名字。显然，这是为他的金字塔寻来的石头[49]。另外，人们还发现另一段出自阿蒙涅姆赫特一世时期的粗糙碑文[50]。

努比亚也是阿蒙涅姆赫特一世的领土。在《阿蒙涅姆赫特一世给儿子的训示》中，他宣称自己曾与瓦瓦特人（努比亚人）、梅索人（南努比亚人）以及萨提人（亚洲人）交战。征服努比亚人并非阿蒙涅姆赫特一世吹嘘。在科罗索的一块岩石上，有一句简洁有力的碑文证实了这件事："在统治的第二十九年（前2749），永恒的谢特皮布拉征服了瓦瓦特人。"毋庸置疑，这场征服战争由辛努塞尔特一世继续进行，并在第二年（前2748）开始了与利比亚人的战争。其间，阿蒙涅姆赫特一世在孟菲斯驾崩。

阿蒙涅姆赫特一世的金字塔名为卡内弗，至今仍下落不明。该名只在霍尔的石碑上被记载。霍尔在辛努塞尔特一世统治第九年（前2749），担任阿蒙涅姆赫特一世金字塔的祭司。可以看出，伟大的阿蒙涅姆赫特一世将治理国家的权力完全交到辛努塞尔特一世手中。后者凭借自己强大的能力，再次带领古埃及站在了世界前列。辛努塞尔特一世在其统治第三十年（前2728）帕奥皮月第七天驾崩，此处参见萨尼哈特的记载。

当时，还有一些私人纪念碑建成。由于不涉及历史事件，除非碑文提到的法老名字实属罕见，以至于最小的细节也不能放过，我们在此将不再赘述。

另外，我们还发现阿蒙涅姆赫特一世的几个圣甲虫和一根圆柱。其中，一些做工粗糙的圣甲虫，刻着"拉谢霍特普阿卜"这个名字，但也可能属于第十三王朝的同名法老。在细节方面，一些圣甲虫制作得无可挑剔。

现在，让我们通过《萨尼哈特历险记》或《梧桐树之子》了解这个时代埃及的社会生活。由于这本书将很快付印出版，我们在此只稍做概括，点出有趣的地方。这部历险记以自传形式叙述。萨尼哈特先是提到了自己的头衔，即世袭王子、王室掌印官、法官、外邦事务管理者、深得王室喜爱的伙伴、法老密友和追随者、王后的亲属。另外，萨尼哈特还是共治法老辛努塞尔特一世的军队的一员。他们曾征伐特梅胡人（利比亚人）。最终，他们满载而归。途中，使者送来密信，称老法老阿蒙涅姆赫特一世驾崩。这时，萨尼哈特站在旁边，听到这一消息，顿时惊恐万分，逃往叙利亚。这部历险记的译者对萨尼哈特惊恐的原因一直心存疑虑。我们可以猜测，在归途中，萨尼哈特受到很高的礼遇，并且他与埃及王室约定，不会让孩子们陪同自己回国。在这种情况下，萨尼哈特可能是阿蒙涅姆赫特一世的儿子。当父亲在世时，他安然无恙，但老法老一旦去世，他就担心被继承人剥夺继承权、被视为潜在的竞争对手。因此，故事中无法解释的地方也就有了答案：为什么一个年轻人会担任这么多高级职务？为什么他逃跑时惊慌失措，回来时却受到亲切接待？为什么他留下家人和所有财产返回埃及？

逃离军队后，他从纳特龙湖出发，并在途中听到阿蒙涅姆赫特一世驾崩的消息。萨尼哈特一路向南，在旷野中过了一夜，第二天下午到达吉萨高地，撑一叶木筏过河，穿过吉贝尔艾哈迈尔，到达边境。经过短暂休息，萨尼哈特在夜间继续前进以躲避巡逻的守卫。第三天，他来到瓦迪杜米拉。这时，他几乎要渴死了。一个贝都因人路过救了他。之后，萨尼哈特从一个部落走到另一个部落，最后到达以东。在那里过了些日子，他受到山地国家犹地亚王子的青睐，并生活在希伯仑一带。根据历险记的描述，当地物产丰饶，生产蜂蜜、橄榄、无花果、葡萄和其他水果，大麦地和小麦地更是一望无际，还有许多牲畜。后来，萨尼哈特与犹地亚王子的长女结婚，他们的孩子成为各部落的酋长。萨尼哈特将岳父的士兵们召集起来和一个邻近部落的勇士一对一决斗，就像勇士歌利亚[51]一样。

萨尼哈特年老时，渴望再次看到自己的祖国。因此，他向辛努塞尔特一世送了一份请愿书。在信中，萨尼哈特讲到自己的现状并请求道："请原谅我的这次逃亡，这样我就可以被委派到王宫中，去看看我心灵的所在之处。如果我的遗体能在我的出生地保存，那么对我来说，这将何等重要！回到那里是幸福的。"法老辛努塞尔特一世向萨尼哈特回信，还送来了礼物，王室成员也问候他。法老态度亲切，相信萨尼哈特做出的承诺，告诉他王后及家人都很好，并劝他："将你的财富都留给他们吧。回到埃及,去宫殿瞧瞧。进宫殿时,要在殿前跪拜,你是同伴们的首领。看着你一天天老去,不再有以前的活力了,也要想想死后埋葬的事。人们会为你祈祷,在涂香薰油那晚,接过泰特[52]手中的绷带。你的葬礼将人潮汹涌,他们会去你的墓前吊唁。你的棺木会用镀金的盒子,棺盖上部涂以蓝漆,用柏树枝遮盖。牛会在前面拉着棺木,舞者会在前面表演葬礼之舞。伏在你墓前哭泣的人,必大声哭喊并供奉供品。他们必在你墓前奉上祭品。你的金字塔会用白石建成,其他王室成员(的陵墓)会陪伴着你。这样一来,你不必客死异乡,也不由阿姆人将你埋葬;你安葬时,不能裹在羊皮袋里。当你走向坟墓,万民都在捶打大地,为你的遗体哀悼。"

萨尼哈特见信后很高兴,写了一封长信表达自己对辛努塞尔特一世的尊敬,信中说:"我会将财产留给这片土地上的后代。"接下来,萨尼哈特大摆筵席,辞别众人,将家族产业留给长子。启程时,边界的官员前来迎接并陪萨尼哈特前往王宫。途中,萨尼哈特收到来自王室的慰问。他将礼物送给随从并打发他们回去,然后跟随被差来接他的四位使者前往目的地。法老亲切地接待了萨尼哈特,并把王后和她的家人请进来。起初,他们还没认出萨尼哈特。确定流浪在外的萨尼哈特归来后,王室的女儿们载歌载舞,赞扬法老的仁爱。然后,萨尼哈特和王室的孩子们手拉着手走出宫殿,住进辛努塞尔特一世为自己安排的住所。他扔掉异域服装,剃了长发,穿上上等麻衣,用油抹身,躺在床上而不是沙地上。辛努塞尔特一世为萨尼哈特建了一座宏伟的墓室,他十分希望能继续为法老效劳。从没有任何关于萨尼哈特葬礼的记载来看,这本历险记似乎是真实的,是萨尼哈特生前所写。它让我们对埃及和叙利亚在第十二王朝初期的关系产生了新奇的观点,即一个逃亡的埃及人比叙利亚人更为优越,他受到的教育和自身的能力为自己带来强大的权力,就像现在一些在中非的英格兰冒险家一样。

第十二王朝第二任法老赫佩尔卡拉（　　　　　　），辛努塞尔特一世（　　　　　　），在位时间约为公元前2758年到公元前2714年,相关信息如下:

遗迹	发现地	收藏地
石碑[53]	瓦迪马加拉	
石碑	萨布特卡德姆	
雕像[54]	塔尼斯	
斯芬克斯像[55]	法古斯	
方尖碑[56]	赫利奥波利斯	
方尖碑[57]	阿布吉	
雕画[58]	哈特努布	
雕像[59]	阿拜多斯	
碑文[60]	哈马马特	
雕像	科普托斯	
碑文[61]	卡纳克	
祭坛[62]	陶德	

遗迹	发现地	收藏地
圆柱[63]	希拉孔波利斯	
雕像[64]	利斯特	
碑文[65]	瓦迪哈勒法	
砖砌神殿	瓦迪哈勒法	佛罗伦萨
石碑[66]	瓦迪哈勒法	阿什莫尔博物馆
石碑		大英博物馆
雕像		卢浮宫
红玉髓小雕像		
琉璃花瓶[67]	阿拜多斯	
大理石花瓶		残片收藏在大英博物馆
贝壳		大英博物馆等
霍尔梅拉的砝码		维也纳[68]
圣甲虫（图92）和圆柱		

阿蒙涅姆赫特一世统治时期，辛努塞尔特一世与父亲共治十年，并在共治期后半段通过远征南部和西部，处理王国的外事。当时，老法老已经十分虚弱，将王国内部的管理也移交给了即位不久的儿子。

一卷阿蒙霍特普四世时期写的皮卷记录了辛努塞尔特一世统治第三年（前2755），即其父阿蒙涅姆赫特一世驾崩前七年时，建造赫利奥波利斯神殿的过程。根据记载，辛努塞尔特一世戴上两顶王冠，被大臣环绕。然而，从这篇富有诗意，似乎是一篇"佳作"的作品中，我们几乎无法了解到任何实质性内

图92 ●圣甲虫（赫佩尔卡拉），现被威廉·马修·弗林德斯·皮特里收藏

容。不过，其中提到"仪式的诵经者赫尔赫卜已经拉直了绳子，在地上打下基石"，说明这必然是一座新建筑，而不是一项修复工程[69]。除了赫利奥波利斯的一座著名的方尖碑，神殿现在已经完全消失[70]。方尖碑记载它是在三十年一度的塞德节前建成的。根据马克里齐的说法，直到1258年，与这座方尖碑一同矗立的其他方尖碑才倒下。根据阿卜杜勒·巴格达迪记载，1200年时这座方尖碑仍然保留着古代的铜顶。

在阿斯旺发现了辛努塞尔特一世统治第一年（前2758）的石碑[71]。上文提到的皮卷记录了辛努塞尔特一世统治第三年（前2755）的事。另外，人们还发现一系列标注时间的碑文。遗迹大多是私人的，记录的时间一直延续到辛努塞尔特一世统治第四十四年（前2714）。在遗迹上雕刻年份的做法在第十二王朝前很少出现，在第十二王朝后也不很常见。但在第十二王朝，精确的年份雕刻似乎特别盛行。显然，从雕刻年份的私人纪念碑中不能了解到什么。因此，我们将继续按照地理顺序对遗迹展开讨论，进而了解各地区在不同统治时期的状况。

在西奈半岛，辛努塞尔特一世再次展示了埃及的实力，瓦迪马加拉[72]和萨布特卡德姆都有他统治时期的纪念碑。

在塔尼斯，辛努塞尔特一世至少有三尊雕像，其中一尊半身像保存至今（图93）。这尊雕像由黑色花岗岩制作而成，抛光

图93 ● 辛努塞尔特一世黑色花岗岩半身像，发现于塔尼斯

的效果如同玻璃制品一般[73]。另一尊雕像也是用黑色花岗岩制成，由于没有基座，这尊雕像在古埃及雕塑中独一无二。这尊雕像各个侧面的雕刻都令人赞叹[74]。在詹姆斯·伯顿[75]所在的时代，雕像各部分变得更完整，从他的复制品中，我们可以看出这尊雕像属于辛努塞尔特一世。第三尊灰色花岗岩雕像刻画的对象则显而易见，这是因为它留有基座，这些雕像都遭到了麦伦普塔赫的野蛮破坏，他将自己的名字刻在精雕细琢的雕像表面。在塔尼斯附近的法古斯，人们发现了一尊红色花岗岩斯芬克斯像，并且推测这是辛努塞尔特一世时期的作品[76]。

经过赫利奥波利斯和似乎在辛努塞尔特一世时期以前就完工的孟菲斯神殿，人们在法尤姆的阿布吉发现了一座工艺精湛的红色花岗岩方尖碑。这座方尖碑与埃及其他用整块石头做成的不同，其顶部是圆柱，曲率与宽面平行。迈杜姆的石柱周围则是球形曲线，这从侧面看十分明显，并且从前面看去，石柱呈矩形，只有侧视，石柱才是曲线形的。石柱雕刻的主题也很奇特：上半部分雕刻了五幅图，图下刻有十三行象形文字。每幅图中，辛努塞尔特一世都崇拜四位神，即他共崇拜了二十位神。方尖碑高四十一英尺，底部长为七英尺，宽为四英尺，但现在，这座方尖碑已经被推倒，碎成两半。这表明，一直以来，法尤姆都引人注意。阿蒙涅姆赫特一世开始占领这里，阿蒙涅姆赫特三世则开发了法尤姆，下文将讲到这点。

接下来，在贝尼哈桑的阿梅尼墓中（图94），人们发现了关于这一时代最完整的一项记录。阿梅尼是奥西的世袭贵族。辛

图 94 ● 通往位于贝尼哈桑的阿梅尼墓的路

努塞尔特一世统治第十八年（前2740），阿梅尼继承亲王头衔。阿梅尼墓室标注的日期为他统治一方的第二十五年，即辛努塞尔特一世在位第四十三年（前2715）。阿梅尼写道：

> 我跟随法老辛努塞尔特一世乘船沿河而上，誓要消灭四国的对手[77]。沿河而上时，我是亲王之子[78]、掌印官、奥西士兵的指挥官。我继承了年迈父亲的职位，这是王室对我的恩宠。我经埃塞俄比亚向南航行，重划了边界。我奉上我主的供物，向法老辛努塞尔特一世表达崇高的赞美。法老辛努塞尔特一世出征并凯旋，战胜了库施的对手。我跟在法老辛努塞尔特一世身后，回头惊讶地发现他率领的士兵毫无折损。

我乘船沿河而上，为辛努塞尔特一世带回黄金。与我同行的还有法老辛努塞尔特一世的长子阿蒙尼[79]。我从士兵中挑选四百人与我航行。每名士兵都平安归来，毫发无损。我带回准备好的金子。因此，在王宫里，我得到众人称赞，连法老的儿子阿蒙尼也为我感谢神。

我和一位世袭亲王、大臣辛努塞尔特[80]乘船沿河而上，带着财宝来到科普托斯，一同航行的还有来自奥西的六百名英勇士兵。全军出色地完成了任务并平安归来。我受人爱戴，统治一方，热爱自己的城市。在奥西，我当了几年统治者。王宫的所有工程都交给我负责。辛努塞尔特一世将自己在奥西的牧场及三千头公牛都交给我管理。我从不欺压妇女贫民，从不抢夺工头手下的人做工。在我的统治下，没有一个穷人，也没有一个饥民。如果发生饥荒，那么我必然带头抗灾。奥西从南到北的所有田地都有我耕耘的足迹。我为各地居民预备食物，努力让他们生存下去。城中没有忍饥挨饿者，寡妇们得到的食物与她们丈夫得到的一样多。我厚待老者，也不亏待幼儿，人人所得相同。后来，尼罗河水位上升，小麦和大麦都长出来，万物复苏。即使这时，我也没有追讨过农场的欠款[81]。

在这里，我们可以看到各领地古老的封建家族的治理情况。各家族被底比斯法老的势力征服并被约束，奉命承担各种公事，参加战争，谨慎、公正地统治自己的地区。

在阿拜多斯，辛努塞尔特一世参与了奥西里斯神殿的建造工作。总建筑师曼图霍特普同时也是东部沙漠或者红色国家的统治者，王室的重要人物。曼图霍特普主持过许多建造工作，其中包括建造奥西里斯神殿。另外，曼图霍特普还挖过一口井[82]。神殿和井可能是低级官员梅里提到的工程[83]。曼图霍特普为奥西里斯建造了一个永恒的高贵之地。神殿的高墙直通天空，一口井一直延伸到河边，还有几扇门能遮蔽天空。斯特拉博似乎也提到这口井。他认为阿拜多斯有一口井，井口被倾斜的石块掩盖。在阿拜多斯，人们还发现了一尊辛努塞尔特一世的雕像（图95）[84]。第十三王朝时，奥西里斯神殿曾被修缮。因此，辛努塞尔特一世雕像的颜色和装饰被修复。第二十王朝时期，"建于辛努塞尔特一世时期的阿蒙神殿需要翻新[85]"。

以前，法老们曾视察过这片沙漠，哈马马特的一段碑文显示了法老的权力在这片区域的影响力[86]。在科普托斯，一扇造型华贵的大门和雕塑的几块残片表明，得益于重建奥西里斯神殿，辛努塞尔特一世的雕像装饰变得更华丽。雕塑各部分显示出辛努塞尔特一世对敏、巴斯特和内赫贝特的崇拜（图96）。

在卡纳克，辛努塞尔特一世接手阿蒙涅姆赫特一世统治时期开始的建造工程。一块刻有阿蒙涅姆赫特一世名字的石块显

图95 ● 辛努塞尔特一世的雕像，发现于阿拜多斯

然来自这一建筑工程，石块雕刻的时间是其统治第二十年（前2738）[87]。

在距卡纳克南部不远，与俄蒙特相对的谢克陶德，即希腊语中的土皮安，人们发现了一张红色花岗岩供桌，这张供桌现藏于大英博物馆[88]。此外，在希拉孔波利斯的土堆中，人们还发现辛努塞尔特一世的多角形柱子[89]。

在大瀑布区，人们发现了一些岩石碑文，雕刻的年份分别为辛努塞尔特一世统治第一年（前2758）[90]，统治第三十三年（前

2725)[91]，统治第四十一年（前2717）[92]。有两篇碑文未注明日期[93]。

在南方，最重要的纪念碑是在瓦迪哈勒法发现的一块石碑。这块石碑现收藏在佛罗伦萨，记录了征服卡斯、舍米克、克萨、沙特、阿赫金等黑人部落的事迹。令人遗憾的是，碑文前缘部分被毁，但约翰·莱昂斯船长[94]最近将记录着辛努塞尔特一世统治第十八年（前2740）远征行动的残片修复成功。约翰·莱昂斯还发现了一块石碑，现收藏在牛津[95]，并且考察了辛努塞尔特一世位于瓦迪哈勒法的砖砌神殿。

几座私人纪念碑是在辛努塞尔特一世统治时期建成的。这些私人纪念碑刻有相应日期，下面是部分有趣的碑文内容：

赫尼姆尼赫特出生在阿蒙涅姆赫特一世统治第一年，即公元前2778年。但阿拜多斯的石碑雕刻的日期是辛努塞尔特一世统治的第七年（前2751），彼时他27岁[96]。

阿蒙涅姆赫特一世卡内

图96 ● 辛努塞尔特一世雕像，发现于科普托斯

弗金字塔的祭司霍尔的石碑上的雕刻日期为辛努塞尔特一世统治的第九年（前2749）[97]。

一块石碑的主人是荷鲁姆哈特，这是个特别的名字，这块石碑现收藏在莱顿[98]。

梅里参与过阿拜多斯神殿的建造工作。他的石碑上的雕刻日期为辛努塞尔特一世统治第九年（前2749）[99]。

乌普阿塔石碑上雕刻着两个日期，分别是辛努塞尔特一世统治第四十四年（前2714）和阿蒙涅姆赫特二世统治第二年（前2715），这块石碑现收藏在莱顿[100]。

曼图霍特普是阿拜多斯神殿的建造者[101]。

赫普扎法的坟墓位于艾斯尤特[102]。

至于小物件，一些现收藏在大英博物馆的贝壳刻着第十二王朝王室成员的名字。卢浮宫藏有一尊玛瑙小雕像，但在1830年法国革命时被盗。阿拜多斯发现了一个上釉的花瓶[103]。现收藏在大英博物馆的一块蓝白色大理石花瓶残片，极富时代特征，上面刻有辛努塞尔特一世的名字。许多圣甲虫也被发现。这些圣甲虫有的风格朴素，有的采用对称装饰，并且带有卷线花样。另外，人们还发现了一些上釉的圆柱石。

一块砝码上面刻着辛努塞尔特一世的名字，属于一位叫霍尔梅拉的金匠，现收藏在维也纳[104]。砝码重八百五十三格令，相当于二百一十三格令黄金标准[105]的四倍。另一块刻有辛努塞尔特一世的名字，曾被迈克尔·佩林收藏的牌匾可能就是霍尔梅拉的另一个砝码。

第十二王朝第三位法老奈布考拉（），阿蒙涅姆赫特二世（），在位时间约为公元前2716年到公元前2681年，相关信息如下：

遗迹	发现地
金字塔	
神殿[106]	萨布特卡德姆
花岗岩祭坛[107]	德达姆恩
花岗岩祭坛[108]	内贝谢
赫尼姆霍特普二世墓[109]	贝尼哈桑
墓室巨像[110]	厄勒柏尔舍
萨哈索尔石碑[111]	阿拜多斯
碑文[112]	瓦迪加苏斯
碑文[113]	哈马马特
石碑[114]	埃尔霍斯
碑文[115]	阿斯旺
圆柱和圣甲虫（图97）[116]	

可以看到，阿蒙涅姆赫特二世在辛努塞尔特一世驾崩（前2714）前至少两年就开始自己的统治。他似乎延续了王朝的传统，但在他的时代并未发生什么重大事件。

根据现藏于大英博物馆的金字塔祭司的石碑记载，阿蒙涅姆赫特二世的金字塔名为赫尔普[117]。由于没出现两座金字塔同名的情况，我们可以肯定奈布考拉的名字有缩写形式。根据萨

图97 ●圣甲虫（奈布考拉），现被詹姆斯·贝收藏

哈索尔记载，萨哈索尔深受阿蒙涅姆赫特二世喜爱，并且被派往负责赫尔普金字塔的阿梅努神殿的建造工作[118]。因此，我们可以推断，阿梅努——也可能是阿梅尼——是王室成员经常使用的名字更长的阿蒙涅姆赫特的缩写形式，贝尼哈桑的遗迹中也常出现这个名字。

阿蒙涅姆赫特二世在萨布特卡德姆开矿，并建造了神殿（图98）[119]。但在埃及东部，阿蒙涅姆赫特二世没有在塔尼斯或者布巴斯提斯的中心位置，而是在一些不太著名的地方开展建造工作，或许阿蒙涅姆赫特二世是第一个建设这些地方的人。在法古斯附近的德达姆恩，一个阿拉伯人发现了阿蒙涅姆赫特二世的一座花岗岩祭坛，并且将这座花岗岩祭坛卖给吉萨博物馆。祭坛由红色花岗岩制成，做工十分精美[120]。在同一地区的内贝谢，人们发现了黑色花岗岩祭坛的残片。祭坛上刻有一段碑文，由后来一个王室掌印官刻下[121]。

在贝尼哈桑的赫尼姆霍特普二世的坟墓，即三号墓中发现了阿蒙涅姆赫特二世统治时期的主要碑文。根据碑文上的信息，阿蒙涅姆赫特二世在其统治第十九年（前2697），在美尼特胡夫镇继承父亲辛努塞尔特一世"亲王"的头衔。接着，赫尼姆霍特普二世描述了自己为父亲及各种节日设立的宗教和丧葬仪式。此外，他在王宫中还获得权力及各种支持，他的儿子被

图98 ●萨布特卡德姆

提拔为加卡勒的统治者。阿蒙涅姆赫特二世划定了疆界,处理了国事中存在的细节问题。他的另一个儿子也得到提拔。最后,赫尼姆霍特普二世描述了自己为父亲建的一个礼堂。一切都与第十二王朝早期统治时期的活动有很大不同。此时,古埃及没有大的殖民地,没有发动对外战争,也没有发生危害法老统治和影响人们生活安定幸福、国家繁荣昌盛的事情。

其间,在厄勒柏尔舍的陵墓十分重要。塔胡提霍特普墓中有一幅著名的雕画,内容为一群工人运送一尊巨像[122]。

如果要了解葬礼仪式,那么阿拜多斯仍然是最重要的地方。萨哈索尔墓中的记录记载了墓主人深受阿蒙涅姆赫特二世喜爱,并且被派去执行多项任务,其中一项任务是前往阿梅努的赫尔普金字塔建造十五座硬石雕像。最终,萨哈索尔在不到两个月的时间内就完成了这项任务。萨哈索尔年轻时,曾在努比亚的矿山开矿,并且曾让酋长们为他的雕像烫金[123]。在阿蒙涅姆赫特二世的统治下,古埃及和平安顺。萨哈索尔墓里的其他石碑没有记录什么重要的事。

沙漠地带像从前一样得到建设。瓦迪加苏斯曾建有一座小神殿。在这里,人们发现了两块石碑,其中一块是阿蒙涅姆赫特二世统治时期的,另一块是辛努塞尔特二世统治时期的。第一块石碑记录了一位叫肯特拉克特拉的贵族建造石碑的过程。肯特拉克特拉既是掌印官,又是宝库看守人。在阿蒙涅姆赫特二世统治第二十四年(前2692),他从蓬特乘船而来[124]。

据说,哈马马特也有关于阿蒙涅姆赫特二世的碑文[125]。其中一篇碑文出现在丝罗丝拉附近的埃尔霍斯，碑文上记录的时间为阿蒙涅姆赫特二世统治第十七年（前2699）[126]。

阿斯旺也有阿蒙涅姆赫特二世统治时期的碑文，但没有任何历史意义[127]。

在私人石碑中，有一块门图沙的石碑，现收藏在大英博物馆[128]。根据碑文记载，门图沙出生在阿蒙涅姆赫特一世统治的第一年（前2778），并且在阿蒙涅姆赫特二世统治第三年（前2714）竖立石碑。当时，门图沙应该已经64岁了。

根据曼涅托记载，阿蒙涅姆赫特二世是被侍从杀死的。对这一时期安定平静的生活来说，这一结局未免过于阴暗。

阿蒙涅姆赫特二世统治时期有许多小护身符、圆柱和圣甲虫。与前朝相比，它们的制作工艺陡然下降，阿蒙涅姆赫特二世统治时期的制作工艺再也没有达到古老的、精湛的高水平工艺水准。

在做工方面，山赫卡拉、阿蒙涅姆赫特一世和辛努塞尔特一世的圣甲虫也许是其他时期的圣甲虫难以媲美的。

第十二王朝第四位法老卡赫佩尔拉（ ），辛努塞尔特二世（ ），在位时间约为公元前2684年到公元前2660年，相关信息如下：

遗迹	发现地	收藏地
霍特普金字塔	拉罕	
王后内弗特二世[129]的雕像	塔尼斯	
碑文[130]	孟菲斯	

●续　表

遗迹	发现地	收藏地
金字塔和神殿[131]	拉罕	
石块[132]	阿纳斯	
赫尼姆霍特普[133]	贝尼哈桑	
石碑[134]	科瑟	
雕像[135]	希拉孔波利斯	
石碑[136]	阿斯旺	
雕像		柏林 卢浮宫
圣甲虫、圆柱(图99)等	拉罕	

●辛努塞尔特二世的家庭成员

与辛努塞尔特二世的关系	名字
王后	内弗特二世
女儿	阿特姆尼夫鲁
	萨特哈索尔[137]
	斯恩特森卜[138]

我们幸运地发现辛努塞尔特二世的金字塔和拉罕这个"金字塔镇"，这使我们对这一统治时期的文明有了更全面的了解。拉罕金字塔位于通往法尤姆的沙漠入口。实际上，第十二王朝的法老都在法尤姆留下过遗迹，以显示自己治理过法尤姆。辛努塞尔特二世的金字塔至今仍位于尼罗河河谷。从金字塔顶部，我们可以看到沙漠斜坡之间河道上的法尤姆。

辛努塞尔特二世金字塔的设计比较奇特(图100)。其下部岩石从未被移动过，并且和旁边的山隔着一道宽而深的通道。石

图 99 ● 圆柱，现藏于大英博物馆

墙上方有许多各种大石块，其间由砖砌成。与其他金字塔一样，辛努塞尔特二世金字塔的外层被质量上乘的石灰岩覆盖。似乎早期法老的金字塔已经沦为暴力的牺牲品，金字塔曾受到因个人恩怨造成的破坏的痕迹十分明显[139]。因此，辛努塞尔特二世决心舍弃以往从金字塔表层北部进入的设计，并且采用一种新方法隐藏内部入口。于是，辛努塞尔特二世命工人们在坚硬的岩石中挖出墓室，而不在上方设开口。因此，人们无法通过建筑进入墓室。金字塔入口设在金字塔南侧的一个

图 100 ● 拉罕金字塔南侧，
人们从周围挖出许多碎屑

竖井外。为了向工人们提供方便，当时还建造了两个竖井（图101）。这也使得金字塔被侵入的可能性加倍，否则这座金字塔可能至今仍然完好无损。主井被一堆堆积如山的垃圾覆盖，以前从未被人发现。但第二个小竖井仅被金字塔路面覆盖，并且曾被拉美西斯二世打开并移除。

金字塔内部有一条长长的倾斜通道。通道向上延伸，水就不会淹没墓室。通道通向一个内部由石灰石砌成的大墓室，然后进入另一个内部由红色花岗岩砌成的墓室，墓室内存放着石棺[140]。在花岗岩墓室里，一条从巨石中凿开的通道环绕着墓室，似乎在告诉入侵者没有别的路可以出去。墓室里放着为奥西里斯和阿努比斯[141]精心雕刻的雪花石膏祭坛[142]。红色花岗岩石棺做工精细，平面度和直线度的误差仅有千分之一英

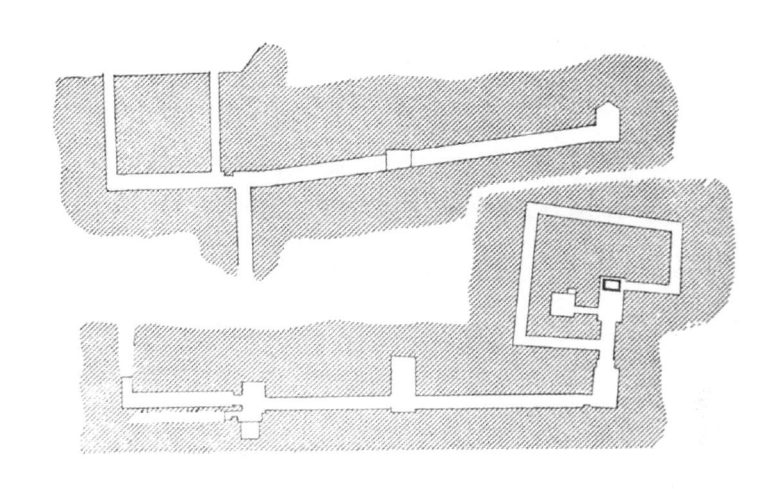

图 101 ●金字塔的布局和通道示意图

寸[143]。石棺周围设有特别的边缘，似乎支撑了这种说法——这副石棺被重新放置在一个新位置上，最初是沉入地板的。但这种设计需要建立在大规模重建的基础上，而目前并没有任何相关证据。

金字塔东侧是一座供奉辛努塞尔特二世的神龛，雕刻精美，着色精细，但神龛被拉美西斯二世的石匠破坏了。石匠将自己的名字刻在一块石头上。石雕似乎都被转移到阿纳斯，但辛努塞尔特二世的名字出现在拉美西斯二世重新加工的石块上。

金字塔东侧一英里左右的地方，正对着金字塔侧面的中间位置有一座规模更大的神殿。这座神殿坐落在沙漠山丘的边缘，可能是一座公共神殿，金字塔旁的神龛可能只供祭司使用。整座神殿遭到严重破坏，只剩下一层覆盖着地面的碎屑，其中许多碎片做工、着色都很精细。神殿内曾有一尊玄武岩雕像，但现在只剩下大腿部位的残片。另外，在神殿内，我们还发现一座红色花岗岩神龛和一尊较小的黑色花岗岩雕像的残片。这个地区的中央有一块巨石，巨石中间有个洞，洞中有地基残留物[144]。

大金字塔附近有一座较小的金字塔，内部墓室都是用整块岩石开凿而成。除了入口，这座小金字塔没有其他开口。由于所在位置并不开阔，小金字塔内部墓室之间离得比较近。在神殿内发现的一块残片刻有以阿特姆开头的公主名字，可能是指阿特姆尼夫鲁[145]。

大金字塔旁有一座工人城镇，建造金字塔和神殿的工人都居住在这里。这个地方被称为"哈特赫特普辛努塞尔特"，现在叫拉罕。大金字塔的一部分外墙已经完全剥落，但仍占地十八英亩左右，内部有两千多个房间。这座金字塔的构造已被研究清楚，城镇街道和房屋的平面图也已经公布[146]。据此，我们可以了解到包括高官府邸和工人的一排排小屋子在内的当时房屋的细节。在镇上发现的遗迹对文明研究有很大的帮助，大多数莎草纸也是在这时产生的。金字塔和神殿建成后，半座城镇似乎都被遗弃了，剩下的居民用空房子堆放垃圾。但在喜克索斯王朝的动乱中，似乎没有多少人，甚至没有人留在这里。第十八王朝初期，这里曾有几座房子被占。但后来，这些房子也没人住了，成为豺狼的住所。最后，这些房子逐渐风化。

在贝尼哈桑发现了当时最有趣的雕刻。在雕画上,赫尼姆霍特普正在接待来自东部沙漠的三十七名阿姆人,为表敬意,眼部被绘了黑色眼影或眼线。外邦人的形象十分重要,它展现了这种文明已在古埃及和美索不达米亚的国家间传播。石碑上刻有王室抄写员内弗霍特普对外邦人的介绍,"荷鲁斯法老、两地首领、上下埃及法老卡赫佩尔拉在统治第六年(前2678),接待了由贵族赫尼姆霍特普的儿子带来的三十七名阿姆人[147]"。猎人总管基提赫提跟在内弗霍特普身后,外邦人跟在基提赫提身后。带头的人是首领,牵着驯服的野山羊(图102)。首领前刻有头衔和名字"希可塞图阿布沙"[148]。在介绍

图102●阿姆人的首领和妇女雕画,发现于贝尼哈桑

第八王朝或者第九王朝的希安时，我们已经了解到希可塞图的重要性。希安占领了尼罗河三角洲的一部分，享有埃及法老的尊荣。在雕画上，外邦人身着华服。这再次表明，外邦人不是游牧的、衣不蔽体的贝都因人。相反，他们衣服上的华丽图案似乎与波斯地毯的设计如出一辙。他们不可能在野蛮和漂泊的生活中获得这种设计的风格和品位。因此，我们可以肯定地推断，他们来自比红海沙漠更富饶的地区。更确切地说，我们可以将他们与阿拉伯北部联系起来。希安强大的权力及其留下的很多遗迹足以使我们认为该地区是希可塞图或者山地王子的家园。酋长的容貌很像闪米特人，与现在的贝都因人有几分相像。他下巴和嘴角的细细胡须，长长的鹰钩鼻和神态都很像阿拉伯人。他的名字——阿布沙源于闪米特语，等同于希伯来语的阿比沙，意为"礼物之父"。这很可能不是他的真名，而是人民给他起的名字，因为他带着礼物或者贡品来到埃及，就像现在阿拉伯人会称送礼物的人为"礼物之父"。

跟在首领后面的是一个牵着羚羊的随从，再后面是四个拿着弓、飞去来器[149]和长矛的人。两个孩子骑在载着地毯的驴子上，其中一个男孩手上拿着矛。四名妇女身着彩色华服，华服上装饰着条纹、方格和花纹。另一头驴子驮着行李、长矛和盾牌，后面还跟着一个背着水袋、演奏七弦竖琴的人。排在最后面的是一个拿着飞去来器的弓箭手[150]，这显示他们的文明程度并不低。他们穿着的衣服和埃及人一样多，装饰比埃及人更丰富，武器和埃及人一样，弓、飞去来器和矛在早期埃及也不常见，鞋的式样和埃及的一样好，妇女还穿着袜子。虽然属于不同文明，但在生活艺术方面，外邦人并不比埃及人逊色，这也是外邦人发展民族文明时需要的。这些外邦人是在佩皮一世统治时期与埃及人交战的阿姆人，甚至曾派出庞大军队。他们似乎入侵了埃及，并且在第九王朝和第十王朝时期统治埃及。

在科瑟发现的一块石碑雕刻的时间是辛努塞尔特二世统治时期[151]。在希拉孔波利斯发现了辛努塞尔特二世的一尊黑色花岗岩雕像，现收藏在吉萨博物馆[152]。在阿斯旺有一块当地贵族曼图霍特普的精美石碑，雕刻的时间是辛努塞尔特二世统治时期[153]。萨伦普特在阿斯旺的墓和现收藏在大英博物馆的黑色花岗岩雕像也属于辛努塞尔特二世统治时期，这是因为其父的名字与阿蒙涅姆赫特二世的名字相似[154]。

在柏林有一尊由官员塞尔[155]制成的雕像。据说，卢浮宫里有一尊玛瑙小雕像，但不在博物馆目录上，这可能是被盗的辛努塞尔特一世小雕像[156]。

辛努塞尔特二世统治时期有若干圣甲虫和圆柱，在金字塔镇拉罕就发现了十个小物件。

辛努塞尔特二世的王后叫内弗特二世，这是从她在塔尼斯的灰色花岗岩雕像上得知的，这尊雕像现收藏在吉萨博物馆(图103)[157]。内弗特二世坐在宝座上，假发分成两团垂到胸部，两团头发都以螺旋状结尾。她的胸部雕有胸饰，上面刻有法老辛努塞尔特二世的名字，名字两侧有两只秃鹰。王座上刻有她的头衔："世袭公主，最受宠爱，极受赞扬，法老辛努塞

图 103 ●王后内弗特二世的雕像

尔特二世深爱的配偶,所有女性的统治者,法老阿蒙涅姆赫特二世的女儿内弗特"。所有的女性统治者或者公主的头衔都很特殊,这表明王后内弗特二世对占人口一半的女性有一定的管理权。

拉罕的小金字塔似乎是为一个叫阿特姆的公主建造的。在那时,很多名字都是由神的名字和"尼夫鲁"组合而成。因此,这位公主很可能是阿特姆尼夫鲁,亦称"阿特姆之美"或者"图姆",另外两位公主的情况请看下个统治时期。

第十二王朝第五位法老卡考拉（ ），辛努塞尔特三世（ ），在位时间约为公元前2660年到公元前2622年，相关信息如下所示：[158]

遗迹	发现地	收藏地
砖砌金字塔	代赫舒尔	
建筑[159]	塔尼斯	
雕像[160]	内贝谢	
门窗侧柱[161]	哈塔安纳	
雕像[162]	莫克达姆	
柱顶过梁[163]	布巴斯提斯	
雕像[164]	阿拜多斯	
碑文[165]	哈马马特	
雕像底座	基波林	吉萨博物馆
碑文[166]	阿斯旺	
石碑[167]	象岛	
碑文[168]	塞赫尔	
雕像[169]	比佳	
要塞和神殿[170]	萨姆纳	
要塞与神殿[171]	库姆	
圣甲虫（图104）和圆柱	不详	

从雅克·德·摩根1894年在金字塔周围发现的遗迹来

图104 ●圣甲虫（卡考拉），现藏于法国卢浮宫博物馆

看，辛努塞尔特三世的金字塔显然是位于代赫舒尔北部的砖砌金字塔。这座金字塔的布局与以往的金字塔布局不同，也与辛努塞尔特二世王陵南侧有口井的设计不同。辛努塞尔特三世金字塔的西北侧和东北侧围墙的角落都有水井，其他方位的角落里可能也有水井，并且与和围墙平行的长廊相连。穿过长廊，我们可以进入放有石棺的王陵。从王陵中的信息，我们可以知道，有三位王室成员葬在这座金字塔。砂岩石棺刻有王后的名字"赫努姆内弗赫兹[172]赫努特塔乌伊"。她可能是辛努塞尔特三世的王后，因为她死后被称为"王后"，而不是"王室母亲"。石灰岩石棺刻有公主的名字——"法老的女儿森特森

卜"，可能是辛努塞尔特二世的女儿，即辛努塞尔特三世的姐姐。另外，辛努塞尔特二世还有一叫萨特哈索尔的女儿。在一个被古代掠夺者忽视的匣子里发现了萨特哈索尔的珠宝，她的胸饰上刻有辛努塞尔特二世的名字，但圣甲虫上刻着辛努塞尔特三世的名字。因此，她可能是辛努塞尔特二世的女儿，辛努塞尔特三世的姐姐。她被埋葬在金字塔王陵中。除了阿赫霍特普的珠宝，没有其他珠宝能与萨特哈索尔的珠宝媲美。

最近，雅克·德·摩根出版了《探索代赫舒尔》。在代赫舒尔，雅克·德·摩根有许多发现，并且做了令人钦佩的记述。根据《探索代赫舒尔》，我们可以加上公主门特和梅里特的名字，她们的名字都被记录在圣甲虫上。我们还要将赫努特塔乌伊王后的名字改为"内弗特亨特"。雅克·德·摩根发现了不可计数的珠宝，只简单概述这些珠宝似乎是不可行的。此外，我们没有更多的史实阐述。

萨特哈索尔的胸饰上镶嵌着许多红玉髓，淡蓝或者深蓝的宝石或膏状物（图105），其设计与辛努塞尔特二世的王后内弗特二世胸前饰物的设计类似。内弗特二世的胸前饰物见现收藏在吉萨博物馆的塔尼斯雕像。萨特哈索尔的胸饰刻着辛努塞尔特二世的王名，胸饰上方是奈布内特努，两侧各有一只鹰，背面是太阳和圣蛇的标记。萨特哈索尔的华丽饰物有手镯、金项链、金狮子和狮子爪式样的吊坠、珠串、紫水晶和翡翠。

可以确定代赫舒尔北部的砖砌金字塔是辛努塞尔特三世时期的作品，代赫舒尔的两座石质金字塔很可能属于阿蒙涅姆赫

图105 ●镶有石头的王室胸饰，发现于代赫舒尔金字塔王陵

特一世和辛努塞尔特一世。由于拉罕金字塔属于辛努塞尔特二世，哈瓦拉金字塔属于阿蒙涅姆赫特三世，所以第十二王朝的王陵几乎可以确定了。

希腊王表将卡考拉写作拉赫勒斯，可能是将原来希腊语中的"χ"误写成了"Λ"，并且缺失了上半部分。于是，卡考拉或者卡赫勒斯，变成了拉赫勒斯。

辛努塞尔特三世似乎在尼罗河三角洲建造了许多建筑。在塔尼斯，一座红色花岗岩建筑刻有辛努塞尔特三世的名字[173]。在内贝谢，人们发现了黄色石英岩雕像，其中一尊雕像的基座保存完好[174]，现存于大英博物馆。在哈塔安纳的阿蒙涅姆赫特一世的门楣旁，人们发现了红色花岗岩门框[175]。在特尔莫克达姆，人们发现了两尊雕像的底座[176]。在布巴斯提斯，辛努塞尔特三世似乎重建了神殿。几块石块和门楣上都刻着辛努塞尔特三世的名字。另外，一段很长的、记录了与黑人交战的碑文很可能属于辛努塞尔特三世统治时期[177]。孟菲斯似乎在辛努塞尔特三世统治时期被遗忘了。阿拜多斯神殿内有一座红色花岗岩雕像[178]。

在哈马马特，人们发现了一篇碑文，记载辛努塞尔特三世曾使埃拉克雷奥波利斯，即现今的阿纳斯增色不少，"辛努塞尔特三世统治第十四年（前2646）荷阿克月[179]第十八日，卡考拉祭祀科普托斯的守护神——敏。辛努塞尔特三世下令前往洛哈努，带回用上等比克努石打造的石碑。石碑是为埃拉克雷奥波利斯的领主赫谢夫[180]打造的。辛努塞尔特三世永生！他命我监督工程，因为我有才能，是忠诚的指挥官，辛努塞尔特三世很清楚这点。他打败了外邦人和穴居人，还从提赫努人，即利比亚人处带回绝妙的贡品。赫皮的儿子库伊对贡品有详细的报告。"这篇碑文的结构十分混乱。

在基波林，人们发现了辛努塞尔特三世的一尊小雕像的底座。目前，这个小雕像的底座收藏在吉萨博物馆。统治者似乎已经不关注底比斯。辛努塞尔特三世将其所有精力都投入到完全征服努比亚的战争中。在阿斯旺，人们发现刻于辛努塞尔特三世统治第六年（前2654）和统治第十二年（前2648）的碑文[181]。刻于辛努塞尔特三世统治第六年的碑文属于阿伊石碑[182]。在象岛，有块石碑记录了辛努塞尔特三世统治第八年（前2652）的一些建筑。目前，这块石碑收藏在大英博物馆[183]。

在靠近大瀑布的塞赫尔岛上有块石碑记载了辛努塞尔特三世为赋予自己生命的女神阿努凯特[184]修建的纪念碑和运河，并且刻着这条运河是"辛努塞尔特三世最优秀的作品"。另一块很有趣的石碑记载了萨提女神赋予辛努塞尔特三世生命，石碑上写着："在永恒的辛努塞尔特三世统治的第八年，萨提女神命令辛努塞尔特三世重修一条运河。这条运河的名字是'永恒的卡考拉最优秀的作品'。阿努凯特和萨提都赋予辛努塞尔特三世生命，辛努塞尔特三世为前者修建运河，为后者重修运河，两次修建的是同一条运河。然后，辛努塞尔特三世乘船南下镇压邪恶的埃塞俄比亚人。这条运河长一百五十腕尺，宽二十腕尺，深十四腕尺。"这条运河后来被图特摩斯一世再次使用，并被图特摩斯三世清理并重新开放，还下达命令，要求"象岛的渔民每年都要开凿这条运河"[185]。

象岛没有修建过现代运河，但有一条古代开凿的运河，宽34英尺、深24英尺，尼罗河上的任何船都能通过。不过，我们没有乘船，而是乘坐火车，火车两端都有承运货物的车厢。

这条运河是为征服努比亚修建的。为纪念当地众神，辛努塞尔特三世将自己的雕像留在大瀑布以南的比佳岛[186]。接着，在多次战役中，辛努塞尔特三世击败了黑人。关于这些战役，我们有辛努塞尔特三世统治第八年（前2652）、统治第十六年（前2644）和统治第十九年（前2641）的记录。矗立在萨纳姆的一块碑上刻有独特的碑文，展示了辛努塞尔特三世和人民的生活（图106）。

图106 ●萨纳姆的景色[187]

统治第十六年[188]的法莫诺斯月，我的南方边界扩展到希。我——法老的国境线比我父亲时期的边界更靠南，我完成的任务比他们交代的还要多。我，法老，言出必行。这是我心中的宏图，是我完成的伟略。我渴望获得这片疆土，强大、勤奋使我成功。我从未胆怯懦弱，不会让入侵的对手得逞。我要打败入侵者，让他们尝尝我的厉害。冲突的结果如何，取决于我说了什么。被攻击后仍保持沉默会助长对手的士气。勇敢的人心怀渴望，被击退的懦夫只会卑微，在自己的土地上受压迫的才是真正的懦夫。只要我开口，黑人就会服从，言语间透露着畏缩，他会背过身不理那些鲁莽的人。入侵者不是勇敢的人，他们的尾巴和身体都是悲惨的——(这是一个让埃及人觉得有趣的腰带和尾巴的笑话)这并非由我编造,而是由法老目睹。我逮捕了入侵者的妻子,带走了他们的人民。我走到他们旷野山谷中的井旁,杀了他们的牲畜,毁坏他们的作物,将它们付之一炬。以我和我父的性命起誓,我所言非虚。

凡我的子孙中,承认我划定边界的就是我的子孙、法老的后代。我的子孙会为先辈报仇,像荷鲁斯一样,坚守先辈的边界。但毁坏我划定边界的,甚至不为之而战的,不是我的子孙,不要认我为先祖。法老在边界上为自己立了一尊雕像。法老希望你们为边界而战。

努比亚被征服的土地得到永久的保护。古埃及的边界延伸到第二瀑布以南,并且在萨纳姆和库姆的山上建了两座堡垒,俯瞰距离瀑布三十英里之远的河流。萨纳姆堡位于西岸,毗邻河流,建在平地上,高高耸立着。当时,几乎没有其他建筑可以达到这一高度。萨纳姆堡内有座神殿。东岸的库姆堡建于天然高地上,建筑坚固,也有座神殿[189]。萨纳姆堡中有发给边境士兵的法令:"这是国家的南部边界。这个边界在永恒的法老辛努塞尔特三世统治第八年(前2652)划定。不许任何黑人步行或者坐船向北通过这一边界,黑人的母牛、公牛、山羊或者绵羊也不能通过。如果黑人到阿肯做生意,那么要善待他们，但永远不能让任何一艘黑人的船经过这里向北行驶。"[190]

此后，辛努塞尔特三世被尊为埃塞俄比亚的缔造者。第十七王朝的法老在萨纳姆、库姆、多谢、沙塔维、埃利西耶和阿玛达的神殿里祭祀辛努塞尔特三世。

萨纳姆和库姆神殿中保留着辛努塞尔特三世统治时期的一些私人碑文[191]。

在拉罕发现的莎草纸上，有一首献给辛努塞尔特三世的长诗，描写了对辛努塞尔特三世的尊崇。尊称了名号后，就进入赞美诗的诗歌部分。十行诗一节接一节，这是已知埃及诗歌中最完美的例子。

一

众神快乐加倍，

你已奉上供物。

王子快乐加倍，

你已划定边界。

先祖快乐加倍，

你已增添祖业。

埃及在强大护佑下快乐加倍，

你守护着古老秩序。

老人在你的统治下快乐加倍，

你使老人产业兴旺。

上埃及与下埃及因为你的勇气快乐加倍，

你使它们兴旺繁荣。

你扶持的少年快乐加倍,

你使少年茁壮成长。

你的退伍军人快乐加倍,

你使他们精力充沛。

上埃及与下埃及因你的威力快乐加倍,

你守卫着两地城墙。

啊,荷鲁斯,愿你快乐加倍!扩大你的边界,

愿你享有生命的永恒。

二

这座城的领主伟大加倍,

因为他既是民众,又是主人。

这座城的领主伟大加倍,

因为他是一道水闸,其中波涛汹涌。

这座城的领主伟大加倍,

因为他是凉亭,人们躺在里面躲避正午酷热。

这座城的领主伟大加倍,

因为他是凯森[192]的硬石所造的屏障。

这座城的领主伟大加倍,

因为他是庇护所,使强盗不能入内。

这座城的领主伟大加倍,

因为他是庇护所,保护胆小的人免受对手伤害。

这座城的领主伟大加倍,

因为他是尼罗河旁的树荫,提供夏日清凉。

这座城的领主伟大加倍,

因为他是冬日的温暖一角。

这座城的领主伟大加倍,

因为他是磐石,在狂风暴雨中做人的盾牌。

这座城的领主伟大加倍,

因为当仇敌侵犯时,他就像女神塞克特[193]。

三

他来了,掌管富裕之地,

头戴两顶王冠。

他来了,统一了上埃及与下埃及,

联合上下王国。

他来了,治理埃及,

掌控沙漠。

他来了,保护着上埃及与下埃及,

带来和平。

他来了,使埃及得生,

消除苦难。

他来了,使老年人得生,

人民生活繁荣。

他来了,践踏列国,

击败阿努人,阿努人对他的能力一无所知。

他来了,保卫[194]边疆,

救出被劫走的人。

他来了……

有力的臂膀给我们带来了什么。

他来了，我们把孩子抚养成人，

他的恩情使我们安度晚年。

剩下的章节不完整，但通过诗的内容，我们可以看到一种真正的民族热情，一种对黑人部落臣服于埃及与国家稳定安全的欢喜。

辛努塞尔特三世统治时期有许多圣甲虫和圆柱，大部分做工粗糙。

代赫舒尔王陵中的王后叫赫努特塔乌伊。不过，辛努塞尔特三世的王后有可能叫梅塞克尔，因为根据塞姆纳刻的辛努塞尔特三世的碑文记载，梅塞克尔深受图特摩斯三世喜爱[195]。不过，人们没有发现和梅塞克尔相关的其他遗迹。

第十二王朝第六位法老马特恩拉（ ），阿蒙涅姆赫特三世（ ），在位时间约为公元前2622年到公元前2578年，相关信息如下：

遗迹	发现地	收藏地/收藏人
金字塔和神殿	哈瓦拉	
神殿等[196]	萨布特卡德姆	
碑文[197]	瓦迪马加拉	
石碑[198]	图拉	

●续 表

遗迹	发现地	收藏地／收藏人
金字塔[199]	哈瓦拉	
塔架[200]	法尤姆	
巨像[201]	比阿姆	
碑文[202]	哈马马特	
秃鹰	科普托斯	
小雕像[203]	希拉孔波利斯	
石碑[204]	艾卡	
碑文[205]	阿斯旺	
碑文[206]	库班	
碑文[207]	库姆	
记录尼罗河水位的碑文[208]	萨纳姆	
鹰、圣甲虫（图107）、圆柱等		
雕像		柏林[209]
雕像（图108）		圣彼得堡[210]
斯芬克斯像		皮特里
莎草纸		

阿蒙涅姆赫特三世将自己的金字塔建在进入法尤姆的城门处。在治理法尤姆方面，阿蒙涅姆赫特三世花费了很大精力。从金字塔顶部几乎可以看到绿洲的全貌，西部边界的山脉也在其视野范围内。另外，我们在这里还可以看到尼罗河东岸的悬崖。可以说，这座金字塔的视野连接了所有其他金字塔可

图107 ●圣甲虫（马特恩拉）

以俯视的山谷及阿蒙涅姆赫特三世十分关注的西部绿洲。

在构造上，阿蒙涅姆赫特三世的金字塔不同于其他金字塔。要说相似性，这座金字塔和辛努塞尔特二世的金字塔最像。与其他金字塔一样，阿蒙涅姆赫特三世金字塔的主体完全由砖砌成，表面覆以石灰石。通往中央墓室的通道特别复杂（图109）。这样费尽心思的规划，目的就是要使盗墓者知难而退。金字塔的设计者精心设计了一种新的系统，设了多个哑室，屋顶上有巨大的滑动活板门，以通往更远的通道。盗墓者如果找到南侧的入口，那么走下一段长楼梯，到楼梯尽头便进入一间哑室。屋顶如果滑到一边，就会露出另一条通道，通道里全是石块。这不过是障眼法，是为转移人们对真正通道的注意。实际上，真正的通道门洞大开，十分显眼。然而，盗墓者只顾徒劳地挖开所有的石块。沿着真通道往下走，盗墓者再进入一间哑室，然后另一扇滑动活板门会打开，进入另一条通道，进而通向第三间哑室。然后，第三扇活板门会打开。最终，一条通道通向真正的墓室。为了愚弄盗墓者，通道地板开了两个假井，错误的一边填满了石块。然而，盗墓者在通往密室的通道的地板上发现了一个引向墓室的十字沟渠。在这

图108 ● 阿蒙涅姆赫特三世的半身雕像，现收藏在圣彼得堡

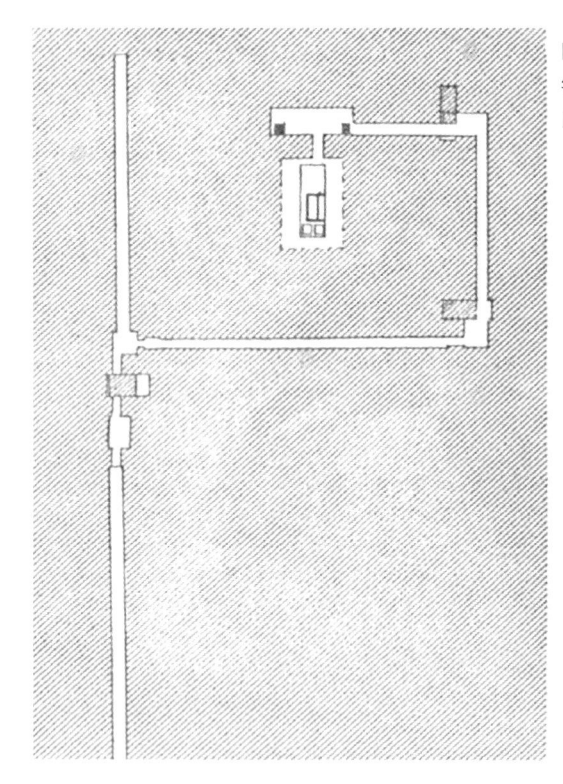

图109 ●哈瓦拉金字塔的通道示意图，比例尺1∶1000

里，他们遇到另一个装置。这间墓室没有门，只有巨大的、重达四十五吨的石块屋顶。他们将石块屋顶抬起来，然后在离开金字塔时放回原处。经历重重机关后，劫掠者到达王室墓室，棺木被其烧毁殆尽。因此，我们只能通过燃烧后的闪长岩和青金石残留物了解棺木的华美装饰。

这座金字塔的墓室是埃及最著名的建筑之一。墓室是由一块玻璃硬度的黄色石英岩切割而成，切割和抛光的工艺均属上乘。墓室内部长二十二英尺、宽八英尺、厚两英尺，整个墓室重一百一十吨左右。墓室顶部由三块相同材料的石块构成，其中一块重四十五吨——这里便是入口。另外，这里还有一块较大的石块和一块较小的石块。三块石块都来自同一块岩石。石块上方是石灰岩斜屋顶，梁有7英尺厚。屋顶上设有砖拱，砖砌金字塔就建在上面。

墓室内是阿蒙涅姆赫特三世的石棺。石棺两侧平坦，尾部位置凸出并嵌有装饰，棺盖有弧度。王室灵柩和墙壁之间的砌块形成第二副灵柩，人们在上面盖了另一个棺盖，用于埋葬另一位王室成员。两具棺木后面立着两个图案相同的盒子。毋庸置疑，这两个盒子的用途是装陪葬花瓶的，就像佩皮一世墓室地板上的方形盒子一样。所有物品都由石英岩制成，有些为半透明并呈白色。墓室内的物品及整个墓室，甚至包括金字塔其他部分，都没有出现碑文。在淹没了半个屋子的水下，人们发现了几块雪花石膏花瓶碎片，上面刻着马特恩拉法老的名字。在通道最后一段，人们发现了一个雪花石膏祭坛和一些盘子的碎片，这些遗迹现在都收藏在吉萨博物馆。祭坛的形状像半只鸭子，上面刻着"法老阿蒙涅姆赫特三世的女儿普塔尼夫鲁"。因此，可以肯定她就葬在阿蒙涅姆赫特三世石棺旁的那副石棺内。祭坛很特别，刻有许多供物的图像，其中有八十六件供物都刻着名字（图110）[211]。

金字塔南边有一座巨大的建筑。这座建筑至少有一部分是阿蒙涅姆赫特三世的神殿，还有一部分由其女儿塞贝克涅夫鲁建成。后来，塞贝克涅夫鲁继承了法老之位[212]。这座建筑和

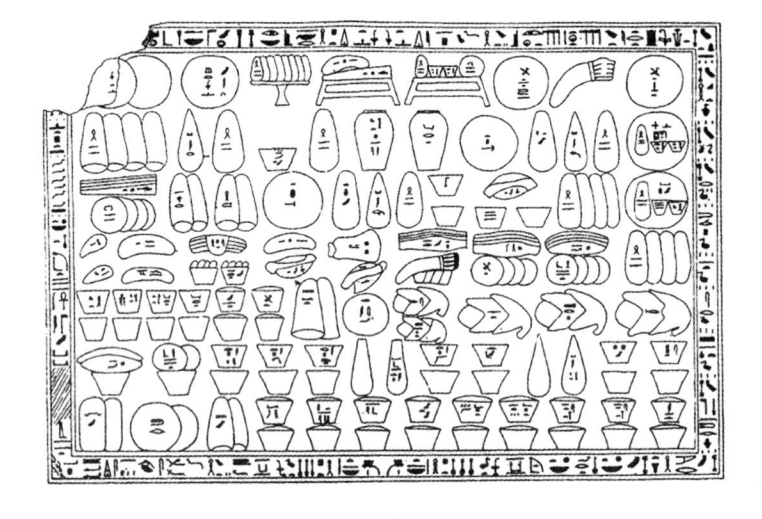

图110 ●哈瓦拉金字塔中普塔尼夫鲁的雪花石膏祭坛

迷宫一样著名。迷宫的具体位置一直备受争议，但斯特拉博说，迷宫坐落在尼罗河和阿西诺[213]之间的运河上。根据在古洛发现的托勒密王朝时期的莎草纸，我们可以知道运河上前往法尤姆的船经过了迷宫。如今，运河各部分都被仔细考察过。除了这座宏伟的遗址，我们没有发现任何早期建筑。

　　修建建筑物所用的石头都被当成石料搬走了，除了地基的混凝土和夹杂的大量碎屑，再也没有什么东西能证明这座建筑物的规模。这座建筑物被破坏源于罗马时代的采石场作业。神殿的废墟上建了一些砖房。这是罗马时代的村庄，被卡尔·列普修斯误认为迷宫。整座建筑大概长一千英尺、宽八百英尺，足以容纳卡纳克和卢克索的所有神殿。从稀少的地基痕迹和古代作者的叙述片段，我们可以了解到，迷宫就像列柱廊[214]式神殿，并且有一条中央通道和两条大交叉通道：第一条交叉通道两侧有庭院或者小神殿；第二条交叉通道是一个大厅，里面有一长排圆柱，大厅另一侧像阿拜多斯神殿一样[215]有庭院。根据希罗多德记载，第二十六王朝的法老们修建过这座建筑，可能是为修复，也有可能是为扩建古老的神殿，但在这里似乎找不到那时修复的建筑。从人们仍然以阿蒙涅姆赫特三世命名可知，直到托勒密王朝，阿蒙涅姆赫特三世仍然在哈瓦拉受到尊奉[216]。

现在，我们按地理位置考察这些遗迹。在西奈半岛，阿蒙涅姆赫特三世发展了自己的势力。在萨布特卡德姆的矿坑内，阿蒙涅姆赫特三世挖建了一座小型石头神殿，并且将石碑放在外面[217]。在瓦迪马加拉，人们发现了一些碑文。碑文的刻记时期贯穿阿蒙涅姆赫特三世统治时期，其中一段碑文记录了一支由七百三十四名士兵组成的探险队开掘铜矿和孔雀石矿的事（图111）[218]。

开罗附近的图拉采石场有一块做工精美的法老石碑[219]，显示阿蒙涅姆赫特三世从图拉采石场开采石头，很有可能是为了建造迷宫，雕刻的日期是他在位第四十三年（前2579）[220]。在上文中，我们讲到乌纳为建造自己的墓室从尼罗河上游来到阿拜多斯，一路寻觅良石。因此，质量上乘的石头只能来自图拉采石场。

建造法尤姆城是阿蒙涅姆赫特三世最伟大的成就。沙漠中的深谷在海平面以下超过一百二十英尺。起初，或许是由于地

图111 ●阿蒙涅姆赫特三世的两块
石碑，发现于瓦迪马加拉

层剧变和移位形成尼罗河河谷的巨大断层。可以肯定的是，自人类历史早期起，法尤姆就灌满了尼罗河河水，因为这里有一条与尼罗河河谷齐平的河道，含泥量大的水流在较高的水位沉积了淤泥。因此，尼罗河河水先是在河道中汇入湖中。其间，湖水维持在一定高度的水位。卵石滩位于河道干燥一侧的较高位置，西侧的迪梅伊镇有个码头，建在希腊化时代。但随着湖水面积逐渐萎缩，码头离湖面越来越远。因此，我们可以确定法尤姆从前的地貌（图112）。很久以前，人们就有对鳄鱼湖或者塔谢守护者的记载。

前面提到的城镇或者地区可能指湖岸。因此，在湖岸，对自然的干涉似乎最初发生在阿蒙涅姆赫特一世统治时期。根据阿蒙涅姆赫特一世在鳄鱼城，即梅迪内的雕像可知，他曾进行大规模的填湖。小型石头神殿后面由泥土建成的巨大水坝残片，很可能是阿蒙涅姆赫特一世修建的第一座水坝的一部分——他将湖床高处围起来用于耕种，也可能是为了更早地开垦。辛努塞尔特一世统治时期，将湖床高处围起来用于耕种的土地一直延伸到贝吉，即神殿西南方向三到四英里的地方。贝吉还矗立着辛努塞尔特一世的方尖碑。阿蒙涅姆赫特三世统治时期，筑坝系统得到极大的发展，通过一大片大约二十英里长的河堤，形成了一片四十平方英里左右，即两万多英亩的平地。这片平地得到湖水灌溉，成为埃及最肥沃的地区之一。在这个伟大工程——现在被称为"比阿姆"的北角，有两个巨大的砌墙石料建成的平台，间隙被泥土填满，上面立着两尊坐着的法老巨像。巨像由一块石头打造，高约三十九英尺，并且被放在基座上。巨像取材于晶莹剔透的石英岩，被打磨得光滑细致。在湖面的映衬下，这两座巨像闪闪发光，是湖对岸的标志性建筑[221]。这两座巨像无疑是希罗多德看到的金字塔上的雕像，雕像的残片现收藏在牛津的阿什莫尔博物馆。阿蒙涅姆赫特三世的伟大工程不仅在于开垦了这片土地，还在于调整了尼罗河河水流入和流出鳄鱼湖的情况。一直到希罗多德时期，尼罗河每年的水流量都趋于稳定，鳄鱼湖在尼罗河水位高时储存盈余水流，并且在尼罗河水位低时输出湖水。然而，有两个原因使筑坝系统遭到弃用。一个原因是尼罗河主河床沉积的泥土比其他地方多，河床抬高速度也快于尼罗河西部

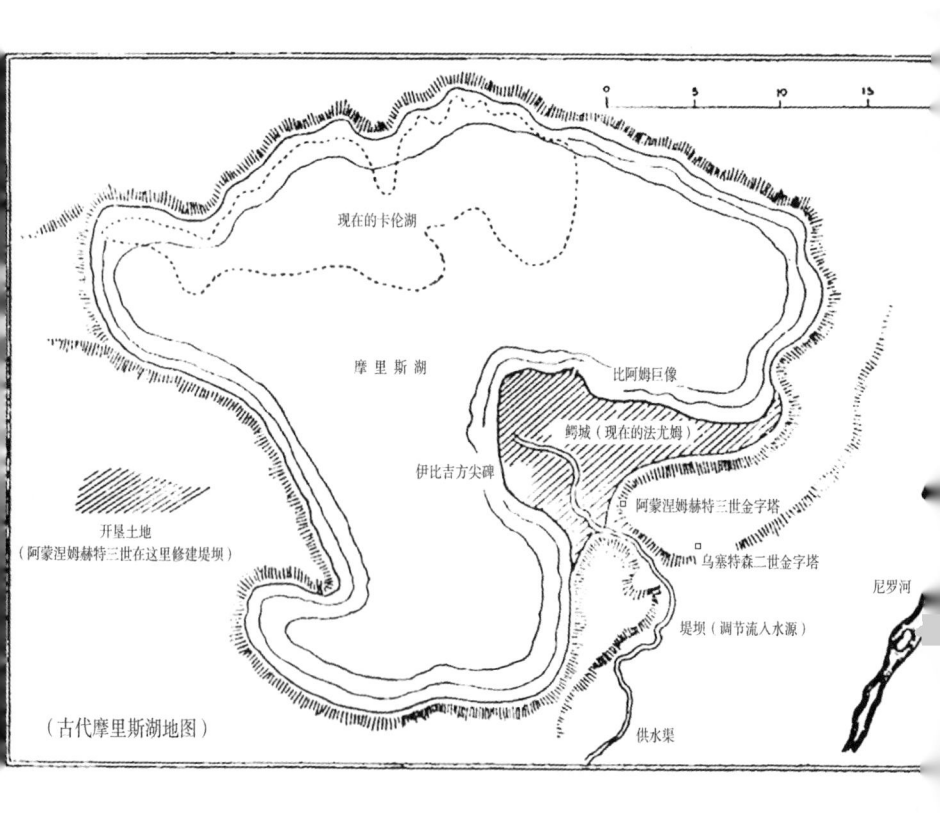

图 112 ● 法尤姆盆地摩里斯湖的古代地图，阴影部分为阿蒙涅姆赫特三世时期挖掘的湖面

平原，使尼罗河两侧河床高度相差数英尺。一旦河床抬高到一定高度，就不能再将水从法尤姆排入尼罗河。另一个原因是托勒密一世麾下的马其顿[222]士兵急需用这片土地建造新住所。因此，尼罗河的水流入量被限制为法尤姆实际需要的水量。托勒密王朝早期，湖泊逐渐干涸，大批士兵及其家人定居在新开垦的土地上。随着湖泊干涸，城镇和神殿拔地而起。此后，尼罗河水流量虽然起伏不定，但水位一直很低[223]。阿蒙涅姆赫特三世重修了祖先在法尤姆建造的神殿，塔架上的红色花岗岩上有他的名字。石块被后来的修复人员再利用[224]。城镇的古代名字"谢德"，其含义是从湖中"提取"或者"收集"土地。路易·德·贝勒丰曾认为摩里斯湖在高原上。这种说法是建立在对水位和古埃及自然特征的误解上，无须进一步考虑。大坝内的遗迹，或者根据路易·德·贝勒丰的说法，湖泊内的遗迹属于第十二王朝，大坝外的遗迹属于希腊化与罗马化时期。显然，后来大坝内是干涸的土地，大坝外是湖泊。

著名的摩里斯湖是旧时法尤姆绿洲的天然盆地，由阿蒙涅姆赫特三世管理和使用。根据希罗多德记载，该盆地一直延伸到尼罗河水面，其环线相当于古埃及的海岸线。这个盆地在已知的历史范围内不可能延伸到西南部其他沙漠山谷，因为两块低地间的山丘都高于尼罗河水位。

在哈马马特干涸的河床，我们发现阿蒙涅姆赫特三世在其统治第十九年（前2603），派出一支探险队为法尤姆的建筑寻找石头[225]。显然，石头是用来建造鳄鱼城的索贝克神殿。探险队修了一条堤道，在上面铺上石头，带来一尊五腕尺高的雕像。阿蒙涅姆赫特三世统治第二年（前2620），埃及军队击败黑人军队，开辟了接触阿姆人的道路。由于探险队人力不足，在阿蒙涅姆赫特三世统治第十九年（前2603），"大批士兵，甚至达到两千人"被召集并参加探险队。在科普托斯，人们发现了一尊巨大的硬石灰岩秃鹰雕像，献给"塞克特的宠儿"阿蒙涅姆赫特三世，现收藏在吉萨博物馆。

阿蒙涅姆赫特三世似乎忽略了孟菲斯、阿拜多斯和底比斯这几座中心城市。在这几座城市，人们只发现了一些私人遗迹。在希拉孔波利斯，人们发现了阿蒙涅姆赫特三世的一尊黑色花岗岩雕像。目前，该雕像收藏在吉萨博物馆[226]。在河岸对面的艾卡，人们发现了一座石碑，雕刻时间为阿蒙涅姆赫特三世统治第四十四年（前2578），碑文与建墙有关[227]。

在阿斯旺，人们发现了几块雕刻于阿蒙涅姆赫特三世统治时期的私人石碑，但没有任何历史价值[228]。在努比亚的达克对面的库班，人们发现了一块名为辛努塞尔特的官员的石碑，雕刻日期也在阿蒙涅姆赫特三世统治时期[229]。

在塞姆纳和库姆，人们发现了一些有趣的碑文，虽然很简短，但记录了尼罗河的水位高度。实际上，阿蒙涅姆赫特三世的水利工程通过法尤姆湖的流水进出调节尼罗河水位，这需要随时关注尼罗河水的涨落。岩石上有官方记录，这些信息可以通过信号从一座山传到另一座山，一直传到地势较低的地区。记录尼罗河高水位的文字[230]涉及一个难题，因为记录的水位和现在的水位相距二十五英尺左右[231]。因为该碑文开头刻有河口标志，但在其他一些碑文中，该标志被画上了一条线，所以该碑文可能记录的是当时的实际水位，而不是人为设定的水位。涨潮时，尼罗河水位为十腕尺或者二十腕尺。这种解释似乎是最可行的，因为在远远高于水面的某个地方，在岩石上做记号和检查旧记号会更容易，这种可能性需要到原址考察后才能得出结论。然而，即使记录的是实际水位，尼罗河当时似乎也已经将河床侵蚀了二十五英尺深。因此，经常有人提出水位升高对丝罗丝拉或者阿斯旺可能产生影响。不过，由于丝罗丝拉或者阿斯旺的地势低两三百英尺，塞姆纳发生的任何变化都难以察觉，就像泰晤士河下游的牛津水闸发生变化一样。此外，丝罗丝拉和阿斯旺的早期壁画和墓葬都位于现在水面的上方，表明历史上的水位并未发生太大变化。因此，从塞姆纳的水位可以看出，除了下努比亚和埃及，上努比亚的河床下降了。这可能是由两种原因造成的，一个原因是河床遭到侵蚀，另一个原因是努比亚南端轻微隆起，使水流出河道的速度加快，造成水位较低。努比亚的水流坡度似乎不超过三十角秒[232]，因此，这一区域一角分的倾斜可能会淹没上游山谷，或者使水更快流出。在彻底研究上努比亚的所有遗迹，特别是河岸上的零星壁画前，这一棘手问题只能暂时搁置[233]。

阿蒙涅姆赫特三世的其他遗迹中有一尊精美的雕像，其原址可能在孟菲斯[234]，但被麦伦普塔赫夺占。现在，这尊雕像和其他器物一起被收藏在柏林[235]。另外，还有一尊雕像现位于圣彼得堡[236]。有一座无头斯芬克斯像，底座刻有小鹰，现收藏在米拉玛博物馆。此外，人们还发现许多圣甲虫、圆柱等。被发现的一份王表列出了从第十二王朝建立到阿蒙涅姆赫特三世为止的六位法老，并且以他们的即位顺序排列，现被布罗克赫斯特收藏。萨巴捷的收藏品中有一尊雕像，雕刻的是阿蒙涅姆赫特三世的一位官员[237]。

艾卡的一块石碑的雕刻日期是阿蒙涅姆赫特三世统治第四十四年（前2578），这是阿蒙涅姆赫特三世统治时期有记录的最晚日期。然而，发现于拉罕的一张莎草纸上记录的日期是阿蒙涅姆赫特三世统治第四十六年（前2576）。可以肯定，这是阿蒙涅姆赫特三世统治时期的作品。因此，他的统治很可能延续到这时。至于阿蒙涅姆赫特三世是否和阿蒙涅姆赫特四世共治，我们不能确定。这种共治是第十二王朝的特征，特别是在这样长的统治时间中，但目前还没有确凿的证据证明这一观点。一些遗迹会将阿蒙涅姆赫特三世和阿蒙涅姆赫特四世的名字刻在一起，以示同等崇拜，但没有证据表明其中一位法老当时还活着，也没有证据表明两位法老是否都还活着[238]。总的来说，阿蒙涅姆赫特四世可能曾经历过两三年的共治时期，但目前还没有证明这两个时期的记录。

阿蒙涅姆赫特王室的一个女儿普塔尼夫鲁似乎先于阿蒙涅姆赫特三世去世，并且葬在阿蒙涅姆赫特三世的金字塔里。至今，普塔尼夫鲁的雪花石膏祭坛、餐具和一块刻有她名字和头衔的黑色花岗岩[239]被保存下来。雪花石膏祭坛和餐具现收藏在吉萨博物馆[240]。阿蒙涅姆赫特三世的另一个女儿塞贝克涅夫鲁继承了哥哥阿蒙涅姆赫特四世的王位。

第十二王朝第七位法老马赫尔努拉（ ），阿蒙涅姆赫特四世（ ），在位时间约为公元前2578年到公元前2569年，相关信息如下：

遗迹	发现地	收藏地/收藏者
残片[241]	萨布特卡德姆	
石碑[242]	瓦迪马加拉	
莎草纸[243]	拉罕	
石碑[244]	舒特尔利盖	
石碑[245]	库姆	
石英岩斯芬克斯像爪部		吉萨博物馆
牌匾		大英博物馆
圣甲虫（图113）		大英博物馆 卢浮宫 皮特里

在阿蒙涅姆赫特四世统治时期，第十二王朝开始衰落，纪念碑数量稀少，甚至无足轻重。纪念碑都是阿蒙涅姆赫特四世统治第五年（前2573）和第六年（前2572）时的作品。这使我们有理由推测阿蒙涅姆赫特三世与阿蒙涅姆赫特四世共治时期为九年。

在萨布特卡德姆发现了刻有法老阿蒙涅姆赫特四世卡名和王名的残片，但没有发现更长的碑文[246]。在瓦迪马加拉发现了一段简短碑文，雕刻时间是阿蒙涅姆赫特四世统治第六年（前2572）。一块黄色石英岩雕成的斯芬克斯像爪部也刻有法老阿蒙涅姆赫特四世的名字，现收藏在吉萨博物馆。奇怪的是，在哈

图113 ●圣甲虫（马赫尔努拉），现藏于法国卢浮宫博物馆

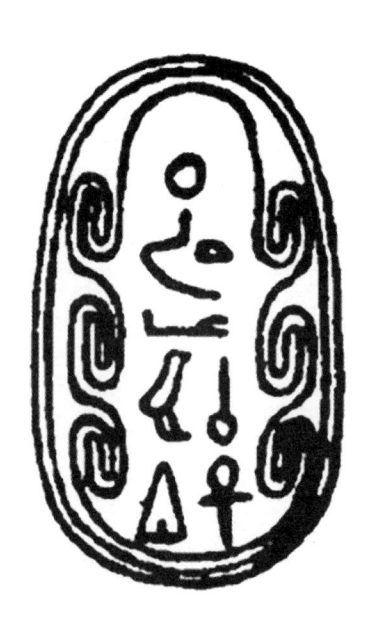

瓦拉，我们没有发现法老的名字，但在神殿内，塞贝克涅夫鲁的名字屡次出现。在舒特尔利盖，人们发现的一处文字雕刻可能是阿蒙涅姆赫特四世的名字[247]。在库姆，一块雕刻于阿蒙涅姆赫特四世统治第五年（前2573）的小石碑记录了尼罗河水位的上升[248]。在拉罕发现的莎草纸注明的时间是阿蒙涅姆赫特四世在位第六年（前2572）[249]。现收藏在大英博物馆的一块绿色琉璃片岩牌匾上刻有阿蒙涅姆赫特四世的名字，还刻有阿梅尼的名字。阿梅尼可能是一位共治王子，但应该不是第十三王朝第六位法老阿梅尼拉山赫阿卜。目前发现的圣甲虫只有四个，其中一个收藏在大英博物馆，一个被皮特里收藏，还有两个收藏在卢浮宫。

第十二王朝第七位法老塞贝克涅夫鲁（𓆋𓏤𓏤𓏤𓏤），在位时间约为公元前2569年到公元前2565年，相关信息如下：

遗迹	发现地	收藏地/收藏者
斯芬克斯像	哈塔安纳	
神殿[250]	哈瓦拉	皮特里
圆柱		大英博物馆
圣甲虫（图114）		詹姆斯·贝

据曼涅托记载，塞贝克涅夫鲁是阿蒙涅姆赫特四世的妹妹，遗迹较少。哈塔安纳的一尊由灰色硅质颗粒岩雕成的斯芬克斯像的爪子之间有个被抹去的人名，可能是塞贝克涅夫鲁的名字，但她的卡名完全消失了，只有拉名的痕迹。另外，我们还发现一个方形的标志——可能是鳄鱼雕像的基座，此处存疑——和三条垂直线。由于没有其他王名与这部分名字吻合，所以这尊雕像可能属于塞贝克涅夫鲁。

在哈瓦拉，塞贝克涅夫鲁名字的出现频率和她父亲阿蒙涅姆赫特三世的名字出现频率一样高。除了列普修斯[251]发现的雕像，人们还在哈瓦拉的圆柱和石块上发现了塞贝克涅夫鲁的名字。至于这座神殿为什么有塞贝克涅夫鲁的雕刻，却没有提到她哥哥，我们不得而知。由于塞贝克涅夫鲁的遗迹稀少，人们似乎没有什么可争辩的。

然而，塞贝克涅夫鲁拥有第十二王朝后期最精美的一件作品——一根精美的圆柱（图115）。这根圆柱现收藏在大英博物馆，由蓝釉白色片岩制成，尺寸独特，上面刻着塞贝克涅夫

图114 ●圣甲虫（塞贝克涅夫鲁），现被詹姆斯·贝收藏

鲁的头衔，"霍尔拉默特、双王冠阿赫特赫尔普尼卜特塔乌伊、霍尔奈布达德卡、苏特恩巴特（塞贝克谢德提尼夫鲁）安赫塔、塞贝克谢德提梅里"。

另外，人们还发现了塞贝克涅夫鲁的一个圣甲虫，现被詹姆斯·贝收藏。

告别第十二王朝前，我们应该注意到一点，在第十二王朝，每位法老的统治时间都很长，并且人们普遍认为每位法老都是前任法老的子女。虽然法老共治的时间不确定，但总的来说，这对整个王朝的整体持续时间没有多大影响。暂不考虑阿

图 115 ●圆柱，现藏于大英博物馆

蒙涅姆赫特一世，因为他很可能是晚年才登基的。其他法老的统治时间——从即位到选择继承人开始共治——分别为四十二年、三十二年、二十六年、三十八年（此处存疑）、四十四年。第十二王朝前三位法老的统治时间是确定的，平均统治时间为三十三年。换一种算法，第十二王朝所有法老的平均统治时间为三十六年。可以肯定，并非所有法老都在晚年才生下子女。那么，他们的继承人可能不是他们的长子，而是挑选最有能力的子女，也可能挑选女继承人或者公主的子女继承法老之位。另外，这里还涉及隔代继承的问题，孙子继位恐怕比儿子继位更常见。为将平均统治期从三十六年降到可能性更高的二十年，可能会有四位孙辈成员作为共治继位人，而不是儿子作为继位人。导致这个问题的原因可能是女性继位。我们有理由假设，法老之位和其他财产一样，都由女性继承，兄弟姐妹通婚的习俗源于法老对其子孙能继位的期望。这样一来，很可能儿子们在法律上无权继承王位，但由于法老有选择最合适的儿子或者孙子继位的权力，儿子或者孙子可能通过和继承大统的公主结婚成为法老之位的继承人。

　　第十二王朝是一个伟大的王朝，是古埃及发展的第一个时期。第十二王朝初期，法老们先是巩固了国家的组织方式，完成了宏伟辉煌的工程，显示了国家强大的实力。第十二王朝的统治者延续了阿蒙涅姆赫特二世和辛努塞尔特二世治下的稳定繁荣，如同第五王朝一样稳定繁荣。随后，第十二王朝迎来辛努塞尔特三世统治下征服外邦的浪潮，就像佩皮一世统治时期那样。阿蒙涅姆赫特三世统治了很长一段时间，创造了辉煌的政绩，但产生了短暂的腐败堕落，就如同佩皮二世的长期统治导致第六王朝瓦解一样。无论如何，繁荣辉煌过后总会出现一个短暂、混乱和软弱的时期。这两个发展周期接连出现，一个接替一个，似乎显示了政府在各个时代的兴衰之路。增长、繁荣，与外国战争，荣耀和衰退彼此交替，如同四季轮回一般。

　　第十二王朝的艺术品十分精致。这些艺术品虽然不能展现第十二王朝早期的活力，但其完美和精细的做工无与伦比。发现于科普托斯的阿蒙涅姆赫特一世和辛努塞尔特一世的雕塑、辛努塞尔特二世的石棺及阿蒙涅姆赫特三世墓室的精湛工艺堪称古埃及艺术的完美典范。我们十分希望能继续深入探索，向世人揭示这个辉煌时代的更多信息，也希望能找到第十二王朝其他法老的金字塔。

第十二王朝时期还出现了大量优秀的私人工艺品。这些私人工艺品虽然不太自然，但比第四王朝以来的雕塑出色，这标志着第十二王朝工艺品的制作技艺和表现形式达到了很高的水平。

【注释】

1　另一种说法认为阿蒙涅姆赫特一世在位时间大约为公元前1991年到公元前1962年，共29年。——译者注

2　另一种说法认为辛努塞尔特一世在位时间大约为公元前1971年到公元前1926年，共45年。——译者注

3　另一种说法认为阿蒙涅姆赫特二世在位时间大约为公元前1929年到公元前1895年，共34年。——译者注

4　另一种说法认为辛努塞尔特二世在位时间大约为公元前1897年到公元前1878年，共19年。——译者注

5　另一种说法认为辛努塞尔特三世在位时间大约为公元前1878年到公元前1860年，共18年。——译者注

6　另一种说法认为阿蒙涅姆赫特三世在位时间大约为公元前1860年到公元前1815年，共45年。——译者注

7　另一种说法认为阿蒙涅姆赫特四世在位时间大约为公元前1815年到公元前1807年，共8年。——译者注

8　另一种说法认为塞贝克涅夫鲁在位时间大约为公元前1807年到公元前1802年，共5年。——译者注

9　弗朗索瓦·奥古斯特·斐迪南·马里耶特：《阿拜多斯纪念碑总目录》，第558页。——原注

10　卡尔·里夏德·列普修斯：《埃及古代重要文件》，第10卷，第3页。——原注

11　卡尔·里夏德·列普修斯：《埃及古代重要文件》，第10卷，第4页。——原注

12　保罗·皮耶雷：《卢浮宫埃及博物馆未出版的碑文集》，第2卷，第108页。——原注

13　威廉·马修·弗林德斯·皮特里：《塔尼斯（上部）》，第1卷，第3页；第13卷，第1页。——原注

14	《埃及语言杂志》，第25卷，第12页。——原注	
15	亨利·爱德华·纳维尔：《布巴斯提斯：1887年到1889年》，伦敦，保罗·特伦奇·特吕布纳出版社，1891年，第33卷。——原注	
16	弗朗索瓦·奥古斯特·斐迪南·马里耶特：《埃及和努比亚的古迹》，第34页。——原注	
17	卡尔·里夏德·列普修斯：《埃及和埃塞俄比亚的古迹》，柏林，贝萨克赫书店，1849年，第2卷，第118页。——原注	
18	弗朗索瓦·奥古斯特·斐迪南·马里耶特：《阿拜多斯纪念碑总目录》。——原注	
19	弗拉基米尔·谢苗诺维奇·戈列尼谢夫《哈马马特》，第2卷，第4页；第3卷，第3页；第8卷。——原注	
20	约翰尼斯·迪米兴：《丹德拉》，第3卷、第4卷。——原注	
21	丹德拉是埃及中部基纳镇附近的一个考古地点。——译者注	
22	弗朗索瓦·奥古斯特·斐迪南·马里耶特《卡纳克》，莱比锡，欣里希思出版社，1875年，第8卷。——原注	
23	威廉·马修·弗林德斯·皮特里：《1887年在埃及的一个季节》，第308页。——原注	
24	威廉·马修·弗林德斯·皮特里：《1887年在埃及的一个季节》，第67页、第179页。——原注	
25	《埃及语言杂志》，第22卷，第30页。——原注	
26	卡尔·里夏德·列普修斯：《埃及和埃塞俄比亚的古迹》，柏林，贝萨克赫书店，1849年，第2卷，第118页。——原注	
27	沙克-沙克恩博格：《阿蒙涅姆赫特》。——原注	
28	威廉·马修·弗林德斯·皮特里：《埃及故事：从莎草纸翻译过来》，伦敦，梅休因出版公司，第97页到第142页；加斯东·卡米耶·夏尔·马伯乐：《古埃及的民间故事》，第95页；《圣经考古记录》，伦敦，圣经考古学会，1879年到1918年，第14卷，第452页。——原注	
29	两地是指上埃及与下埃及。——译者注	
30	这里的法老是阿蒙涅姆赫特一世。——译者注	
31	亚图姆是埃及神话中的创世神，为九柱神之首。——译者注	
32	弗朗西斯·卢埃林·格里菲斯：《贝尼哈桑》，伦敦，特吕布纳公司，1896年，第58页。——原注	
33	威廉·马修·弗林德斯·皮特里：《塔尼斯（上部）》，第1卷，第3页；第13卷，第1页。——原注	
34	《埃及语言杂志》，第25卷，第12页。——原注	
35	巴斯特是埃及神话中猫首人身的女神，是家庭的守护神，象征家庭温暖与喜乐。——译者注	
36	亨利·爱德华·纳维尔：《布巴斯提斯：1887年到1889年》，伦敦，保罗·特伦奇·特吕布纳出版社，1891年，第33卷。——原注	
37	弗朗索瓦·奥古斯特·斐迪南·马里耶特：《埃及和努比亚的古迹》，第34页。——原注	
38	威廉·马修·弗林德斯·皮特里：《哈瓦拉、比阿穆和阿西诺》，伦敦，特吕布纳公司，1889年，第57页。卡尔·里夏德·列普修斯：《埃及和埃塞俄比亚的古迹》，柏林，贝萨克赫书店，1849年，第2卷，第118页。——原注	
39	弗朗索瓦·奥古斯特·斐迪南·马里耶特：《阿拜多斯纪念碑总目录》，第1卷，第1338页。——原注	
40	姆特是古埃及神话中的女神，与丈夫阿蒙、儿子孔斯并为底比斯三柱神。——译者注	

41　赫卡乌是古埃及神之一，是狮子女神和战争女神。——译者注

42　卡尔·里夏德·列普修斯：《埃及和埃塞俄比亚的古迹》，柏林，贝萨克赫书店，1849年，第2卷，第118页。弗拉基米尔·谢苗诺维奇·戈列尼谢夫：《哈马马特》，第8卷。——原注

43　"敏神圣的父亲"是一种称谓，相当于"祭司"。——译者注

44　弗拉基米尔·谢苗诺维奇·戈列尼谢夫：《哈马马特》，第2卷，第4页。——原注

45　弗拉基米尔·谢苗诺维奇·戈列尼谢夫：《哈马马特》，第3卷，第3页。——原注

46　弗朗索瓦·奥古斯特·斐迪南·马里耶特《卡纳克》，莱比锡，欣里希思出版社，1875年，第8页。——原注

47　弗朗索瓦·奥古斯特·斐迪南·马里耶特《卡纳克》，莱比锡，欣里希思出版社，1875年，第8页。——原注

48　威廉·马修·弗林德斯·皮特里：《1887年在埃及的一个季节》，第308页。——原注

49　威廉·马修·弗林德斯·皮特里：《1887年在埃及的一个季节》，第67页。——原注

50　威廉·马修·弗林德斯·皮特里：《1887年在埃及的一个季节》，第179页。——原注

51　歌利亚是一个勇士。他连续四十天，每天两次向以色列人讨战，要求一对一决斗。——译者注

52　泰特是古埃及的纺织和丧葬女神，常被描绘成在死者身上缠绕绷带的母亲形象。——译者注

53　海因里希·卡尔·布鲁格施：《法老统治下的埃及：一部完全源自古迹的历史》，第139页。——原注

54　威廉·马修·弗林德斯·皮特里：《塔尼斯》，第1卷，第4页；第2卷，第5页、第8；第13卷，第2页到第4页。——原注

55　《埃及语言杂志》，第23卷，第11页。——原注

56　卡尔·里夏德·列普修斯：《埃及和埃塞俄比亚的古迹》，柏林，贝萨克赫书店，1849年，第2卷，第118页。——原注

57　卡尔·里夏德·列普修斯：《埃及和埃塞俄比亚的古迹》，柏林，贝萨克赫书店，1849年，第2卷，第119页。——原注

58　乔治·威洛比·弗雷泽：《从哈特努布雪花石膏采石场收集的僧侣体文字岩画》，第10卷。——原注

59　弗朗索瓦·奥古斯特·斐迪南·马里耶特：《阿拜多斯纪念碑总目录》，第1卷，第345页。——原注

60　玛格丽特·爱丽丝·默里：《埃及旅游手册》，伦敦，约翰·默里出版社，1880年，第326页。——原注

61　弗朗索瓦·奥古斯特·斐迪南·马里耶特《卡纳克》，莱比锡，欣里希思出版社，1875年，第8页。——原注

62　《埃及语言杂志》，第20卷，第123页。——原注

63　玛格丽特·爱丽丝·默里：《埃及旅游手册》，伦敦，约翰·默里出版社，1880年，第508页。——原注

64　1895年，在利斯特发现了辛努塞尔特一世的十二尊雕像。这些雕像雕刻精美，比真人大一些，用上等石灰石打造而成，现藏于大英博物馆。——原注

65　卡尔·里夏德·列普修斯：《埃及和埃塞俄比亚的古迹》，柏林，贝萨克赫书店，1849年，第2卷，第118页。威廉·马修·弗林德斯·皮特里：《1887年在埃及的一个季节》，第91页、第113页、第271页、第273页。——原注

66　埃斯内托·斯基亚帕雷拉:《佛罗伦萨目录》,第1542页。——原注

67　弗朗索瓦·奥古斯特·斐迪南·马里耶特:《阿拜多斯纪念碑总目录》,第1卷,第1466页。——原注

68　《埃及作品汇编》,第12期,第10页。——原注

69　阿奇博尔德·亨利·塞斯:《过去的记录:埃及和西亚古代纪念碑的英译版本》,伦敦,塞缪尔·巴格斯特父子有限公司,1845年到1933年,第12卷,第53页。《埃及语言杂志》,第12卷,第85页。——原注

70　卡尔·里夏德·列普修斯:《埃及和埃塞俄比亚的古迹》,柏林,贝萨克赫书店,1849年,第2卷,第118页。——原注

71　威廉·马修·弗林德斯·皮特里:《1887年在埃及的一个季节》,第271页。——原注

72　海因里希·卡尔·布鲁格施:《法老统治下的埃及:一部全源自古迹的历史》,第139页。——原注

73　威廉·马修·弗林德斯·皮特里:《塔尼斯(上部)》,第13卷,第2页。——原注

74　威廉·马修·弗林德斯·皮特里:《塔尼斯(上部)》,第13卷,第13页、第14页。——原注

75　詹姆斯·伯顿,英国埃及学学者,曾参与在帝王谷、卡纳克和麦地纳哈布的考古挖掘工作。——译者注

76　《埃及语言杂志》,第23卷,第11页。——原注

77　四国可能是指上努比亚、下努比亚,以及埃及东部和西部。——原注

78　此时,阿梅尼仍未继承世袭的亲王头衔,因此发生于法老在位第十八年(前2740)以前。——原注

79　阿蒙尼就是后来的阿蒙涅姆赫特二世。——原注

80　这里的辛努塞尔特可能指的是一位与法老同名的贵族,辛努塞尔特一世的儿子为阿蒙涅姆赫特二世。——译者注

81　弗朗西斯·卢埃林·格里菲斯:《贝尼哈桑》,伦敦,特吕布纳公司,1896年,第25页。——原注

82　弗朗索瓦·奥古斯特·斐迪南·马里耶特:《阿拜多斯纪念碑总目录》,第1卷,第617页。——原注

83　保罗·皮耶雷:《卢浮宫埃及博物馆未出版的碑文集》,第2卷,第104页。——原注

84　弗朗索瓦·奥古斯特·斐迪南·马里耶特:《阿拜多斯纪念碑总目录》,第1卷,第345页;第2卷,第21页。埃马纽埃尔·德·鲁热:《画册》,第111页、第112页。——原注

85　海因里希·卡尔·布鲁格施:《法老统治下的埃及:一部全源自古迹的历史》,第133页、第142页。——原注

86　玛格丽特·爱丽丝·默里:《埃及旅游手册》,伦敦,约翰·默里出版社,1880年,第326页。——原注

87　弗朗索瓦·奥古斯特·斐迪南·马里耶特:《卡纳克》,莱比锡,欣里希思出版社,1875年,第8页。——原注

88　《埃及语言杂志》,第20卷,第123页。——原注

89　玛格丽特·爱丽丝·默里:《埃及旅游手册》,伦敦,约翰·默里出版社,1880年,第508页。——原注

90　威廉·马修·弗林德斯·皮特里：《1887年在埃及的一个季节》，第271页。——原注

91　卡尔·里夏德·列普修斯：《埃及和埃塞俄比亚的古迹》，柏林，贝萨克赫书店，1849年，第2卷，第118页。——原注

92　威廉·马修·弗林德斯·皮特里：《1887年在埃及的一个季节》，第91页。——原注

93　威廉·马修·弗林德斯·皮特里：《1887年在埃及的一个季节》，第113页、第273页。——原注

94　约翰·莱昂斯，英国皇家海军上将，曾在埃及舰队服役。——译者注

95　《圣经考古记录》，伦敦，圣经考古学会，1879年到1918年，第16卷，第16页。——原注

96　《埃及语言杂志》，第19卷，第116页。——原注

97　保罗·皮耶雷：《卢浮宫埃及博物馆未出版的碑文集》，第2卷，第108页。——原注

98　延斯·丹尼尔·卡罗勒斯·利布莱恩：《人名辞典》，第102页。——原注

99　保罗·皮耶雷：《卢浮宫埃及博物馆未出版的碑文集》，第2卷，第104页。——原注

100　卡尔·里夏德·列普修斯：《埃及古代重要文件》，第10卷。——原注

101　弗朗索瓦·奥古斯特·斐迪南·马里耶特：《阿拜多斯纪念碑总目录》，第1卷，第617页。——原注

102　弗朗西斯·卢埃林·格里菲斯：《斯乌特和德尔里菲的碑文》，第4卷。——原注

103　弗朗索瓦·奥古斯特·斐迪南·马里耶特：《阿拜多斯纪念碑总目录》，第1卷，第1466页。——原注

104　《埃及作品汇编》，第12期，第10页。——原注

105　在金本位系统中，黄金金属标准质量限定了货币单位的值，埃及的单位货币价值对应于二百一十三格令黄金。——原注

106　玛格丽特·爱丽丝·默里：《埃及旅游手册》，伦敦，约翰·默里出版社，1880年，第351页。——原注

107　《埃及语言杂志》，第23卷，第12页。——原注

108　威廉·马修·弗林德斯·皮特里：《塔尼斯(下部)》，第9卷，第1页。——原注

109　弗朗西斯·卢埃林·格里菲斯：《贝尼哈桑》，伦敦，特吕布纳公司，1896年，第58页。——原注

110　卡尔·里夏德·列普修斯：《埃及和埃塞俄比亚的古迹》，柏林，贝萨克赫书店，1849年，第2卷，第134页到第135页。——原注

111　《埃及语言杂志》，第12卷，第112页。——原注

112　《埃及语言杂志》，第20卷，第203页。——原注

113　玛格丽特·爱丽丝·默里：《埃及旅游手册》，伦敦，约翰·默里出版社，1880年，第328页。——原注

114　玛格丽特·爱丽丝·默里：《埃及旅游手册》，伦敦，约翰·默里出版社，1880年，第512页。——原注

115　卡尔·里夏德·列普修斯：《埃及和埃塞俄比亚的古迹》，柏林，贝萨克赫书店，1849年，第2卷，第123页。——原注

116　卡尔·里夏德·列普修斯：《埃及古代重要文件》，第10卷，第4页。——原注

117 《埃及语言杂志》，第12卷，第112页。——原注

118 《圣经考古记录》，伦敦，圣经考古学会，1879年到1918年，第14卷，第39页。——原注

119 玛格丽特·爱丽丝·默里：《埃及旅游手册》，伦敦，约翰·默里出版社，1880年，第351页。——原注

120 《埃及语言杂志》，第13卷，第12页。——原注

121 威廉·马修·弗林德斯·皮特里：《塔尼斯（下部）》，第9卷，第1页。——原注

122 卡尔·里夏德·列普修斯：《埃及和埃塞俄比亚的古迹》，柏林，贝萨克赫书店，1849年，第2卷，第134页、第135页。——原注

123 《埃及语言杂志》，第13卷，第112页。——原注

124 《埃及语言杂志》，第20卷，第203页。——原注

125 玛格丽特·爱丽丝·默里：《埃及旅游手册》，伦敦，约翰·默里出版社，1880年，第326页。——原注

126 玛格丽特·爱丽丝·默里：《埃及旅游手册》，伦敦，约翰·默里出版社，1880年，第512页。——原注

127 卡尔·里夏德·列普修斯：《埃及和埃塞俄比亚的古迹》，柏林，贝萨克赫书店，1849年，第2卷，第123页。——原注

128 塞缪尔·夏普：《来自大英博物馆和其他来源的埃及碑文》，伦敦，爱德华·莫克森出版社，1837年，第1卷，第83页。——原注

129 威廉·马修·弗林德斯·皮特里：《塔尼斯》，第11卷，第171页。——原注

130 弗朗索瓦·奥古斯特·斐迪南·马里耶特：《埃及和努比亚的古迹》，第27页。——原注

131 威廉·马修·弗林德斯·皮特里：《伊拉罕、拉罕和古洛》，第2卷、第14页。——原注

132 亨利·爱德华·纳维尔：《阿纳斯埃尔梅迪内》，伦敦，埃及探索基金，1894年，第1卷。——原注

133 珀西·爱德华·纽伯里：《贝尼哈桑》，第38卷。——原注

134 《埃及语言杂志》，第20卷，第204页。——原注

135 《埃及作品汇编》，第10期，第139页。——原注

136 卡尔·里夏德·列普修斯：《埃及和埃塞俄比亚的古迹》，柏林，贝萨克赫书店，1849年，第2卷，第123页。——原注

137 雅克·德·摩根：《探索代赫舒尔》。——原注

138 雅克·德·摩根：《探索代赫舒尔》。——原注

139 威廉·马修·弗林德斯·皮特里：《吉萨的金字塔和神殿》，第2卷，第66页、第67页。——原注

140 威廉·马修·弗林德斯·皮特里：《伊拉罕、拉罕和古洛》，第1页到第4页。——原注

141 阿努比斯是埃及神话中一个与木乃伊制作和死后生活有关的胡狼头神。——译者注

142 威廉·马修·弗林德斯·皮特里：《伊拉罕、拉罕和古洛》，第2卷。——原注

143 威廉·马修·弗林德斯·皮特里：《伊拉罕、拉罕和古洛》，1890年，第3页。——原注

144　威廉·马修·弗林德斯·皮特里:《伊拉罕、古洛和哈瓦拉》。——原注

145　威廉·马修·弗林德斯·皮特里:《伊拉罕、拉罕和古洛》。——原注

146　威廉·马修·弗林德斯·皮特里:《伊拉罕、拉罕和古洛》。——原注

147　珀西·爱德华·纽伯里:《贝尼哈桑》,第38卷。——原注

148　珀西·爱德华·纽伯里:《贝尼哈桑》,第38卷。——原注

149　飞去来器是一种掷出后可以利用空气动力学原理飞回来的打猎用具。——译者注

150　珀西·爱德华·纽伯里:《贝尼哈桑》,第31卷。——原注

151　《埃及语言杂志》,第20卷,第204页。——原注

152　《埃及作品汇编》,第10期,第139页。——原注

153　卡尔·里夏德·列普修斯:《埃及和埃塞俄比亚的古迹》,柏林,贝萨克赫书店,1849年,第2卷,第123页。——原注

154　《埃及作品汇编》,第10期,第189页。——原注

155　阿尔弗雷德·维德曼:《埃及史》,第250页。——原注

156　埃马纽埃尔·德·鲁热:《关于埃及古物画廊展出古迹的通知》,巴黎,夏尔·德·莫拉格兄弟出版公司,1872年,第16页。——原注

157　威廉·马修·弗林德斯·皮特里:《塔尼斯(上部)》,第11卷,第171页。——原注

158　威廉·马修·弗林德斯·皮特里:《塔尼斯(上部)》,第2卷,第7页。——原注

159　威廉·马修·弗林德斯·皮特里:《内贝舍和德芬内》,伦敦,埃及探索基金,1888年,第9卷,第2页。——原注

160　《埃及语言杂志》,第23卷,第12页。——原注

161　亨利·爱德华·纳维尔:《阿纳斯埃尔梅迪内》,第4卷、第12卷。——原注

162　亨利·爱德华·纳维尔:《布巴斯提斯:1887年到1889年》,伦敦,保罗·特伦奇·特吕布纳出版社,1891年,第33卷。——原注

163　弗朗索瓦·奥古斯特·斐迪南·马里耶特:《阿拜多斯纪念碑总目录》,第1卷,第346页。——原注

164　卡尔·里夏德·列普修斯:《埃及和埃塞俄比亚的古迹》,柏林,贝萨克赫书店,1849年,第2卷,第136页。——原注

165　卡尔·里夏德·列普修斯:《埃及和埃塞俄比亚的古迹》,柏林,贝萨克赫书店,1849年,第2卷,第136页。——原注

166　卡尔·里夏德·列普修斯:《埃及和埃塞俄比亚的古迹》,柏林,贝萨克赫书店,1849年,第2卷,第136页。——原注

167　《埃及语言杂志》,第8卷,第50页。——原注

168　卡尔·里夏德·列普修斯:《埃及和埃塞俄比亚的古迹》,柏林,贝萨克赫书店,1849年,第2卷,第136页。《埃及作品汇编》,第13期,第202页。——原注

169　卡尔·里夏德·列普修斯:《来自埃及、埃塞俄比亚和西奈半岛的信》,伦敦,亨利·乔治·博恩出版公司,1853年,第120页。——原注

170　卡尔·里夏德·列普修斯:《埃及和埃塞俄比亚的古迹》,柏林,贝萨克赫书店,1849年,第2卷,第111页到第112页。——原注

171　卡尔·里夏德·列普修斯:《埃及和埃塞俄比亚的古迹》,柏林,贝萨克赫书店,1849年,第2卷,第111页到第112页。——原注

172　赫努姆内弗赫兹是一种头衔。——译者注

173　威廉·马修·弗林德斯·皮特里:《塔尼斯(上部)》,第2卷,第7页。——原注

174　威廉·马修·弗林德斯·皮特里:《内贝舍和德芬内》,伦敦,埃及探索基金,1888年,第9卷,第2页。——原注

175　《埃及语言杂志》,第23卷,第12页。——原注

176　亨利·爱德华·纳维尔:《阿纳斯埃尔梅迪内》,第29页。——原注

177　亨利·爱德华·纳维尔:《布巴斯提斯:1887年到1889年》,伦敦,保罗·特伦奇·特吕布纳出版社,1891年,第33卷、第34卷。——原注

178　弗朗索瓦·奥古斯特·斐迪南·马里耶特:《阿拜多斯纪念碑总目录》,第1卷,第346页。——原注

179　荷阿克月是古埃及和科普特历法中的第四个月。——译者注

180　赫谢夫是埃及神话中的"河岸统治者",是创造和生育之神,被描绘成公羊或羊头人身的形象。——译者注

181　威廉·马修·弗林德斯·皮特里:《1887年在埃及的一个季节》,第340页。——原注

182　威廉·马修·弗林德斯·皮特里:《1887年在埃及的一个季节》,第262页。——原注

183　《埃及语言杂志》,第13卷,第50页。——原注

184　阿努凯特是尼罗河的化身及尼罗河女神。她被描绘成一个头戴羽毛头饰的妇女,圣物是羚羊。她负责疏导河水,使大地丰产。——译者注

185　《埃及作品汇编》,第13期,第202页。——原注

186　卡尔·里夏德·列普修斯:《来自埃及、埃塞俄比亚和西奈半岛的信》,伦敦,亨利·乔治·博恩出版公司,1853年,第120页。——原注

187　卡尔·里夏德·列普修斯:《埃及和埃塞俄比亚的古迹》,柏林,贝萨克赫书店,1849年,第2卷,第112页。——原注

188　即公元前2644年。——译者注

189　卡尔·里夏德·列普修斯:《埃及和埃塞俄比亚的古迹》,柏林,贝萨克赫书店,1849年,第1卷,第111页、第112页。加斯东·卡米耶·夏尔·马伯乐:《埃及考古学》,第29页、第30页。——原注

190　卡尔·里夏德·列普修斯:《埃及和埃塞俄比亚的古迹》,柏林,贝萨克赫书店,1849年,第2卷,第136页。——原注

191　卡尔·里夏德·列普修斯:《埃及和埃塞俄比亚的古迹》,柏林,贝萨克赫书店,1849年,第2卷,第136页。——原注

192　凯森是地名。——译者注

193　塞克特是埃及神话中的战争、复仇和医疗女神。——译者注

194　此处存疑。——原注

195　卡尔·里夏德·列普修斯:《埃及和埃塞俄比亚的古迹》,柏林,贝萨克赫书店,1849年,第3卷,第55页。——原注

196　卡尔·里夏德·列普修斯:《来自埃及、埃塞俄比亚和西奈半岛的信》,第310页。——原注

197　卡尔·里夏德·列普修斯:《埃及和埃塞俄比亚的古迹》,柏林,贝萨克赫书店,1849年,第2卷,第137页。——原注

198　卡尔·里夏德·列普修斯:《埃及和埃塞俄比亚的古迹》,柏林,贝萨克赫书店,1849年,第2卷,第143页。——原注

199　威廉·马修·弗林德斯·皮特里:《拉罕、古洛和哈瓦拉》,第2卷到第5卷。——原注

200　威廉·马修·弗林德斯·皮特里:《哈瓦拉、比阿穆和阿西诺》,伦敦,特吕布纳公司,1889年,第27卷。——原注

201　威廉·马修·弗林德斯·皮特里:《哈瓦拉、比阿穆和阿西诺》,伦敦,特吕布纳公司,1889年,第26页到第27页。——原注

202　卡尔·里夏德·列普修斯:《埃及和埃塞俄比亚的古迹》,柏林,贝萨克赫书店,1849年,第2卷,第138页。——原注

203　《埃及作品汇编》,第10期,第139页。——原注

204　阿尔弗雷德·维德曼:《埃及史》,第255页。——原注

205　威廉·马修·弗林德斯·皮特里:《1887年在埃及的一个季节》,第84页、第98页、第151页。雅克·德·摩根:《古埃及纪念碑碑文目录》,第1卷,第14页、第15页、第27页。——原注

206　卡尔·里夏德·列普修斯:《埃及和埃塞俄比亚的古迹》,柏林,贝萨克赫书店,1849年,第2卷,第138页。——原注

207　卡尔·里夏德·列普修斯:《埃及和埃塞俄比亚的古迹》,柏林,贝萨克赫书店,1849年,第2卷,第139页。——原注

208　卡尔·里夏德·列普修斯:《埃及和埃塞俄比亚的古迹》,柏林,贝萨克赫书店,1849年,第2卷,第139页。——原注

209　阿尔弗雷德·维德曼:《埃及史》,第260页。——原注

210　《埃及作品汇编》,第15期,第136页;第1期到第4期。——原注

211　威廉·马修·弗林德斯·皮特里:《拉罕、古洛和哈瓦拉》,第2卷到第5卷。——原注

212　威廉·马修·弗林德斯·皮特里:《哈瓦拉、比阿穆和阿西诺》,伦敦,特吕布纳公司,1889年,第27卷,第12页。——原注

213　即法尤姆。——译者注

214 列柱廊是立有圆柱的门廊，或者围绕在一块场地周围的敞开的柱廊。——译者注

215 威廉·马修·弗林德斯·皮特里：《哈瓦拉、比阿穆和阿西诺》，伦敦，特吕布纳公司，1889年，第25卷，第4页到第8页。——原注

216 威廉·马修·弗林德斯·皮特里：《哈瓦拉、比阿穆和阿西诺》，伦敦，特吕布纳公司，1889年，第2卷、第5页。——原注

217 卡尔·里夏德·列普修斯：《埃及和埃塞俄比亚的古迹》，柏林，贝萨克赫书店，1849年，第2卷，第137页。卡尔·里夏德·列普修斯：《来自埃及、埃塞俄比亚和西奈半岛的信》，第301页。让-弗朗索瓦·商博良：《查理十世博物馆埃及纪念碑的描述》，巴黎，克拉珀莱出版公司，1827年，第2卷，第691页。——原注

218 卡尔·里夏德·列普修斯：《埃及和埃塞俄比亚的古迹》，柏林，贝萨克赫书店，1849年，第2卷，第137页。——原注

219 卡尔·里夏德·列普修斯：《埃及和埃塞俄比亚的古迹》，柏林，贝萨克赫书店，1849年，第2卷，第143页。——原注

220 理查德·霍华德·维斯：《金字塔》，第3卷，第94页。——原注

221 威廉·马修·弗林德斯·皮特里：《哈瓦拉、比阿穆和阿西诺》，伦敦，特吕布纳公司，1889年，第26卷，第53页到第56页。——原注

222 托勒密一世是埃及托勒密王朝创建者，亦是马其顿王国亚历山大大帝的继业者之一，大批马其顿和希腊士兵效忠他。——译者注

223 威廉·马修·弗林德斯·皮特里：《哈瓦拉、比阿穆和阿西诺》，伦敦，特吕布纳公司，1889年，第2页。——原注

224 威廉·马修·弗林德斯·皮特里：《哈瓦拉、比阿穆和阿西诺》，伦敦，特吕布纳公司，1889年，第27卷，第57页。——原注

225 卡尔·里夏德·列普修斯：《埃及和埃塞俄比亚的古迹》，柏林，贝萨克赫书店，1849年，第2卷，第138页。——原注

226 《埃及作品汇编》，第10期，第139页。——原注

227 阿尔弗雷德·维德曼：《埃及史》，第255页。——原注

228 威廉·马修·弗林德斯·皮特里：《1887年在埃及的一个季节》，第84页、第98页、第151页、第153页、第154页。——原注

229 卡尔·里夏德·列普修斯：《埃及和埃塞俄比亚的古迹》，柏林，贝萨克赫书店，1849年，第2卷，第138页。——原注

230 卡尔·里夏德·列普修斯：《埃及和埃塞俄比亚的古迹》，柏林，贝萨克赫书店，1849年，第2卷，第139页。——原注

231 卡尔·里夏德·列普修斯：《来自埃及、埃塞俄比亚和西奈半岛的信》，伦敦，亨利·乔治·博恩出版公司，1853年，第510页。——原注

232 角度、角分和角秒是量度平面角的单位。——译者注

233 卡尔·里夏德·列普修斯：《来自埃及、埃塞俄比亚和西奈半岛的信》，伦敦，亨利·乔治·博恩出版公司，1853年，第507页到第532页。——原注

234 海因里希·卡尔·布鲁格施：《埃及古迹汇编》，莱比锡，欣里希思出版社，1885年，第2页。——原注

235 阿尔弗雷德·维德曼：《埃及史》，第260页。——原注

236 《埃及作品汇编》，第15期，第136页；第1期到第4期。——原注

237 《埃及作品汇编》，第14期，第55页。——原注

238 卡尔·里夏德·列普修斯：《埃及和埃塞俄比亚的古迹》，柏林，贝萨克赫书店，1849年，第2卷，第140页。卡尔·里夏德·列普修斯：《埃及古代重要文件》，第10卷。——原注

239 《埃及作品汇编》，第10期，第142页。——原注

240 威廉·马修·弗林德斯·皮特里：《拉罕、古洛和哈瓦拉》，第5卷。——原注

241 卡尔·里夏德·列普修斯：《埃及和埃塞俄比亚的古迹》，柏林，贝萨克赫书店，1849年，第2卷，第140页。——原注

242 卡尔·里夏德·列普修斯：《埃及和埃塞俄比亚的古迹》，柏林，贝萨克赫书店，1849年，第2卷，第140页。——原注

243 弗朗西斯·卢埃林·格里菲斯：《拉罕莎草纸》，第33卷。——原注

244 威廉·马修·弗林德斯·皮特里：《1887年在埃及的一个季节》，第444页。——原注

245 卡尔·里夏德·列普修斯：《埃及和埃塞俄比亚的古迹》，柏林，贝萨克赫书店，1849年，第2卷，第152页。——原注

246 卡尔·里夏德·列普修斯：《埃及和埃塞俄比亚的古迹》，柏林，贝萨克赫书店，1849年，第2卷，第140页。——原注

247 威廉·马修·弗林德斯·皮特里：《1887年在埃及的一个季节》，第444页。——原注

248 卡尔·里夏德·列普修斯：《埃及和埃塞俄比亚的古迹》，柏林，贝萨克赫书店，1849年，第2卷，第152页。——原注

249 弗朗西斯·卢埃林·格里菲斯：《拉罕莎草纸》，第33卷。——原注

250 卡尔·里夏德·列普修斯：《埃及和埃塞俄比亚的古迹》，柏林，贝萨克赫书店，1849年，第2卷，第140页。——原注

251 卡尔·里夏德·列普修斯：《埃及和埃塞俄比亚的古迹》，柏林，贝萨克赫书店，1849年，第2卷，第140页。——原注

第 9 章

第十三王朝与第十四王朝

THIRTEENTH AND
FOURTEENTH DYNASTIES

现在，我们进入埃及史第二个伟大但鲜为人知的时期，即第十三王朝和第十四王朝时期。由于埃拉托色尼王表、圣甲虫、阿拜多斯神殿的部分王表及都灵王表上一些零碎但有用的叙述，我们才在一定程度上填补了第七到第十一王朝这一空白时期。实际上，第十三王朝到第十七王朝史料更少。都灵王表起初还保存完好，但随后逐渐残损，甚至连法老的名字都无法确定。人们在卡纳克神殿发现了图特摩斯三世统治时期一份极不寻常的王表。另外，还有约瑟夫斯、阿弗利卡努斯和尤西比乌斯等对曼涅托王表的各种摘录和总结。然而，遗迹数量稀少，其中也没有当时法老之位继承的记录。

人们对于唯一使用的名称——都灵王表持有两种看法。布鲁格施将都灵王表视为连续的法老继承王表，但列布莱恩认为都灵王表由第十三王朝和第十四王朝六个相互重叠部分编撰而成。然而，后一种假设似乎没有充分的证据。除非两个王朝处于同一时代，否则没有充足理由形成相互重叠的历史记录。如果处于同一时代，那么两王朝必然会出现竞争关系。然而，经推算，我们并没有发现第九王朝和第十王朝出现竞争关系。因此，只要都灵王表的破损程度不影响研究，我们就认为其在连续记录法老之位的继承。由于王表各部分的书写文字不一样，并且其间距、结构、风格及后来刻画在背面的线条位置都不一致，因此无法对碎片进行排列。如果所有线索都无法显示碎片顺序时，那么我们就可以认为不同的碎片可按任何顺序排列。

在详细介绍法老的名字及其统治情况前，我们最好先回顾一下第十三到第十七王朝的概况，以便了解我们所掌握证据的大致情况。

因此，曼涅托王表成为这一时期的唯一指引。首先，我们将以最可靠的形式简要回顾约瑟夫斯的著作，以及阿弗利卡努斯和尤西比乌斯的王表。

塞克斯特斯·尤利乌斯·阿弗利卡努斯的王表			尤西比乌斯的王表			提图斯·弗莱维厄斯·约瑟夫斯的著作
王朝	法老（任）	存续时间（年）	王朝	法老（任）	存续时间（年）	
十三	60	453 或 153	十三	60	453	
十四	76	184	十四	76	484	动荡过后，人们拥护法老即位
十五	6 喜克索斯人	284	十五	χ 底比斯人	250	喜克索斯人，6位法老，共统治埃及260年
十六	32 喜克索斯人	518	十六	5 底比斯人	190	喜克索斯人及后代，共统治埃及511年
十七	43	151	十七	4 喜克索斯人	103	

我们先不考虑喜克索斯诸王统治时期的细节，上述史料正好可以揭示当时的谜团。

在多数情况下，都灵王表都给出了统治时间。根据对十一位法老统治时间明确、清晰的记载，平均每位法老在位六年半，整个第十三王朝共六十位法老的统治时间总计为三百九十年。与一百五十三年的统治时间相比，四百五十三年的统治时间似乎更可信。事实上，从一百五十三年统治时间中减去前十一位法老确定的七十一年统治时间，剩下的四十九位法老总计统治八十二年，但这种情况的可能性太小了。因此，在四百五十三年和一百五十三年的统治时间对比中，我们选择可能性更大的前者。

下一个问题是喜克索斯王朝和第十三王朝、第十四王朝属于同一个时代吗？就第十三王朝而言，都灵王表记载的前六十位法老的遗迹表明，他们统治了整个埃及。第十五任法老的遗迹发现于塞姆纳和布巴斯提斯，第二十三任法老的遗迹发现于塔尼斯和埃塞俄比亚。第五十三任法老叫拉尼赫斯，我们认为他就是发现于塔尼斯的法老的儿子尼赫斯[1]，他的遗迹曾发现于特尔莫克达姆。因此，我们不能假定喜克索斯王朝与历时四百五十三年的第十三王朝处于同一时代，或许第十三王朝终结于都灵王表记载的第五十六位法老统治时期，因为它可能漏掉了两位或者三位法老。

根据约瑟夫斯的著作，曼涅托王表记载了整个喜克索斯王朝（历时511年），并将其分为三个阶段。起初，"他们控制了我们的统治者……并且实施了各种暴行"。接着，"他们使自己人登上法老之位"，并且明确记载六位法老共统治二百六十年。然后，曼涅托王表记载道，"这六位法老是他们最早的统治者""牧羊人的法老及其后裔统治埃及五百一十一年"。第一阶段是劫掠当地统治者，第二阶段是确立规则，维持喜克索斯王朝的长期稳定。第三阶段由统治者的后代继承法老之位，共统治埃及长达五百一十一年。随着喜克索斯人被驱逐及第十八王朝的建立，喜克索斯王朝宣告结束。

阿弗利卡努斯王表和尤西比乌斯王表结论的本质区别在于，尤西比乌斯王表将喜克索斯王朝置于此空白时期的末期，阿弗利卡努斯王表将喜克索斯王朝置于第十四王朝和第十七王朝之间。由于尤西比乌斯王表的描述与约瑟夫斯的不一致，而阿弗利卡努斯对喜克索斯王朝法老的数量和统治时间的记载更合理，所以阿弗利卡努斯王表的史料更为可信。然而，阿弗利卡努斯王表记载的第十六王朝显然是包括整个喜克索斯王朝（历时五百一十八年），接近约瑟夫斯记载的五百一十一年，约瑟夫斯的记载包括早期统治的二百八十四年和后期统治的一百五十一年。从阿弗利卡努斯王表记载的第十七王朝法老的数量来看，似乎存在错误。这张表显示四十三名喜克索斯法老和四十三名底比斯法老共统治了一百五十一年。数字相同表明记载可能存在错误，并且每位法老的统治时间都很短。

通过观察哪个朝代与喜克索斯王朝处于同一时期，我们可以从混乱中找到一些线索。正如阿佩普和塞格嫩拉故事描述的那样，喜克索斯王朝的最后一百五十一年似乎是由喜克索斯宗主国和埃及附属国共同统治的。因此，喜克索斯王朝前六位法老的统治时间为二百六十年，其子孙统治时间为一百五十一年，共计四百一十一年。于是，喜克索斯人在共计五百一十一年的时间里，约有一百年夺取埃及人的王权。其间，所需的具体时间无法确定。喜克索斯人的权力逐渐增强，很可能需要一个世纪的时间，再加上四百一十一年的统治时间，共计五百一十一年，或者根据阿弗利卡努斯王表，共计五百一十八年。

那么，这与埃及人的统治有什么关系呢？这一百五十一年是与第十七王朝联合统治。但前六位喜克索斯法老统治时期及他们统治前的混乱时期究竟发生了什么？阿弗利卡努斯王表并没有提供相关史料。不过，根据尤西比乌斯的记载，第十六王朝即底比斯王朝共有五位法老，统治期共计一百九十年。如果这是指上文提到的六位喜克索斯法老的统治时期，那么似乎也有可能，因为尤西比乌斯记载的第十五王朝显然是由六位喜克索斯法老统治的。根据乔治·辛赛勒斯记载的古埃及编年史中，这一百九十年共有八任法老，这一数字的可能性似乎更高。这就是埃及记载的喜克索斯王朝统治时期的史料。

起止时间	埃及统治者的状况	起止时间	喜克索斯统治者的状况
约公元前2565年到公元前2112年	第十三王朝，60任法老，统治453年	—	—
约公元前2112年到公元前1928年	第十四王朝，76任法老，统治184年	约公元前2098年到公元前1998年	混乱时期历时100年
约公元前1928年到公元前1738年	第十六王朝，8任法老，统治190年	约公元前1998年到公元前1738年	第十五王朝，6任法老，统治260年
约公元前1738年到公元前1587年	第十七王朝，χ任法老，统治151年	约公元前1738年到公元前1587年	第十七王朝，χ任法老，统治151年

上述混乱的材料似乎是喜克索斯王朝可能性最高的原始叙述，阿弗利卡努斯王表应该做如下解读：

第十三王朝由埃及人统治；

第十四王朝由埃及人统治；

第十五王朝由喜克索斯人统治；

第十六王朝由喜克索斯人统治；

第十七王朝由埃及人和喜克索斯人联合统治。

然而，尤西比乌斯王表做出了如下解读：

第十三王朝由埃及人统治；

第十四王朝由埃及人统治；

第十五王朝由喜克索斯人统治，由于统治了底比斯，喜克索斯人被称为"底比斯人"；

第十六王朝由埃及人统治；

第十七王朝由埃及人和喜克索斯人联合统治。

约瑟夫斯没有提到埃及人，只记录了与喜克索斯王朝相关的内容。根据约瑟夫斯的记载，喜克索斯王朝统治时间为五百一十一年；在阿弗利卡努斯王表中，喜克索斯人统治时间为五百一十八年；在尤西比乌斯王表中，相应数据为五百二十五年。这几个数字的高度接近为我们的研究提供最佳线索。数字之间存在细微差别，可能是在喜克索斯王朝统治开始时，存在一百年左右的混乱局面，也可能是第十四王朝开始或第十七王朝结束时，存在一个法老独立统治时间。

如果我们接受了上述推算，我们可以这样详细地划分各个时期：

第十三王朝：六十任法老，统治四百五十三年。

第十四王朝：七十六任法老，其中喜克索斯人出现前，埃及人统治了十四年；喜克索斯人争夺王位一百年；喜克索斯人统治七十年。

第十六王朝：八任法老，喜克索斯法老统治一百九十年。

第十七王朝：x任法老，埃及人和喜克索斯人联合统治一百五十一年。

都灵王表的残片证实了上述划分方式。一直以来，肯定有块残片放错了地方。残片上写的是第三十二任法老，但无论是从统治时长，还是从法老名字"……泽法"来看，这位法老都不可能属于第四王朝（该残片一直被放置在记载第四王朝历史的地方）。该残片应放置于十四王朝末期，而不是王表的其他地方。其他残片，如第122号残片、第133号残片、第135号残片，其间距、文字和背面图案一致。在第十四王朝，至少有三位法老的名字以"泽法"结尾。因此，这类名字在当时并不少见。比起其他不确定的时期，残片上的统治时间更符合第十六王朝。残片上的统治时长是六年、六年、二十四年、二十四年、二十一年和八年，六年的统治时间可能发生在第十四王朝末期。如果四位法老的统治时长为七十七年，那么第十六王朝剩下的四位法老在位一百一十三年。这一统治时长的可能性很大，因为残片上已经有两位法老在位二十四年的记录了。

直到发现新材料前，我们似乎只能暂时接受上述情况。在此基础上，我们接下来将讨论第十三王朝的细节问题。

据都灵王表记载，第十三王朝时期约为公元前2565年到公元前2112年。"Mon."指的是遗迹（monument），如下所示。

法老任数	法老	相关信息来源	在位时长（年）
1	拉胡塔乌伊	—	—
2	拉塞赫姆卡	遗迹	6
3	拉阿蒙姆赫特	—	—
4	拉索特普阿卜	—	—
5	埃菲尼	—	—
6	拉山赫阿卜 阿梅尼-安特夫-阿蒙涅姆赫特	遗迹	—
7	拉斯门卡	—	—
8	拉塞霍特普阿卜	遗迹	—
9	……卡	—	—
10	拉尼塞姆阿卜	—	—
11	拉塞贝克（霍特）普	遗迹	—
12	里塞恩	—	—
13	拉夫阿卜	遗迹	—

●续 表

法老任数	法老	相关信息来源	在位时长（年）
14	拉塞泽夫（阿卜）	—	—
15	拉塞赫姆库塔乌伊 索贝克霍特普一世	遗迹	—
16	拉乌塞……拉	—	—
17	拉（斯门赫）卡 梅尔梅斯哈乌	遗迹	—
18	……卡 阿努	—	—
19	……乌塞尔	—	—
20	拉（塞赫姆苏阿兹塔乌伊） 索贝克霍特普二世	遗迹	3
21	拉卡（塞谢斯） 内弗霍特普	遗迹	11
22	拉哈特努萨	—	—
23	拉卡内弗 索贝克霍特普三世 拉卡卡 拉卡安克 索贝克霍特普四世	遗迹	—
24	拉卡霍特普 索贝克霍特普五世，此处存疑	遗迹	4年8个月29天
25	拉乌阿卜 亚阿卜	遗迹	10年8个月28天
26	拉莫尔内弗 （阿依）……	遗迹	23年8个月18天
27	拉莫尔霍特普	遗迹	2年2个月9天
28	拉山赫 塞特赫图， 此处存疑	—	3年2个月
29	拉梅尔塞赫姆 安伦	—	3年1个月

●续 表

法老任数	法老	相关信息来源	在位时长（年）
30	拉苏阿兹卡霍拉	—	1年多
31	……	—	2年多
32	第32位到第35位法老缺失	—	不详
36	拉梅赫佩尔	—	不详
37	（拉）莫尔卡索贝克霍特普六世，此处存疑	遗迹	不详
38	……卡	—	不详
39	缺失	—	不详
40	……梅斯	—	不详
41	瑞伯……马特阿巴	遗迹	—
42	拉……乌本霍拉，此处存疑	—	—
43	……卡	—	—
44	拉……马阿	—	—
45	拉	—	—
46	……	—	—
47	哈……	—	—
48	萨	—	—
49	哈普	—	—
50	舍姆苏	—	—
51	美尼斯……	—	—
52	乌……	—	—
53	尼西	遗迹，此处存疑	—

●续 表

法老任数	法老	相关信息来源	在位时长（年）
54	拉卡提	—	—
55	……内卜孚	—	1年5个月15天

下面将开始叙述每位法老的具体情况。因为上表几乎包含了曼涅托王表上第十三王朝的法老数量(55位或者57位)，所以很可能第十三王朝就到此结束。莎草纸上记录的法老名字有出入，其中三位法老的名字都以"泽法"结尾，这在前一部分没有提及。我们现在只讨论发现遗迹的法老，而对只记录于莎草纸上的法老不予讨论。

第十三王朝第二位法老塞赫姆卡拉（⊙川），在位时间约为公元前2560年。

在本哈，我们发现了一块刻有塞赫姆卡拉名字的石碑。后来，在亚历山大，这块碑由海因里希·卡尔·布鲁格施复刻[2]。目前，这块石碑下落不明。石碑属于一位贵族，即法老塞赫姆卡拉的儿子梅里拉，他可能与那位拥有圣甲虫遗迹的人是同一个人[3]。石碑上部，一个叫尼尔的人跪着将刻有"安赫德乌阿斯"的花瓶献给卡名为"山赫塔乌伊"的鹰，塞赫姆卡拉的名字就刻在"山赫塔乌伊"旁边。在拉罕发现的莎草纸提到拉塞赫姆卡统治第三年(前2558)。

第十三王朝第六位法老山赫阿卜拉（⊙↑↑），阿梅尼-安特夫-阿蒙涅姆赫特（），在位时间约为公元前2520年。

在卡纳克，人们发现了山赫阿卜拉的供桌。供桌由两块方形石英岩块构成，顶部雕刻了二十个连续的杯形小洞，洞的四周还刻着法老山赫阿卜拉的各种头衔和名字。这一供桌现藏于吉萨博物馆[4]。

第十三王朝第八位法老拉塞霍特普阿卜（），在位时间约为公元前2510年。

人们发现刻有拉塞霍特普阿卜名字的圣甲虫。这些圣甲虫做工粗糙，显然不能与阿蒙涅姆赫特一世统治时期做工精美的圣甲虫相提并论。目前，这些圣甲虫收藏在法国卢浮宫博物馆和皮特里处（图116）。

第十三王朝第十一位法老拉索贝克霍特普（），在位时间约为公元前2490年。

现今发现的拉索贝克霍特普的两个圣甲虫，被皮特里、普

图116 ●圣甲虫（拉塞霍特普阿卜），现被皮特里收藏

利斯收藏（图117）。

第十三王朝第十三位法老拉夫阿卜或者荷尔一世。1897年，位于代赫舒尔南部的砖砌金字塔被确认属于法老拉夫阿卜。在这里，人们发现了拉夫阿卜的棺木和一尊乌木雕像。奈布赫特普塔赫努德特公主墓位于金字塔附近，被发现时墓室仍然完好无损，其内部储藏物都没有遭到破坏，墓室的详情尚未公布。

在代赫舒尔南部砖砌金字塔南面的一座墓穴内，人们发现了拉夫阿卜的王陵。[5]王陵曾遭到挖掘和偷盗，但木雕的卡、神龛、棺木、卡诺卜坛及许多较小的物件都被保存下来。法老拉夫阿卜的私人名字叫荷尔。卡诺卜坛的盖子仍密封着，上面有一个印章，写着"拉恩马特"。这些矛盾自然会产生不同观点。如果这个印章证明阿蒙涅姆赫特三世封存了丧葬品，那么荷尔应该属于第十二王朝，与阿蒙涅姆赫特三世共治，并且在父亲阿蒙涅姆赫特三世在位期间去世。问题难解之

图117 ●圣甲虫（拉索贝克霍特普），现被皮特里、普利斯收藏

处在于，在目前发现的关于荷尔的许多遗迹中都没有阿蒙涅姆赫特三世的信息。另一种观点认为，荷尔是都灵王表中的"拉阿乌卜法老"，即第十三王朝第十三位法老。不过，人们还要对印章做出解释。有人指出，这是前任统治者的旧印章，并且仍然由祭司使用，但似乎没有必要这样做。阿蒙涅姆赫特三世统治时间很长，并且留下很多杰出的建筑作品。由此可见，阿蒙涅姆赫特三世是一位享有盛誉的法老。因此，后世法老很可能以阿蒙涅姆赫特三世的名字命名。在第十三王朝中，这种行为已经比较明显。第三位法老是拉阿蒙姆赫特，第六位法老是阿梅尼-安特夫-阿蒙涅姆赫特，还有两位法老名为阿蒙涅姆赫特一世。对那个时代，我们知之甚少。因此，在第十二王朝，比起增加一位不知名的共治王，加上法老拉恩马特似乎容易得多。计算荷尔所处的年代并将其引为证据毫无意义，因为最终他还是处在第十三王朝。不过，相对于在位年代的准确性，荷尔时期艺术品的风格更值得研究。就其艺术风格而言，比起阿蒙涅姆赫特三世的巨像，荷尔的木质雕像和优雅的拉索贝克霍特普雕像更相似。

在荷尔的王陵旁，我们发现了公主奈布赫特普塔赫努德特保存良好的墓。墓内随葬品是华丽的珠宝，但没有证据表明她所处的时代。

第十三王朝第十五位法老拉塞赫姆库塔乌伊（ ），索贝克霍特普一世（ ），在位时间约为公元前2460年。

门楣，发现于布巴斯提斯[6]。

图118 ●圆柱，现藏于大英博物馆

莎草纸，发现于拉罕[7]。

尼罗河水位记录，发现于萨姆纳[8]。

圆柱，现收藏在大英博物馆（图118）。

在布巴斯提斯发现的两块门楣都刻有拉塞赫姆库塔乌伊的名字，他似乎在当地进行过建设。在拉罕发现的一张莎草纸的标注日期是拉塞赫姆库塔乌伊在位第三年（前2458）。在萨姆纳发现的尼罗河水位记录，每年记录一次，共记录四次。有些圆柱刻有拉塞赫姆库塔乌伊的王名。虽然许多圣甲虫只刻着塞克霍特普，但我们可以推断它们是这一时期的作品。

第十三王朝可能有一个叫拉塞克姆门塔乌伊的法老，也称"塔胡提"。这个名字出现在巴拉斯附近的佐韦德的一块石板上及柏林博物馆收藏的一个曼图霍特普王后的盒子上。

第十三王朝第十七位法老拉斯门赫卡（　　　　　），梅尔梅斯哈乌（![cartouche]），在位时间约为公元前2450年。

在塔尼斯发现的两尊巨大的灰色闪长岩石像刻有拉斯门赫卡和梅尔梅斯哈乌两个名字(图119)[9]。石像规模庞大，工艺精湛，风格与索贝克霍特普三世长而浅的红色花岗岩作品有很大不同，这种风格差异很容易归因于不同采石场的不同地方艺术流派。后来，阿佩帕将这些雕像据为己有，并且将自己的名字刻在雕像手臂上[10]。雕像属于哪位法老仍然需要商榷。在都灵王表上，第十三王朝第十七位法老的名字只剩下名字最后的"卡"，随后是其私人名字或者头衔"梅尔梅斯哈乌"。不过，这只是一个普通军职的头衔，或者是门德斯大祭司的头衔，也可能是其他同名法老的名字。第十三王朝末期有一位法老，即第十三王朝第七十九位法老叫"拉斯门……"，但他不太可能在塔尼斯竖立雕像，因为那时喜克索斯王朝已经在塔尼斯扎根。那么，我们必须在前五十五位法老中寻找这个名字，尽管这个名字可能属于当时丢失的十个名字中的一个。

图119 ● 梅尔梅斯哈乌灰色闪长岩石像，发现于塔尼斯

总的来说，这尊雕像刻画的可能是第十三王朝第十七任法老。对他曾担任过将军还是大祭司，我们展开了一些讨论。但根据雕像上的信息，他深受卜塔的喜爱。因此，他出任将军的可能性更大。

第十三王朝第二十位法老拉塞赫姆苏阿兹塔乌伊（⬚），索贝克霍特普二世（⬚），在位时间约为公元前2420年。

在发现的遗迹上刻有这位法老的两个名字。但在都灵王表上，他的第一个名字只有"拉"部分确定，其余文字已经被破坏得无法辨认。然而，由于在莎草纸上，只有这一位索贝克霍特普王室的法老没有确定的位置，所以他很可能是第十三王朝第二十任法老。索贝克霍特普二世的主要遗迹是一块刻着自己名字的石碑，现收藏在卢浮宫（图120）[11]。石碑上描绘了前任法老两个逝去的女儿崇拜敏的图像，她们分别是尼恩纳王后的女儿奥赫特阿布和安克特都都。石碑上没有说明她们与法老索贝克霍特普二世的关系。她们不可能是索贝克霍特普二世的姐妹，因为圣甲虫上写着他的母亲应该是奥赫特阿布，而不是尼恩纳。但她们也可能是索贝克霍特普二世的女儿或是他母亲的姐妹。人们认为石碑上雕刻的已故的奥赫特阿布是索贝克霍特普二世的母亲，但在这种情况下，奥赫特阿布肯定会被授予更高的头衔，即王室母亲，而不仅是王室女儿。

圣甲虫和维也纳的一块石碑有关于索贝克霍特普王室的更多记录[12]。根据分别收藏在法国卢浮宫博物馆和吉萨博物馆

图120 ●索贝克霍特普二世的石碑，王室女儿崇拜敏

图 121 ● 圣甲虫（拉塞赫姆苏阿兹塔乌伊），现藏于吉萨博物馆

的圣甲虫可知（图121），索贝克霍特普二世的父亲是曼图霍特普。根据分别收藏在吉萨博物馆和默奇处的圣甲虫可知，索贝克霍特普二世的母亲是王室母亲奥赫特阿布。这块石碑属于森卜王子，他的父母是曼图霍特普和王室母亲奥赫特阿布，可以肯定他们是索贝克霍特普二世的父母。此外，森卜的孩子被称为"索贝克霍特普""奥赫特阿布""肯特"和"曼图霍特普"。

在埃尔卡布的塞贝尼赫特墓中也提到索贝克霍特普二世，说他辟出土地修建神殿[13]。

第十三王朝第二十一任法老为拉卡塞谢斯（），内弗霍特普（），在位时间约为公元前2410年。相关信息如下：

遗迹	发现地	收藏地/收藏者
石碑[14]	阿拜多斯	
王名[15]	卡纳克	
碑文[16]	舒特尔利盖	
王室石碑[17]	阿斯旺	
石碑[18]	塞赫尔	
石碑[19]	克诺索斯	
雕像		博洛尼亚博物馆
圣甲虫（图122）		皮特里

在阿拜多斯发现的大石碑记录了内弗霍特普依照圣书的指示，差人在阿拜多斯建造神殿，接受神的旨意。他展开书

图122 ●圣甲虫（拉卡塞谢斯），现被皮特里收藏

卷，念出上面的文字，并且按照书上的指示，敬奉诸神。根据石碑的建造风格，我们有理由怀疑内弗霍特普的大石碑可能不是内弗霍特普法老统治时期的作品，而是属于后来某位法老，但这种说法有待考证。有一点是有价值的，即法老派使者南下来到阿拜多斯，这表明第十三王朝没有在底比斯建都。由于塞贝克一直受王室崇拜，而内弗霍特普的雕像（图123）刻着自己在谢德或者法尤姆深受塞贝克喜爱，所以都城所在地可能真的在法尤姆。直到第十二王朝末期，这一王朝的遗迹一直在法尤姆。在阿拜多斯发现的一块小石碑刻有内弗霍特普拜见敏的图像[20]。

在卡纳克发现的一块石碑刻有内弗霍特普和索贝克霍特普三世[21]的名字[22]。这表明当时内弗霍特普和索贝克霍特普三世曾共同执政。我们由圣甲虫的信息得知，内弗霍特普和索贝克霍特普三世的父亲都叫哈安克夫。索贝克霍特普家族的一个人的母亲是基玛，基玛这个名字与内弗霍特普母亲的名字有几分相似。因此，我们可以肯定索贝克霍特普三世和内弗霍特普是兄弟。在阿斯旺[23]和塞赫尔[24]，人们发现了两块石碑。石碑上面的碑文记录了王室更多的信息。从资料中得知，哈安克夫和基玛是内弗霍特普的父母，森卜森是内弗霍特普的妻子。内弗霍特普与森卜森有四个孩子，分别是哈特荷尔萨、索贝克霍特普、哈安克夫和基玛。重复的姓氏使他们的家庭关系变得复杂。因此，我们只能得出如下结论：

图 123 ● 内弗霍特普的雕像

```
        哈安克夫=王室母亲基玛*
              |
      ┌───────┴───────┐
内弗霍特普=森卜森*       索贝克霍特普三世，此处存疑
      |
  ┌───┴────┬──────────┐
哈特荷尔萨  索贝克霍特普  哈安克夫=基玛*
曾参与共治，                |
但疑早逝                索贝克霍特普三世，此处存疑
```

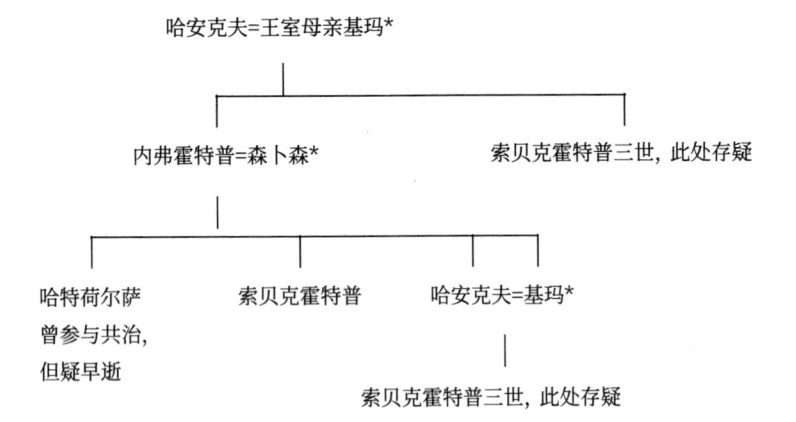

*表示女性
=表示婚姻关系

然而，索贝克霍特普三世和内弗霍特普是兄弟还是祖孙仍然悬而未决。

在丝罗丝拉附近的舒特尔利盖发现了内弗霍特普的王名。在第一瀑布区的塞赫尔和克诺索斯发现的多块石碑分别刻着内弗霍特普和阿努凯特、敏神及萨提的图像。

现收藏在博洛尼亚博物馆的一座黑色玄武岩坐像是内弗霍特普统治时期的代表性作品（图124）。这尊雕像不但表现出古埃及雕塑的古老传统，而且显示出一种与以往作品不同的柔和感，富有青春的力度。从这尊雕像，我们可以联想到索贝克霍特普三世的巨像及索贝克霍特普三世与内弗霍特普的亲属关系。

内弗霍特普的圣甲虫证实了阿斯旺碑文中记录的血缘关系，但无进一步说明。

图 124 ● 内弗霍特普的黑色玄武岩雕像，现藏于博洛尼亚博物馆

第十三王朝第二十三任法老为拉卡内弗（󰀀），索贝克霍特普三世（󰀀），在位时间约为公元前2400年，相关信息如下：

雕像，发现于塔尼斯[25]。

王名，发现于卡纳克[26]。

斯芬克斯像，发现于基波林，现收藏在吉萨博物馆。

雕像，发现于阿科、努比亚[27]。

雕像，现收藏在卢浮宫。

图 125 ● 圣甲虫（拉卡内弗），现被皮特里收藏

圣甲虫，现收藏在皮特里处（图125）。

与第十三王朝的其他法老相比，索贝克霍特普三世的遗迹分布范围最广。在塔尼斯，人们发现了一尊精美的棕红色花岗岩雕像（图126）[28]，还有一尊真人大小的雕像。目前，这些雕像收藏在卢浮宫，原址不明，可能来自同一个地方。另外，人们还发现一尊几乎真人大小的黑色花岗岩雕像。目前，这尊雕像收藏在法国卢浮宫博物馆，雕像做工精细，形态优美，但缺乏早期艺术作品的活力，甚至没有前不久雕刻的梅尔梅斯哈乌雕像的活力。不过，由于从来没有被其他法老掠夺，这些雕像后来不曾出现在其他地方。在基波林发现的一尊黑色花岗岩小斯芬克斯像，现收藏在吉萨博物馆。

在卡纳克，人们发现了法老索贝克霍特普三世的王名[29]。如

图126 ● 索贝克霍特普三世的棕红色花岗岩雕像，发现于塔尼斯

同我们以前观察的那样，他的王名与内弗霍特普的王名相近。在卡纳克的一座纪念碑上，人们还发现一位叫阿蒙涅姆赫特的将军崇拜法老拉卡内弗的场景[30]。

然而，第十三王朝最令人惊叹的遗迹是位于第三瀑布以南的阿科岛上的雕像（图127）[31]。这是两尊灰色花岗岩巨像，高二十三英尺，背部着地仰卧，其中一尊完好无损，另一尊雕像刻着索贝克霍特普三世的全名和头衔[32]。值得注意的是，在一尊雕像下的埃及王冠顶部有一个花环，这在其他古埃及雕像中没有出现过。这尊雕像不可能是从第三瀑布带过来的。因此，这尊雕像应该是在努比亚北部托姆玻斯的一个采石场切割的。这两尊巨像是当地一座神殿的一部分。神殿内有一些狮狮的雕像，还有一尊刻着铭文的索贝克霍特普三世的坐像。站

立巨像出现的时期可能比端坐巨像晚一些。端坐巨像上刻有索贝克霍特普三世的名字。后来有证据表明，直到第十三王朝中期，埃及的领土面积远超萨姆纳的领土面积，而萨姆纳是第十一王朝的边界。埃及有这样广阔的领土，但没有遭受外部入侵，并且并未出现内部疲软的迹象。第十三王朝的遗迹很少，这不是因为第十三王朝没有能力建造建筑，而是因为缺少对建筑的美学欣赏。

索贝克霍特普三世的圣甲虫很常见，圣甲虫上刻着他的两个名字。

拉卡卡（），在位时间约为公元前2390年。

在卡纳克王表中，法老之位的顺序记录得混乱零碎。拉山赫阿卜、拉塞赫姆库塔乌伊、拉塞赫姆苏阿兹

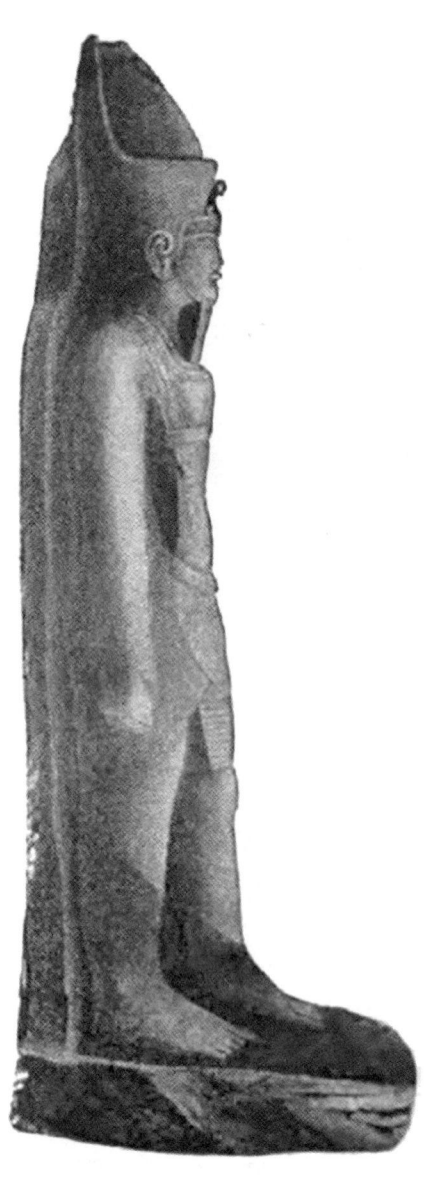

图127 ●索贝克霍特普三世的灰色花岗岩雕像，发现于阿科岛

塔乌伊、拉卡塞谢斯和拉哈特努萨依次列出。根据都灵王表记载，他们分别是第十三王朝第六任、第十五任、第二十任、第二十一任和第二十二任法老。王表下半部分有一块遗失，后来被列普修斯修复。遗失的残片上记录的名字是拉卡卡，尽管这部分在詹姆斯·伯顿复制王表时丢失了。因此，我们不清楚列普修斯进行修复工作依据的是什么。接着，王表出现的是拉卡安克和拉卡（可能是霍特普），然后是都灵王表都无法确认身份的三位法老。在他们之后出现在卡纳克王表的是拉默考，都灵王表记载的第十三王朝第三十七位法老。这些差异表明，即使表面上看似合理，我们也不能过于依赖卡纳克王表记载的法老之位的顺序。然而，依据这份王表，海因里希·卡尔·布鲁格施在都灵王表上记载的第二十四位法老之前增加了拉卡卡和拉卡安克，或者是两位索贝克霍特普法老，这是因为很难在都灵王表已经确定的法老之间找到其他合适放置拉卡安克或者索贝克霍特普的位置。另外，第十三王朝的记录至少缺失了六位法老的名字。因此，海因里希·卡尔·布鲁格施只能采用这种方式解决这一问题。我们只能说，拉卡安克或者索贝克霍特普，属于第十三王朝衰亡前的某个时期，卡纳克王表明确了他的位置。如果列普修斯的修复结果是这一问题的权威答案，那么这一解释对拉卡卡的情况同样适用。

　　人们发现了一个拉卡卡的圣甲虫，现被皮特里收藏（图128）。由于它由粗糙的陶器制成，人们很难将其与第十二王朝另一位同名法老联系起来。

图128 ●圣甲虫（拉卡卡），现被皮特里收藏

图129 ●圣甲虫（拉卡安克），现被詹姆斯·贝收藏

拉卡安克，索贝克霍特普四世，此处存疑，在位时间约为公元前2390年。相关信息如下：

石碑碎片，发现于科普托斯。

石碑，发现于莱顿。

神殿石碑，现收藏在法国卢浮宫博物馆。

圣甲虫，现被詹姆斯·贝收藏（图129）。

王后是奈布姆哈特，此处存疑。

女儿是塞贝姆赫卜，此处存疑。

在科普托斯发现的一块私人石碑的碎片，其上刻着法老索贝克霍特普四世的女儿塞贝姆赫卜的名字，她的母亲（此处存疑）是伟大的王室妻子奈布姆哈特。碑文还提到荷鲁萨姆塔乌伊，显然当时，索贝克霍特普四世仍然在世。碑文为纪念佩纳而刻，她似乎是王室侍臣阿梅纳的孙女。阿梅纳是哈安克斯王后的儿子。碑文的内容说明哈安克斯比索贝克霍特普四世早两三代。因此，哈安克斯可能与索贝克霍特普三世的父亲哈安克夫年龄相仿。

卢浮宫内藏有四块从神殿建筑剥离下来的石碑，上面刻着法老索贝克霍特普四世向敏和卜塔献祭的图像。在莱顿，人们也发现了一块石碑以及拉卡安克的一枚做工粗糙的圣甲虫，现被詹姆斯·贝收藏。

第十三王朝第二十四位法老是拉卡霍特普（），索贝克霍特普五世（），此处存疑，在位时间约为公元前2380年到公元前2375年。

目前，我们只发现了拉卡霍特普的两个圣甲虫，它们都属于同一类型，刻有王名和私人名字。因此，这证明这两个名字属于同一位法老。圣甲虫现分别藏于法国卢浮宫博物馆和吉萨博物馆（图130）。

第十三王朝第二十五任法老拉乌阿卜（），亚阿卜（），在位时间约为公元前2375年到公元前2364年[33]。

拉乌阿卜的圆柱上写着"塞贝克的至爱、苏阿兹的领主"，这根圆柱现被詹姆斯·贝收藏。另外，人们发现拉乌阿卜的一个圣甲虫，现被皮特里收藏（图131）。在拉罕，人们发现一个蓝色琉璃杯，刻有以"拉乌阿……"开头的王名。它可能

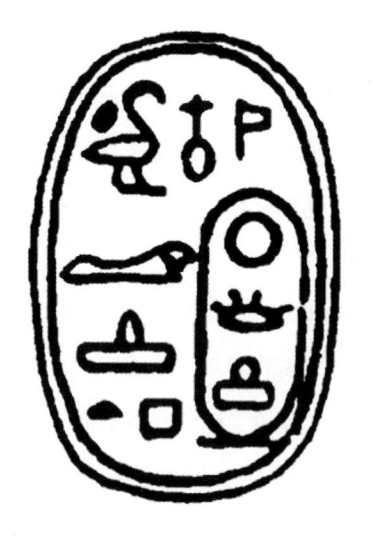

图130 ● 圣甲虫（拉卡霍特普），现藏于吉萨博物馆

图131 ● 圣甲虫（拉乌阿卜），现被皮特里收藏

是这时的作品[34]。

第十三王朝第二十六任法老拉莫尔内弗（），阿依（），在位时间大约为公元前2364年到公元前2341年[35]。

拉莫尔内弗的遗迹只有圣甲虫。有几个圣甲虫刻着拉莫尔内弗的王名，其中一个现收藏在吉萨博物馆的圣甲虫刻着两个名字（图132）。

第十三王朝第二十七任法老拉莫尔霍特普（），阿纳（），在位时间约为公元前2341年到公元前2339年。

唯一一个刻着法老拉莫尔霍特普名字的同时期物品是一枚圣甲虫，现藏于卢浮宫（图133）。

第十三王朝第三十七任法老是拉莫尔卡（），索贝克霍特普六世（），此处存疑，在位时间约为公元前2290年。

在卡纳克，人们发现一尊法老拉莫尔卡的斑岩坐像。此外，没有发现他的其他遗迹[36]。

第十三王朝第四十一位法老瑞伯马特（），阿巴（），在位时间约为公元前2260年。

从作品的风格判断，有一个圣甲虫可能属于瑞伯马特统治时期。圣甲虫上没有其他刻记，只有一个破碎的"拉……马特"字样（图134）。根据都灵王表记载，我们可以将这个圣甲虫

图132 ●圣甲虫（拉莫尔内弗），现被皮特里收藏

图133 ●圣甲虫（拉莫尔霍特普），现藏于法国卢浮宫博物馆

和瑞伯马特联系起来。

第十三王朝第四十七任到第五十二任法老，第41号都灵王表碎片中关于这段历史的记载支离破碎，或者被错误地放在了第六王朝时期，这可以从王表碎片背面文字的书写风格看出，修复者将第89号都灵王表碎片与第41号都灵王表碎片进行对比，发现两块王表碎片的两侧线条及其位置十分吻合。这段时间法老的名字都很特别，都是简单的私人名字，但其深刻的内涵让人联想到哈比[37]、舍姆苏-荷尔[38]、法老美尼斯或者历史上的其他伟人。再往前推进一段时间，我们可以看到同样简短的法老命名风格，如阿巴和霍拉。因此，我们可以将法老的名字看作即将灭亡的第十三王朝为保持某种尊严做出的最后努

图134 ●圣甲虫（瑞伯马特），现藏于法国卢浮宫博物馆

图135 ●圣甲虫（尼西），现被布伦特收藏

力。实际上，这段时间的法老们还没有准备好在名字中使用"拉"及完整的王室头衔，这有点像西罗马帝国末代皇帝尤利乌斯·尼波斯和罗慕路斯·奥古斯图卢斯。最终，在蛮族入侵中，西罗马帝国灭亡。

第十三王朝第五十三任法老尼西似乎是黑人，或者是一位来自南方的征服者，但后者可能性似乎不大，因为他的遗迹都发现于极北的地区。他也可能是苏丹的奴隶或者士兵，作为第十三王朝末期唯一的希望得到提拔。根据都灵王表记载，第十三王朝第五十三位法老的名字为拉尼西。在布巴斯提斯纳维尔附近的特尔莫克达姆雕像上，他的名字为尼西，意为"黑人"[39]。在塔尼斯的一块方尖碑[40]两次提到"法老的长子尼西"。另外，人们还发现一个圣甲虫，上面写着"法老的儿子尼西"，现被布伦特收藏（图135）。

进入第十四王朝前，我们必须注意到，一些法老的名字

虽然有遗迹的刻记佐证，但他们的历史地位仍然存在疑问。显然，一些法老实力很强大，甚至留下令人尊敬的遗迹，但人们对他们是否属于第十三王朝仍然存在疑问。都灵王表没有这方面的记载。这些法老也可能是第十六王朝长期统治的法老，他们的名字可以与拉霍特普的名字联系起来，拉霍特普的头衔又与第十八王朝早期存在关联。这似乎说明所有法老都属于伟大的喜克索斯王朝统治下的埃及第十六王朝。

然而，在第十三王朝四十六位名字明确的法老中，十七位法老的遗迹已经确定。部分遗迹刻有三位不同的法老名字，但都指向同一位法老。有九到十位法老的名字已经完全丢失。于是，我们通过遗迹得知三四位法老的名字。因此，都灵王表对第十三王朝记载缺失的部分很有可能包含以下法老的名字，在这里，我们按照法老的重要性排序。

拉塞赫姆乌阿兹卡乌（ ），塞贝姆萨夫（ ）。在阿拜多斯发现了一尊真人四分之三大小的红色花岗岩雕像，现收藏在吉萨博物馆，雕像上刻有这位法老的名字[41]。另外，人们还发现了一块浮雕，上面刻有他去世的儿子塞贝姆萨夫的名字。这证明这位王子不是塞贝姆萨夫二世。

在底比斯，人们发现了法老塞贝姆萨夫另一尊较小的黑色玄武岩坐像（图136）。这尊雕像没有头部，但宝座前面刻有他的名字。该作品枯燥又正式，雕像上的标记也很粗糙。目前，这尊雕像被皮特里收藏[42]。

在哈马马特干涸的河床上，人们发现了两块刻有法老塞贝姆萨夫崇拜敏图像的石碑，同时刻有他的两个名号[43]。在舒特尔利盖，人们发现了同样的王名[44]。一些阿拉伯人发现了若干王陵的遗迹，包括一个现收藏在大英博物馆的心形圣甲虫、一个现收藏在莱顿博物馆的盒子和一个现被普利斯收藏的刻有法老私人名字的镀金圣甲虫。

拉塞赫姆斯谢迪塔乌伊（ ），塞贝姆萨夫二世（ ）。只有艾伯特莎草纸和阿默赫斯特莎草纸提到塞贝姆萨夫二世，并且记录了第二十王朝时期对王陵展开的调查。根据艾伯特莎草纸记载，"我们发现盗贼破坏了金字塔底层的墓室，亵渎了王陵，他们从法老门赫佩尔拉掌管的内阿蒙粮仓

图136 ● 发现于底比斯的塞贝姆萨夫玄武岩雕像，现被皮特里收藏

的外部大墓室开始。在王陵中，我们没有发现法老塞贝姆萨夫二世的木乃伊，王室妻子奈布卡斯的墓室也是如此。盗贼带走了他们的木乃伊"[45]。阿默赫斯特莎草纸上记录了后来一个盗贼的供词：他们破门进入通道，发现王陵"四周被砖石保护，上面盖着屋顶。我们将王陵完全毁掉，发现了安眠的法老塞贝姆萨夫二世和王后。我们打开了石樽和棺材，看见法老塞贝姆萨夫二世的木乃伊威严无比。法老塞贝姆萨夫二世身旁放着神斧，脖子上挂着许多护身符和金饰。他的头部和整个身体都被金子所覆盖。棺木里外都用金银装饰，又用各样宝石镶嵌。我们拿走法老塞贝姆萨夫二世木乃伊身上的金子、脖子上的护身符和镶嵌在棺木上的装饰物。找到法老塞贝姆萨夫二世妻子奈布卡斯的棺木后，我们也将所有物品都带走。与此同时，我们放火烧了塞贝姆萨夫二世与奈布卡斯的棺木，偷了墓室内的家具，以及一些金、银、铜器。我们将法老和王后身上拿走的黄金、护身符和棺木上的装饰物，分成八堆"[46]。由此，我们得以了解古埃及历代法老和一些大人物墓室的情况。根据艾伯特莎草纸的记载，我们得知，奈布卡斯是塞贝姆萨夫二世的王后。因此，我们可以确定卢浮宫内一块石碑的年代。石碑上刻有"奈布卡斯——伟大的女继承人、受人爱戴的女性、所有女性的统治者、伟大的王室妻子、与王室团结一致"[47]。石碑展示了奈布卡斯王后有趣的家谱，她是大法官塞贝克都都的女儿。塞贝克都都似乎有四位妻子。其家族部分关系的示意图如下：

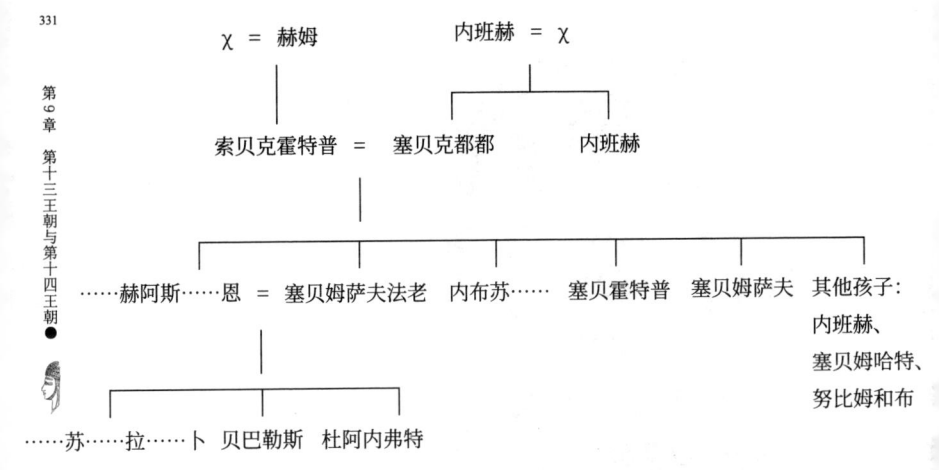

```
            χ = 赫姆              内班赫 = χ
                |                    |
                |            ┌───────┴───────┐
        索贝克霍特普 = 塞贝克都都        内班赫
                |
┌────┬────┬─────┴────┬──────┬─────────┬─────────┬──────────┐
赫阿斯 恩 = 塞贝姆萨夫法老 内布苏 塞贝霍特普 塞贝姆萨夫 其他孩子：
            |                                              内班赫、
    ┌───┬──┼──┬─────┬──────┐                              塞贝姆哈特、
    苏  拉  卜 贝巴勒斯 杜阿内弗特                            努比姆和布
```

塞贝克都都与妻子赫姆特苏伦生下特提安特夫，与妻子都都特生下门图尼苏和哈皮乌，与妻子森安赫生下索贝克霍特普。索贝克霍特普与同父异母的姐姐哈修结婚，并且生下两个孩子阿达和森安赫。森安赫生下女儿哈修。

这个家族姓名多用"塞贝"。塞贝姆萨夫二世也常用"谢迪"。这几位法老似乎在法尤姆举足轻重。

拉塞赫姆内弗卡乌（ ）、阿普乌特姆萨夫（ ）的名字是在一块以前属于哈里斯的石碑上发现的。一个现被普利斯收藏的圣甲虫上有相同的名字，但加上了"卡哈"字样，可能是名字组合中卡名的一部分(图137)。

拉门卡乌（ ），斯纳阿卜（ ），在阿拜多斯发现的一块石碑刻有他崇拜敏的图像[48]，但没有其他信息说明这块石碑的年代和联系。目前，这块石碑收藏在吉萨博物

图 137 ●圣甲虫（可能是祈愿圣甲虫），现被普利斯收藏

馆。可以看出，这块石碑的雕刻工艺比第十三王朝的其他石碑粗糙。

拉恩马恩卡（图），肯瑟（图），卢浮宫内藏有一块石碑，上面刻有以上两个王名，它们属于同一位法老。石碑上记录着阿梅尼森布在阿拜多斯修复辛努塞尔特一世神殿的事（图138）[49]。

这五位法老在第十三王朝中位置不明确。

据都灵王表记载，这五位法老很可能位于第十三王朝第二十三位法老到第二十四位法老之间，或是位于第三十一位法老到第三十五位法老之间。目前，我们只能确定这些。在这五位法老中，三位法老的名字以"卡乌"结尾，说明这五位法老是连续登上法老之位的，这也将他们与拉霍特普联系起来。

图 138 ●刻有肯瑟王名的石碑，现藏于法国卢浮宫博物馆

拉谢赫奈普塔乌伊可能是对索贝克霍特普一世名字的误读，拉内弗赫佩尔卡这一名字可能是对图特摩斯一世名字的误读。拉尔姆特尔卡这一名字很奇怪，可能指拉尔瑟卡。

根据都灵王表的记载，第十四王朝统治时间大概在公元前2112年到公元前1928年。

下列王位顺序表接续了第十三王朝：

法老任数	法老	相关信息来源	在位时长（年）
56	拉塞赫卜	—	3
57	拉梅泽法乌	—	3+
58	拉森卜卡	—	1
59	拉拉尼泽法乌	—	1
60	拉乌本	—	4，此处存疑
61	缺失 在这里，出现了许多残片。它们有多种排列方式，还掺杂着未知空白	—	—
62	……泽法	—	4

●续 表

法老任数	法老	相关信息来源	在位时长（年）
63	……乌本	—	—
64	……乌特阿卜	—	—
65	拉赫拉卜	—	—
66	拉尼卜森	—	—
67	缺失	—	—
68	拉……	—	—
69	拉斯赫佩伦	—	—
70	拉达德赫努	—	—
71	拉山赫……	—	—
72	拉内弗图姆……	—	—
73	拉塞赫姆……	—	—
74	拉卡……阿卜	—	—
75	拉内弗阿卜	遗迹	—
76	拉阿……	—	—
77	拉卡……	—	—
78	拉安赫卡……	—	5
79	拉斯门……	—	—
80	缺失	—	—
81	缺失	—	—
82	缺失	—	—
83	缺失	—	—
84	缺失	—	—
85	缺失	—	—
86	缺失	—	—

●续 表

法老任数	法老	相关信息来源	在位时长（年）
87	拉塞内弗……	遗迹	—
88	拉门……	—	—
89	……乌阿……	—	—
90	缺失	—	—
91	缺失	—	—
92	缺失	—	—
93	此处存疑	—	—
94	阿……	—	—
95	阿……	—	—
96	……卡	—	—
97	缺失	—	—
98	……哈普	—	—
99	……卡内努	—	—
100	……卡贝卜姆	—	—
101	缺失	—	—
102	拉……	—	—
103	拉哈……	—	—
104	拉哈……	—	—
105	拉塞斯……	—	—
106	拉尼巴提阿乌	—	—
107	缺失	—	—
108	拉斯门……	—	—
109	拉塞乌塞	—	12
110	拉哈谢德……	—	—

● 续 表

法老任数	法老	相关信息来源	在位时长（年）
111	拉哈……	—	—
112	缺失	—	—
113	缺失	—	—
114	缺失	—	—
115	拉……	—	4
116	缺失	—	—
117	拉乌塞……	—	—
118	拉乌塞……	—	—
119	缺失	—	—
120	缺失	—	—
121	阿……夫……	—	—
122	塞特……	—	—
123	苏努……	—	—
124	荷尔……	—	—
125	安阿卜	—	—
126	拉……斯	—	—
127	佩恩斯……塞普特	—	—
128	佩都内卜提	—	—
129	……赫卜拉，此处存疑	—	—
130	缺失	—	—
131	缺失	—	—
132	缺失	—	—
133	缺失	—	—

法老任数	法老	相关信息来源	在位时长（年）
133	缺失	—	—
134	缺失	—	6
135	……泽法	—	6
136	缺失	—	24
137	缺失	—	24
138	缺失	—	21
139	缺失	—	8
140	第140位到第142位，缺失[50]	—	—

在记录的片段中，我们可以看到第十四王朝后期拉名使用出现了同样的分化。此时，法老们更多使用私人名字。在第十三王朝后期的记录片段中，我们发现了这种情况。第九十一位到第九十五位法老，第一百二十一位到第一百二十四位法老都被认为是喜克索斯人。显然，这是基于法老的名字都以"塞特……"和"阿……"开头，如塞特安和阿波庇。但因为其他条目与已知的喜克索斯名字不一致，所以这部分法老可能与喜克索斯王朝处于同一时代，属于第十四王朝，并且沿用喜克索斯名字的风格。

我们已经讨论过该时期各朝代的情况，下文仅概括其顺序。

王朝	法老任数	埃及的状况	喜克索斯的状况
第十四王朝	76	14年时间未受喜克索斯人侵扰，此处存疑	—
—	—	喜克索斯人掠夺时期，历时100年	长达100年的混乱期

●续 表

王朝	法老任数	埃及的状况	喜克索斯的状况
—	—	喜克索斯人统治 70 年	统治 260 年
第十六王朝	8	喜克索斯人统治 190 年	—
第十七王朝	χ	与喜克索斯人共治 151 年	统治 151 年

因此，可以推断出第十四王朝每位法老的平均统治时间只有两年半。都灵王表后半部分记载的十三位法老，包括在位顺序明确的和不明确的，平均在位时间不到三年。如果除去不寻常的长期统治，那么每位法老平均在位时间仅有两年。两个平均值很接近，使我们更相信曼涅托王表记载的法老在位时间和法老数量。都灵王表记载第十三王朝后，至少还有八十五位法老，大约共有一百一十位法老。第十四王朝（七十六位）和第十六王朝法老（八位）共计八十四位，加上第十七王朝的其他法老，得出法老的总数与上述法老总数吻合。

在第十四王朝的法老中，只有两位法老的遗迹被辨认出来，其中一位是第七十五位法老拉内弗阿卜。根据塞缪尔·伯奇的说法，这位法老名是格里登在贝尼阿里清真寺——（可能在曼费卢特附近，此处存疑）的一块石头上复刻的。虽然人们没有完全复刻他的卡名——此处为"……乌塔乌伊"，但足以表明这不是帕萨美提克二世的名字。一个圣甲虫上刻有这个名字，目前收藏在都灵博物馆（图139）。

图 139 ●圣甲虫，现藏于都灵博物馆

另一位法老是第八十七任法老拉塞内弗，这可能与收藏在柏林刻有拉塞内弗的圣甲虫上的法老是同一个人。

这时，该时期其他法老也出现在卡纳克王表中。在卡纳克王表中，当时法老在位的顺序如下：

法老名字	王表	在位时长（年）
……卡	都灵王表	2，此处存疑
拉苏阿兹恩	都灵王表	—
拉山赫阿卜	都灵王表	6
拉塞赫姆库塔乌伊	都灵王表	15
拉塞赫姆苏阿兹塔乌伊，此处存疑	都灵王表	20
拉卡塞谢斯	都灵王表	21
拉卡内弗	都灵王表	23
拉卡卡，此处存疑	都灵王表	23，此处存疑
拉卡安克	都灵王表	23，此处存疑
拉卡霍特普，此处存疑	都灵王表	24
拉斯尼夫鲁……	都灵王表	87，此处存疑
拉……	都灵王表	—
拉塞苏塞尔塔乌伊	都灵王表	—
拉默考	都灵王表	37
拉梅尔塞赫姆	都灵王表	29
（缺失）	都灵王表	—
拉塞赫姆阿兹卡乌	都灵王表	—
缺失两个法老名字	都灵王表	—
拉胡塔乌伊	都灵王表	1

●续 表

法老名字	王表	在位时长（年）
拉莫尔霍特普	都灵王表	27
拉苏阿赫恩	都灵王表	—
拉……乌阿赫乌；塞贝姆萨夫，此处存疑	都灵王表	—
缺失三个法老名字	都灵王表	
拉扎……	都灵王表	—
拉苏阿兹恩	都灵王表	—
拉斯尼夫……	都灵王表	87，此处存疑
拉……	都灵王表	—

在这里，我们可以从后往前看看这些法老的名字。显然，我们可以看到这是按照索贝克霍特普家族的姓氏顺序排列的。然而，后一部分法老的在位顺序比较混乱，我们几乎不能依靠它做任何历史判断。

另外，人们发现四个刻有拉苏阿兹恩名字的圣甲虫。这些圣甲虫的做工都比较粗糙，目前分别被大英博物馆、法国卢浮宫博物馆、科普托斯和阿奇博尔德·亨利·塞斯[51]收藏。有些法老的名字仅在圣甲虫上发现：

拉内弗

拉赫佩尔

拉内弗安赫

拉卡内弗努伊

拉内卜内弗努伊

拉奈卜内弗努伊

内弗努伊卡达德乌阿

卡安赫特内弗卡

乌阿兹内弗努伊

拉内弗奈卜

拉塞特佩提

拉塞特奈卜

拉佩奈卜

拉奈卜乌阿兹

拉奈卜霍特普

许多其他刻记可能是私人名字，或者只是装饰品或象征。上述内容已经出版[52]，我们在此不再赘述。

关于第十四王朝，另一个悬而未决的问题是其首都的位置。人们认为索伊斯就是萨哈，位于尼罗河三角洲中心，而不是尼罗河西岸。在古埃及遭受来自东北方向的入侵时，当地统治者为什么撤退到西边，而不是沿尼罗河上游迁移呢？为什么当地统治者要迁到一个入侵者统治的三角洲城镇，而不是迁徙到像底比斯或者阿斯旺那样的南方城镇呢？这都是难以回答的问题。我们可以猜想各种答案，看看能否从中得到启示。第一个猜想是第十四王朝可能起源于索伊斯，但被喜克索斯人驱逐到南部。不过，第十四王朝的统治者占据了优越的战争前线位置，并且具有一定影响力。因此，第十四王朝可能并没有在索伊斯开始自己的统治，而是后来在南方定都时才开始自己的统治。第二个猜想是，当时喜克索斯人可能已经占领了整个埃及,并且防止正统王室起义,逼迫正统王室定居在三角洲附近。第三个猜想是,喜克索斯人来自叙利亚民族,不习惯在河流和沼泽环境下生活。因此,对当地人来说,比起顺河谷而上,尼罗河的河岸线和运河可以起到更好的防御作用。在萨哈,人们没有发现任何重要古老城镇的遗迹。除了一两件古罗马时期的工艺品,这里没有任何遗迹。因此,我们可以推断第十四王朝的真正首都在南部,但它的名字被曼涅托误读为距离他家乡塞本尼托斯仅几小时步行路程的另一座他熟悉的城市。不过,我们没有找到这座南部城市的名字。比如第五王朝时期,有一座与萨赫布相似的城市,即象岛。

第十四王朝的一大特征是统治者在位时间很短暂,平均在位时间仅为两年或者三年,并似乎受人摆布。事实上,他们是喜克索斯政权的傀儡。他们只作为当地政府的首脑,负责征税。他们或者如同西罗马帝国的末代皇帝一样,统治时间很短,平均只有两年半,或者如同埃及科普特当权者一样,在伊斯兰教至高无上的时期存在,因为这是控制整个埃及唯一可行的方式。后来,喜克索斯人在整个埃及建立了强大的统治,本地首领获准可以进行更长时间的统治。因此,与伟大的喜克索斯法老同时代的第十六王朝形成。

【注释】

1 另一种说法认为他是第十四王朝的法老。——译者注
2 海因里希·卡尔·布鲁格施:《埃及碑文词库》,第1455页。——原注
3 威廉·马修·弗林德斯·皮特里:《伊拉罕、拉罕和古洛》,第8卷,第40页。——原注

4　弗朗索瓦·奥古斯特·斐迪南·马里耶特：《卡纳克》，莱比锡，欣里希思出版社，1875年，第9卷到第10卷。——原注

5　雅克·德·摩根：《探索代赫舒尔》。——原注

6　亨利·爱德华·纳维尔：《布巴斯提斯：1887年到1889年》，伦敦，保罗·特伦奇·特吕布纳出版社，1891年，第33页。——原注

7　弗朗西斯·卢埃林·格里菲斯：《拉罕莎草纸》，第10卷。——原注

8　卡尔·里夏德·列普修斯：《埃及和埃塞俄比亚的古迹》，柏林，贝萨克赫书店，1849年，第2卷，第151页。——原注

9　威廉·马修·弗林德斯·皮特里：《塔尼斯》，第3卷，第16页。——原注

10　威廉·马修·弗林德斯·皮特里：《塔尼斯（上部）》，第13卷，第6页。——原注

11　普利斯·德·埃文尼斯：《埃及古迹》，第8卷。——原注

12　《埃及作品汇编》，第7期，第188页。——原注

13　卡尔·里夏德·列普修斯：《埃及和埃塞俄比亚的古迹》，柏林，贝萨克赫书店，1849年，第3卷，第13页。——原注

14　弗朗索瓦·奥古斯特·斐迪南·马里耶特：《阿拜多斯纪念碑总目录》，第2卷，第28页到第30页。——原注

15　弗朗索瓦·奥古斯特·斐迪南·马里耶特：《卡纳克》，莱比锡，欣里希思出版社，1875年，第13卷。——原注

16　威廉·马修·弗林德斯·皮特里：《1887年在埃及的一个季节》，第479页。——原注

17　威廉·马修·弗林德斯·皮特里：《1887年在埃及的一个季节》，第337页。——原注

18　卡尔·里夏德·列普修斯：《埃及和埃塞俄比亚的古迹》，柏林，贝萨克赫书店，1849年，第2卷，第151页。弗朗索瓦·奥古斯特·斐迪南·马里耶特：《埃及和努比亚的古迹》，第3页。——原注

19　卡尔·里夏德·列普修斯：《埃及和埃塞俄比亚的古迹》，柏林，贝萨克赫书店，1849年，第2卷，第151页。——原注

20　弗朗索瓦·奥古斯特·斐迪南·马里耶特：《阿拜多斯纪念碑总目录》，第1卷，第768页。——原注

21　另一种说法认为他是索贝克霍特普四世。——译者注

22　弗朗索瓦·奥古斯特·斐迪南·马里耶特：《卡纳克》，莱比锡，欣里希思出版社，1875年，第13卷。——原注

23　威廉·马修·弗林德斯·皮特里：《1887年在埃及的一个季节》，第337页。——原注

24　弗朗索瓦·奥古斯特·斐迪南·马里耶特：《埃及和努比亚的古迹》，第3页。——原注

25　威廉·马修·弗林德斯·皮特里：《塔尼斯（上部）》，第2卷，第16页。——原注

26　弗朗索瓦·奥古斯特·斐迪南·马里耶特：《卡纳克》，莱比锡，欣里希思出版社，1875年，第13卷。——原注

27　卡尔·里夏德·列普修斯：《埃及和埃塞俄比亚的古迹》，柏林，贝萨克赫书店，1849年，第1卷，第20页；第2卷，第151页。——原注

28　威廉·马修·弗林德斯·皮特里：《塔尼斯（上部）》，第3卷，第16页。——原注

29　弗朗索瓦·奥古斯特·斐迪南·马里耶特：《卡纳克》，莱比锡，欣里希思出版社，1875年，第13卷。——原注

30 弗朗索瓦·奥古斯特·斐迪南·马里耶特：《卡纳克》，莱比锡，欣里希思出版社，1875年，第8卷。——原注

31 见乔治·亚历山大·霍斯金斯：《旅行在埃塞俄比亚》，第213页。——原注

32 卡尔·里夏德·列普修斯：《埃及和埃塞俄比亚的古迹》，柏林，贝萨克赫书店，1849年，第2卷，第120页。——原注

33 他的在位时间另有公元前1725年到公元前1714年和公元前1712年到公元前1701年两种说法。——译者注

34 威廉·马修·弗林德斯·皮特里：《伊拉罕、古洛和哈瓦拉》，第10卷，第72页。——原注

35 他的在位时间另有公元前1701年到公元前1677年和公元前1714年到公元前1691年两种说法。——译者注

36 弗朗索瓦·奥古斯特·斐迪南·马里耶特：《卡纳克》，莱比锡，欣里希思出版社，1875年，第8卷，第6页。——原注

37 哈比是尼罗河神，有两个身体，还有象征丰饶的大乳房和大肚子。——译者注

38 舍姆苏-荷尔是荷鲁斯的同伴或追随者，是埃及史前时期的知识守护神。——译者注

39 亨利·爱德华·纳维尔：《阿纳斯埃尔梅迪内》，伦敦，埃及探索基金，1894年，第4卷，第28页。——原注

40 威廉·马修·弗林德斯·皮特里：《塔尼斯》，第3卷，第19页。——原注

41 弗朗索瓦·奥古斯特·斐迪南·马里耶特：《阿拜多斯纪念碑总目录》，第2卷，第26页。——原注

42 威廉·马修·弗林德斯·皮特里：《1887年在埃及的一个季节》，第21卷，第2页。——原注

43 卡尔·里夏德·列普修斯：《埃及和埃塞俄比亚的古迹》，柏林，贝萨克赫书店，1849年，第2卷，第151页。——原注

44 威廉·马修·弗林德斯·皮特里：《1887年在埃及的一个季节》，第385页。——原注

45 阿奇博尔德·亨利·塞斯：《过去的记录：埃及和西亚古代纪念碑的英译版本》，伦敦，塞缪尔·巴格斯特父子有限公司，1845年到1933年，第12卷，第106页。——原注

46 弗朗索瓦·约瑟夫·巴斯：《埃及合集》，第2卷，第9页到第12页。——原注

47 保罗·皮耶雷：《卢浮宫埃及博物馆未出版的碑文集》，第2卷，第5页。——原注

48 弗朗索瓦·奥古斯特·斐迪南·马里耶特：《阿拜多斯纪念碑总目录》，第1卷，第771页。——原注

49 卡尔·里夏德·列普修斯：《埃及古代重要文件》，第10卷。弗朗索瓦·约瑟夫·巴斯：《埃及合集》，第3卷，第2页、第203页。——原注

50 第32号残片曾被误放到第四王朝时期，但我们发现只能将它放在第十六王朝统治时期。这块残片似乎应和第122号、第133号、第135号残片放在一起。——原注

51 阿奇博尔德·亨利·塞斯，英国亚述学先驱。——译者注

52 威廉·马修·弗林德斯·皮特里：《历史上的圣甲虫》。——原注

第 10 章

喜克索斯王朝

THE HYKSOS

喜克索斯王朝时期是外族入侵者统治古埃及的时期。因此，我们要将这一时期作为一个整体来考量。然而，关于喜克索斯时期的研究材料很少。因此，我们掌握的几乎所有信息都来自约瑟夫斯对曼涅托的埃及史的记载，这也同时证明了曼涅托文字材料的真实性。我们拥有的王表仅是曼涅托记载中最基础的框架，同时阿庇安对埃及历史的回顾为我们带来莫大的启示。他提到：约瑟夫斯构建了一个关于埃及犹太[1]民族的故事，一方面充满了犹太民族的荣耀，但另外一方面无比荒诞又错漏百出。约瑟夫斯怀揣民族主义的热情对这一故事添油加醋，将喜克索斯人描述成希伯来人，并且说喜克索斯人的地位远超埃及人。虽然这一故事的叙述存在偏差，但其内容具有重要价值。正是由于这些内容，我们才知道后来埃及人对喜克索斯入侵者的看法。对于探索喜克索斯王朝而言，这些记录十分重要。因此，我们需要阅读全部记载。以下是约瑟夫斯引用曼涅托的话：

从前，有一位叫提迈厄斯的法老。他在世时，神对我们从未有过一丝不满。直至后来，从东方来的、卑鄙无耻的异族人以一种异乎寻常的方式出现，野心勃勃地入侵我国。他们未经过战争就轻而易举地征服了我们的国家，控制了我们的首领，焚烧我们的城邑，拆毁神的殿堂，肆意残害居民，大规模屠杀男性，并奴役、拐卖男性的妻子儿女。

最后，他们推举自己族人为法老，法老名为谢希。谢希住在孟菲斯，上下埃及所有地区都要向谢希纳贡，并且为了确保贡品按时交纳而在各地驻军。谢希将自己的注意力主要集中在东部边境，因为他忌惮日益强大的亚述人，觉得终有一天，亚述人会入侵埃及。在布巴斯提斯海峡以东的塞易斯[2]，谢希注意到一座城市，它在一些古代神学典故中被称为"阿瓦里斯"。鉴于这座城市很符合自己的心意，谢希决定重建这座城市。他下令修筑城墙，使其更为坚固，并且派二十五万名全副武装的将士驻守这里。夏季，谢希重建城市、收取贡品、赏赐军兵、操练军队，全副武装以备随时抵抗敌人的入侵。

在位十九年后，谢希驾崩。其继任者叫贝翁，在位四十四年。之后，法老之位由阿帕赫纳斯继承，他在位三十六年七个月。接着，阿波庇继位，在位六十一年。随后，雅尼亚在位五十年一个月。最后，阿西斯在位四十九年两个月。上述六位法老是喜克索斯王朝最早的统治者。其间，他们不断与埃及人作战，并且都怀抱着一个愿望，即希望完全消灭埃及人。

这个民族被称为"喜克索斯"，即"牧羊人王"。第一个音节"喜克"在神圣语中指"法老"，"索斯"在世俗语中指"牧羊人"。有人说喜克索斯人是阿拉伯人，他们统治古埃及长达五百一十一年。

为推翻喜克索斯人的统治，底比斯和埃及其他地区诸王联合起义。双方进行了旷日持久、劳民伤财的战争，直到喜克索斯人被一位叫作米斯夫拉莫提奥西斯的法老征服。这位法老将喜克索斯人赶出埃及，并且将其活动范围限制在面积约为一万英亩左右的阿瓦里斯地区。曼涅托说，阿瓦里斯四周被巨大、坚固的城墙包围，喜克索斯人需要通过自身以获取财物和猎物，无法从外界获得帮助。

米斯夫拉莫提奥西斯的儿子图特摩斯想进一步消灭喜克索斯人。他率四十八万名士兵将阿瓦里斯围得水泄不通。但就在他要发动战争时，喜克索斯人投降了。他们承诺离开埃及，但只有一个要求，即他们可以去任何想去的地方并且不受迫害。根据约定，喜克索斯人带着总计不少于二十四万的族人及财物，从埃及出发，经过旷野，前往叙利亚。不过，喜克索斯人惧怕当时统治亚洲的亚述人，于是修建了一座城，其规模足以容纳所有族人，并且将这座城命名为耶路撒冷，即今天的犹地亚[3]。

现在，让我们根据上述材料并结合掌握的其他信息总结这段历史。

在埃及混乱、衰落时，一个来自东方的野蛮民族趁机侵入。这个民族定居并掠夺埃及，甚至埃及统治者都要听任这个民族的摆布。经历一个世纪的混乱后，喜克索斯人越来越有智慧。这可能是由于定居在埃及的第二代和第三代喜克索斯人与埃及女性通婚，他们繁衍的后代中又从埃及女性身上继承了埃及文化。

然后，喜克索斯人按照埃及的方式建立了自己的政治体系。喜克索斯人沿袭埃及惯例，并且让当地行政人员在喜克索斯人的势力范围内宣誓效忠。其间，喜克索斯王朝先后经历了6位法老。谢希是第一位法老，他重建了哈乌阿尔——可能是塔尼斯，将它当作军事要塞，并且建都孟菲斯。

第十五王朝几位法老统治情况如下：

法老	统治时长	在位时间
谢希	19年	约公元前1998年到公元前1979年
贝翁，即比恩	44年	约公元前1979年到公元前1935年
阿帕赫纳斯，即帕赫纳	36年7个月	约公元前1935年到公元前1898年
阿波庇	61年	约公元前1898年到公元前1837年
雅尼亚，即塞托斯	50年1个月	约公元前1837年到公元前1787年
阿西斯，即阿塞斯	49年2个月	约公元前1787年到公元前1738年

辛赛勒斯王表有些许不同，利卡努斯王表的顺序也有所变化。后者没有记载最后两位法老，但在帕赫纳后面增加了统治五十年的斯坦和统治四十九年的阿赫勒斯。这两位法老的统治时间与最后两位法老的统治时间一致，但名字和在位顺序不同。这可能是利卡努斯王表的错误，但也存在一种可能性，即在利

卡努斯王表缺失的部分，确实记载了斯坦和阿赫勒斯两位法老。

作为外邦人，喜克索斯人及后裔统治埃及长达五百一十一年。后来，底比斯人在阿赫姆斯的带领下发动起义，驱逐喜克索斯人，还限制喜克索斯人的活动范围，使他们只能在塔尼斯活动。"米斯夫拉莫提奥西斯"可能是阿赫姆斯头衔"阿赫姆斯帕赫奈卜提斯塔乌伊"的一种变体。最后，图特摩斯一世迫使喜克索斯人撤退到叙利亚。最终，喜克索斯人定居在山区，即他们来埃及前居住的山区，或者仅是他们前往埃及时途经的一个地方。据记载，希伯仑比锁安[4]早七年建成。因此，喜克索斯人可能定居在希伯仑或者锁安。

虽然有许多关于喜克索斯民族起源的文字记载，但我们没有确定的事实材料。曼涅托对"喜克索斯"名字起源的解释似乎已经是最优答案："喜克"或者"希克"意为王子，"索斯"或者"沙苏"意为东部沙漠牧羊人或游牧民族的通用名。在后来的纪念碑上，沙苏人被描绘成典型的阿拉伯人。"希克"意为首领，与"希克塞图"意为"沙漠酋长"相似。这是第十二王朝时期对闪米特人阿布沙及他之前希安的称呼。

如果我们想进一步了解喜克索斯王朝，在很大程度上，我们得依赖当时的雕像和斯芬克斯像，因为这类雕像具有独特的外貌（图140~图143）。比如位于塔尼斯的喜克索斯王朝斯芬克斯像、来自法尤姆的雕像、罗马的埃斯奎利诺雕像、布巴斯提斯的巨像及博物馆收藏的一些小块残片，都有相同的外貌特征，即颧骨突出、脸颊平坦、鼻子巨大、嘴唇突出、毛发

图140 ●黑色花岗岩鱼类进贡者雕像,发现于塔尼斯

浓密。这些雕像的共同特征是形式朴素,又带有野蛮气质。毋庸置疑,它们出现在喜克索斯王朝,因为上面刻着喜克索斯名字。不过,最近有人质疑这些雕像是否是后来的作品。虽然斯芬克斯像上刻有喜克索斯名字,同时最早时期刻上的名字清晰可见,但这个名字只是轻轻刻在右肩。这如同塔尼斯的梅尔梅斯哈乌雕像右肩刻有阿波庇的名字,但其胸前或者爪子中都没有出现其喜克索斯名字。通过上述两种相似的情形,爱德华·迈耶的结论是:这些斯芬克斯像是第八王朝到第十王朝的入侵者制造的。希安雕像属于那个时期。通过希安雕像,我们可以了解当时黑色花岗岩或者正长岩的精细雕刻作品。然

图141●黑色花岗岩斯芬克斯像，发现于塔尼斯

而，人们至今仍未发现希安雕像的头部。无论多么破碎，只要能找到这尊雕像的头部，哪怕已经彻底破碎，我们也能够证明"喜克索斯风格"是早期入侵者还是晚期入侵者的风格。

最近，弗拉基米尔·谢苗诺维奇·戈列尼谢夫[5]教授提出一种新观点。他认为所谓的喜克索斯雕像雕刻的是阿蒙涅姆赫特三世的形象。因为阿蒙涅姆赫特三世一尊现收藏在圣彼得堡的雕像和喜克索斯雕像的风格类似，都很怪异。戈列尼谢夫教授收藏的一尊无名氏雕像也具有这类雕像的特征。对此，戈列尼谢夫教授曾有相关论述。此外，他还论述了其他同类雕像。然而，阿蒙涅姆赫特三世的形象特别。即使在破损的情况下，他的嘴唇、下巴和面部角度的特征也清晰可见。因此，难以断定这一怪异风格是否源自这尊雕像。然而，如果说这一雕像类型属于第九王朝到第十王朝的亚洲入侵者，那么我们就能得出第十二王朝的人或与亚洲入侵者的后代通婚的结论，进而在后代中显现出入侵者的一些特征。发表于《埃及作品汇编》第十五期的一篇论文中随附的照片也许能帮读者对这一问题做出判断。

在叙利亚北部，存在着一些拉美西斯二世的敌人的雕像，其中唯有一尊雕像，面部特征与外邦人相同。不过，这一特殊

图 142 ● 花岗岩雕像头部，发现于布巴斯提斯

图 143 ● 花岗岩雕像头部，发现于布巴斯提斯

民族及其作品究竟属于第九王朝还是第十王朝还没有定论。喜克索斯人的外貌及其起源问题有待解答。

  关于肖像的问题就这样暂且搁置。关于喜克索斯人的起源只有一个线索，即法老的名字。然而，我们发现希腊某些文字形式也有闪米特人名字的特征，如"统治者""总督""压迫者""坚定者"和"破坏者"这类词汇。这似乎为喜克索斯人的闪米特族起源提供了一定的证据。比起我们这个世纪通常使用的闪米特名字，如意为"切肉人"或者"屠夫"的耶撒帕夏，上述名字更像喜克索斯人使用的名字。与此同时，这些名字也反映出喜克索斯人的性格特点。属于喜克索斯王朝法老的遗迹很少。目前，人们只发现阿波庇一世和阿波庇二世的遗迹。

第十五王朝第四位法老拉阿乌塞（ ），阿波庇一世（ ），在位时间约为公元前1898年到公元前1837年[6]，相关信息如下：

遗迹	发现地	收藏地
碑文[7]	布巴斯提斯	
印章[8]	拉罕	
木块[9]	基波林	
数学莎草纸		大英博物馆
木板		柏林
圣甲虫		吉萨博物馆

在布巴斯提斯，人们发现了一篇碑文。一块红色花岗岩刻着阿波庇一世的名字，作为六位喜克索斯法老中的一位，阿波庇一世曾统治过整个埃及。碑文记录了阿波庇一世竖起"许多圆柱和一扇通向神灵的铜门"[10]。

在拉罕，人们发现一枚木质印章[11]，可能属于阿波庇一世，也可能是其他人的私人物品，现被皮特里收藏。

在基波林，人们发现一个木块，上面有两处"永恒的神拉阿乌塞"的字样[12]，现收藏在吉萨博物馆（图144）。这个木块价值很高，因为它表明，如同曼涅托所说，上下埃及都在伟大的喜克索斯王朝法老的统治之下。

至于小物件，人们发现了一张数学莎草纸，书写的日期是阿波庇一世统治第三十三年（前1865），现收藏在大英博物馆[13]。在

图144 ●刻有阿波庇一世王名的椭圆形木块，发现于基波林，现藏于吉萨博物馆

柏林，人们发现了一块木板，上面刻着法老阿波庇一世的两个名字[14]。另外，人们还发现几个圣甲虫，刻着法老阿波庇一世的王名。其中，一些圣甲虫做工粗糙，样式简单。圣甲虫分别被大英博物馆、法国卢浮宫博物馆、莱顿博物馆和皮特里收藏（图145）。

第十七王朝法老拉阿克恩（ ），阿波庇二世（ ），在位时间约为公元前1650年，相关信息如下：

遗迹	发现地	收藏地
文字[15]	塔尼斯	
祭坛[16]	孟菲斯，此处存疑	
被侵占的雕像		卢浮宫[17]

发现于塔尼斯的梅尔梅斯哈乌雕像，其右肩刻有一行增添的文字，字体虽小，但清晰可见。雕像上的文字意为"太阳之子阿波庇，赐予生命，是塞特的至爱"。

图145 ●阿波庇一世的圣甲虫，除左起第三个圣甲虫藏于大英博物馆外，其他均被皮特里收藏

然而，在碑文中，虽然塞特的形象被体面地刻在最靠前的位置，但这是后人精雕细琢上去的。其中，在塔尼斯的斯芬克斯像右肩上几行被抹去的文字很可能是形容阿波庇二世的。发现于塔勒马斯胡塔，位于伊斯梅利亚的斯芬克斯像肩部有一条类似的涂擦痕迹。拉美西斯二世曾下令移除雕像整个头部、肩部及胸部的毛发衬边。

在开罗，人们发现了一座精致完美的黑色花岗岩祭坛(图146)，这是法老阿波庇二世献给哈乌阿尔或者阿瓦里斯塞特的。这座祭坛的原址可能在孟菲斯或者赫利奥波利斯[18]。目前，这座祭坛收藏在吉萨博物馆。

卢浮宫里有一尊雕像最初属于阿波庇二世[19]，但后来被阿蒙霍特普三世夺占。不过，对这一结论，我们有一点不大确定，即雕像上刻着36位征服努比亚的法老的名字，这可能是篡夺者后来加上去的。拉阿克恩的名字和塞格嫩拉·陶的名字属于同一类型。由此，我们可以看出，他属于第十二王朝。在阿波庇和陶的故事中，两人曾共治埃及[20]。

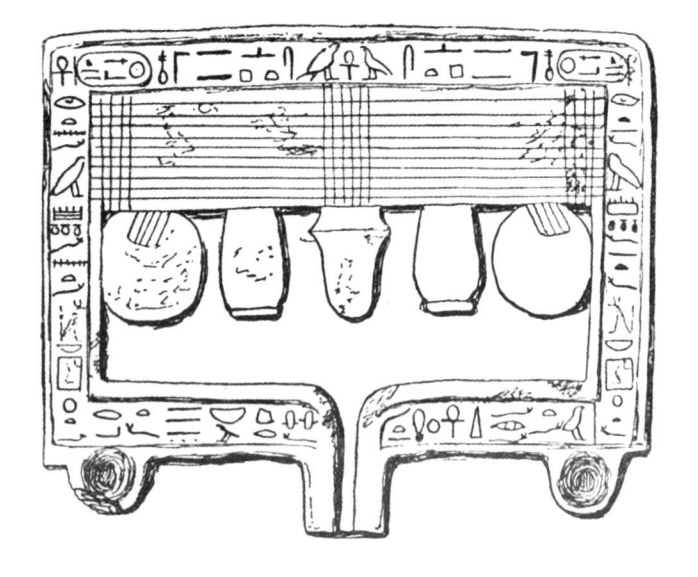

图 146 ●阿波庇二世黑色花岗岩祭坛，发现于开罗，现藏于吉萨博物馆

在塔尼斯，人们还发现同一时期的一座方尖碑(图147)，方尖碑的每个侧面都刻有法老拉阿森的名字。除了这座方尖碑，我们没有在其他遗迹发现这位法老的名字。这位法老名字的风格与阿波庇家族其他法老的王名风格相同[21]。

最后，让我们看看著名的拉美西斯二世纪念碑。这块碑上雕刻的时间为"哈拉胡提的至爱、太阳之子奈布提塞特、上下埃及法老塞特阿佩提"统治第四百年[22]。由于这是古埃及唯一一座刻有固定年代的纪念碑，所以它备受关注。对它最合理的观点是，这座石碑是喜克索斯王朝的法老建立的，并且直到拉美西斯二世统治时期，它都在塔尼斯。与此同时，利卡努斯王表第二十四王朝末期的位置记载着长达九百九十年的统治时间，或者是指这段时间[23]。根据乔治·辛塞勒斯的摘录，喜克索斯王朝最后一位法老阿塞斯或者阿西斯修改了历法。因此，石碑上的日期是这段时间刻上的。然而，摘录内容并不令人满意，因为据说他在每年三百六十天的基础上增加了五天。众所周知，早在阿塞斯统治时代以前，古埃及就已经使用一年三百六十五天的历法。不过，摘录内容有可能做了修改。因此，摘录内容出现了令人误解的内容。实际上，从阿塞斯统治时期到拉美西斯一世统治时期相隔约为一百五十一年加二百六十年，总计四百一十一年。于是，塞提一世的统治时长缩减为0年。与此同时，这也同时缩减了阿塞斯统治后期和拉美

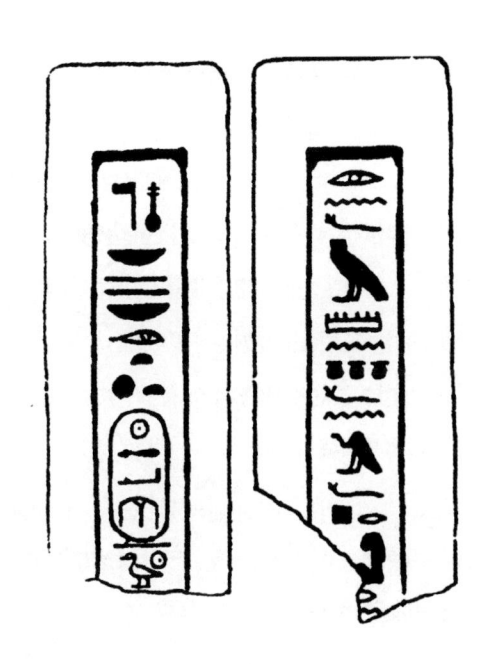

图147 ● 拉阿森方尖碑，发现于塔尼斯

西斯二世统治初期的部分统治时间。

从第二十四王朝的波克霍利斯统治时期算起，我们可以得出九百九十年的统治时间，那么到法老塞特阿佩提统治时期，当时的时间应为公元前720年往前推九百九十年，即公元前1710年，计算误差不到五年。同样，公元前720年往前推五百九十年，为公元前1310年，这应该在拉美西斯二世统治时期内。但从时间顺序推测，我们估计的日期比拉美西斯二世统治时期早了大约三十五年。不过，虽然喜克索斯王朝持续时间长，但最终我们估计的日期也恰好与此相符。因此，九百九十年的计算结果似乎不大令人信服。

在基波林的一幅雕画上，人们发现了拉达德内弗（▢），都都梅斯（▢）的相关信息。

在这幅雕画中，拉达德内弗在孔斯的带领下，来到安普面前。乔治·埃米尔·朱尔·达雷斯认为拉达德内弗属于第十六王朝[24]。但由于拉达德内弗的名字和佩皮一世的图案一同出现，阿奇博尔德·亨利·塞斯将拉达德内弗划到第七王朝到第八王朝。从拉达德内弗的圣甲虫的风格判断，拉达德内弗应属于第十王朝，圣甲虫现被皮特里收藏（图148）。

在拉罕发现的圆柱刻有"内弗内特……苏努塞贝克领主的至爱"的字样。这是一位法老的名字，其中大概率是拉塞贝卡（▢）。圆柱显然是第十三王朝或者第十四王朝时的作品。最近，卢克索出售了一根相似的圆柱。这两根圆柱现被皮特里收藏（图149）。

图148 ●圣甲虫（拉达德内弗），现被皮特里收藏

拉萨（此处存疑）（▢），霍特普（▢）一同出现在舒特尔利盖山谷的一块岩石上（图150）[25]。象形文字中的鸟可能读作"萨"。他可能与都灵王表上记载的第四十八位法老是同一人。

森卜迈伊乌（▢）的名字出现在基波林的一块岩石上[26]。

拉塞赫姆乌阿卡（▢），拉霍特普（▢），相关信息如下：

石碑，发现于科普托斯。

陶器片，记录了法老的故事。目前，陶器片收藏在法国卢浮宫博物馆和佛罗伦萨博物馆。

圣甲虫（图151）。

图 149 ●圆柱，现被皮特里收藏

拉霍特普唯一的、在他所属时期制作的纪念碑是在科普托斯发现的一块破碎的石碑。据碑文记载，拉霍特普重修了科普托斯的神殿。我们无法确定拉霍特普的统治时间和在位顺序，但他的名号"霍尔乌阿安克、秃鹰和圣蛇之王乌塞拉伦皮图、霍尔奈布乌阿斯……"和第十八王朝早期的法老名号类似。这表明他的统治时期应该早于第十八王朝早期法老统治时期。此外，拉霍特普的王名与塞贝姆萨夫一世和乌普阿特姆萨夫王名的非常相似，这表明拉霍特普与第十三王朝有密切的联系。这几位法老可能是伟大的喜克索斯王朝统治下的第十六王朝的法老，拉霍特普法老则处于第十三王朝和第十八王朝之间。另外，这几位法老的名字有相似之处。令人遗憾的是，石碑的工艺很粗糙，石碑顶部的图案几乎完全消失。拉霍特普时期的一块石碑刻着三个男人向卜塔献祭的图案，其中一个男人叫普塔西阿克。石碑做工很粗糙，图案也模糊不清，现收藏在大英博物馆。

图150 ●在舒特尔利盖山谷发现的岩画

图151 ●圣甲虫（拉塞赫姆乌阿卡），现被皮特里收藏

关于拉霍特普的故事有一部分是在后来的陶器片上发现的。这些陶器片大约处于第二十王朝时期，现收藏在法国卢浮宫博物馆、佛罗伦萨博物馆，其中这些陶器片是要存放在拉霍特普法老的王陵中的。在陵墓中，一具木乃伊身上写道："我在世时是拉霍特普法老的国库总管，我死于拉霍特普法老在位第十四年。"[27]已知拉霍特普的圣甲虫数量较少，尺寸较小，没什么特别风格。

【注释】

1 目前，此处依然存疑。原文是"Jewish race"，但查找目前2000年前的犹太历史，没有发现将"犹太"作为民族曾用名，并且其聚居地名古今不同。——译者注
2 这里的"塞易斯"可能也读作"赛索洛特"。——译者注
3 犹地亚是古代以色列的南部山区地带，主要城市有北部的耶路撒冷和南部的希伯仑。——译者注

4 锁安是下埃及的一座古城，希腊人称之为"塔尼斯"。——译者注

5 《埃及作品汇编》，第15期，第31页。——原注

6 另一种说法认为阿波庇一世在位时间约为公元前1575年到公元前1540年，在位三十五年。——译者注

7 亨利·爱德华·纳维尔：《布巴斯提斯：1887年到1889年》，伦敦，保罗·特伦奇·特吕布纳出版社，1891年，第35卷。——原注

8 威廉·马修·弗林德斯·皮特里：《拉罕、古洛和哈瓦拉》，第16卷，第12页。——原注

9 《埃及作品汇编》，第14期，第26页。——原注

10 亨利·爱德华·纳维尔：《布巴斯提斯：1887年到1889年》，伦敦，保罗·特伦奇·特吕布纳出版社，1891年，第22卷、第35卷。——原注

11 威廉·马修·弗林德斯·皮特里：《拉罕、古洛和哈瓦拉》，第12卷，第16页。——原注

12 《埃及作品汇编》，第14期，第26页。——原注

13 《圣经考古记录》，第14卷，第29页。《埃及语言杂志》，第13卷，第40页。——原注

14 《圣经考古记录》，伦敦，圣经考古学会，1879年到1918年，第3卷，第97页。——原注

15 威廉·马修·弗林德斯·皮特里：《塔尼斯（上部）》，第3卷，第17页。——原注

16 弗朗索瓦·奥古斯特·斐迪南·马里耶特：《埃及和努比亚的古迹》，第38页。——原注

17 阿尔弗雷德·维德曼：《埃及史》，第295页。——原注

18 弗朗索瓦·奥古斯特·斐迪南·马里耶特：《埃及和努比亚的古迹》，第38页。——原注

19 阿尔弗雷德·维德曼：《埃及史》，第295页。——原注

20 《萨勒莎草纸》，第1章。——原注

21 威廉·马修·弗林德斯·皮特里：《塔尼斯（上部）》，第2卷，第20页。——原注

22 《埃及语言杂志》，第3卷，第34页。——原注

23 《埃及语言杂志》，第17卷，第138页。——原注

24 《埃及作品汇编》，第14期，第26页。——原注

25 威廉·马修·弗林德斯·皮特里：《1887年在埃及的一个季节》，第430页。——原注

26 《圣经考古记录》，伦敦，圣经考古学会，1879年到1918年，第15卷，第498页。——原注

27 《埃及作品汇编》，第7期，第3页；第16期，第31页。加斯东·卡米耶·夏尔·马伯乐：《古埃及的民间故事》，第291页。——原注

第 11 章

年表备注

NOTES ON CHRONOLOGY

虽然厘清古埃及年表困难重重，但它也是我们最需要研究的问题之一。因此，我们需要在现代学科知识的基础上，充分细致研究现有各种数据。如果想要正确分析处理这些材料，那我们必须开展长时间研究，并且详细阐述分析过程。对这样一段悠久的历史来说，完成这一过程是十分艰难的。在得出细致的研究结果前，我们仍然需要使用一系列暂时性研究结果。因此，在这里，我简要回顾一下各类材料，并且将这些材料与目前我们已经确定的主要数据联系起来。当然，研究成果必须明确标注年份，并且与我们所处时代的时间一致，但这并不意味着我们得出结果的误差能小于一年。由于考虑到某些朝代持续时间很短，所以我们不能只处理长达几十年或者几百年的时期。因此，以年为单位的数字只适用于统治时间跨度很短的情况，我们必须始终记住不确定的地方在哪里。目前，我们根据两种推算模式得出现有年表：第一种是通过"推演计算"，即将朝代一个接一个加起来；第二种是利用某些确定的天文数据解释和计算其中可能存在的各种不确定性。这两种推算模式的依赖性越低越好，这样一来，我们可以根据这两种推算模式得出的结果互相检查。

我们所有天文上的定点都依赖不甚完善的古埃及历法。以一年三百六十五天为例，名义上，每年都会少0.25天。如果我们忽略闰年里的2月29日，每年都从2月28日直接到3月1日，那么算下来的结果与古埃及历法周期相同。于是，每四年就会少一天，名义上新的月份也会早一天开始。每四年少算一天，二十八年后少算七天，即新的1年早开始一星期。一百二十年后少算三十天，即新的一年提前一个月开始。一千四百六十年后少算十二个月五天，即新的一年提前一年到来。因此，每个名义上的月会出现各个季节。对同代人来说，这样的历法不会给他们带来任何麻烦，因为在一个人的一生中，历法不过变化两三个星期。因此，在日常生活中，这种缓慢的转变不会被察觉。古埃及人不太热衷于历史研究。根据自己的历法，他们不会因为发现一年中任何一个月都可能出现丰收或者发生洪水的情况而感到疑惑或者沮丧。

然而，埃及人很快就发现每四年缺一天，并且以此为基础，构建了一个周期循环的模式。到了托勒密王朝，这一模式被普遍运用到历法计算中，开启了古埃及人调整历史和神话时间的阶段。

埃及人必须采用某种方式记录绝对月份，因为这与季节有关。当然，太阳在恒星中的位置最能真实显示一年的确切长度。不过，在没有任何时间测量工具——如漏壶或者时钟——的情况下，同时观察太阳和恒星将十分困难。最终，这一问题通过记录某颗特定恒星首次与太阳同时升起的日子来解决。在实际操作中，古埃及人观察到天狼星（即狗星）升得越来越早，落得越来越早。因此，古埃及人最先观察到天狼星在黎明时分升起，即所谓的"偕日升"。通过观察天狼星观测季节轮转长达一千四百六十年的周期也被称为"天狼星周期"。

对此，古罗马时代有一些明确的表述。公元239年，肯索里努斯写道，埃及新年托特月的第一天实际上是239年6月25日，但一百年前，埃及新年第一天为139年7月21日。"在这一天，天狼星从埃及升起"，由此开启了持续一千四百六十年的天狼星周期，即埃及新年第一天为139年7月21日。这时，天狼星升起。以此推算，天狼星周期的节点约为公元前1322年、公元前2784年和公元前4242年。

显然，名义上的月份在每个周期都在不同季节轮转。因此，我们如果知道某一天的名义月及当时发生的任何季节性事件，如天狼星升起或者河水泛滥，就能知道其位于一千四百六十年的周期中的哪个阶段。

通过天狼星的升起和新月等数据，马勒计算出图特摩斯三世的在位时间为公元前1503年3月20日到公元前1449年2月14日。虽然理想状态是能使用所有数据得出一个结论，但在这之前，我们可以暂时利用马勒计算出的数据作为讨论基础。马勒的结论是，第十八王朝的统治时间要短得多，并且从图特摩斯三世开始，每个统治期的时间早于我所陈述的。他的结论是根据拉梅塞德墓中的星图得出的，但这一结论没有注意到麦伦普塔赫时期天狼星升起的日期。因此，他认为第十八王朝后半期的时间很短，但这一结论成立的可能性不大。如果天狼星的节日与星图冲突，那么前者更可靠，因为每个人都可以看到天狼星升起，但只有少数人能理解星图，更不用说很少有人能看到星图。另外，古埃及后期墓中雕刻的星图很可能是复制了古老时期的星图，而不是墓主所在时期的星图。

幸运的是，马勒的计算结果经过了两次检验。为避免引起读者困惑，我们将暂时使用马勒的数据。根据已经掌握的相关统治时期和家族关系的资料，我们可以概述第十八王朝到第十九王朝的日期。虽然估算的日期可能会出现多达十年的偏差，但这些数据足以证明估算的时期是否接近天文现象，如天狼星升起的日期。

在此，我们不再说明为何这样安排第十八王朝的时间顺序，这将在下一卷中展开讨论。

法老	在位时间
阿赫姆斯一世	约公元前 1587 年到公元前 1562 年
阿蒙涅姆霍特普一世	约公元前 1562 年到公元前 1541 年
图特摩斯一世	约公元前 1541 年到公元前 1516 年
图特摩斯二世	约公元前 1516 年到公元前 1503 年
哈特谢普苏特	约公元前 1503 年到公元前 1481 年
图特摩斯三世	约公元前 1481 年到公元前 1449 年
阿蒙涅姆霍特普二世	约公元前 1449 年到公元前 1423 年
图特摩斯四世	约公元前 1423 年到公元前 1414 年
阿蒙涅姆霍特普三世	约公元前 1414 年到公元前 1383 年
阿蒙涅姆霍特普四世	约公元前 1383 年到公元前 1365 年
拉斯门赫卡	约公元前 1365 年到公元前 1353 年
图坦卡蒙	约公元前 1353 年到公元前 1344 年
阿伊	约公元前 1344 年到公元前 1332 年
霍伦赫布	约公元前 1332 年到公元前 1328 年
拉美西斯一世	约公元前 1328 年到公元前 1327 年

●续 表

法老	在位时间
塞提一世	约公元前1327年到公元前1327年
拉美西斯二世	约公元前1275年到公元前1208年
麦伦普塔赫	约公元前1208年

不过，关于共治的很多小问题仍是不确定的。例如，第十八王朝的统治时间总计二百六十年，但曼涅托记载的是二百六十三年。

还有一项重要的数据是，麦伦普塔赫在其统治第二年（前1207）为天狼星升起举行庆典，日期为公元前1207年托特月29日。马勒已经确定天狼星的上升日期为图特摩斯三世统治时期的公元前1470年埃皮斐月28日。公元前1470年11月28日到公元前1207年1月29日，如果只考虑月份和天数之间的时间差，那么这段时间相隔六十六天，在用4乘66年或者总计二百六十四年的过程中，天狼星的升起时间会改变。根据一千四百六十年的天狼星周期，麦伦普塔赫在位第三年是公元前1206年，即他在公元前1208年登上法老之位，这与我们从统治时期的近似分析中得出的时间一致。

另一项重要数据来自埃伯斯莎草纸重要事件的日期记载。这份莎草纸记录了阿蒙霍特普一世在位第九年（前1553）埃皮斐月9日，这是天狼星升起的日子。虽然法老的名字引起人们的争论，但这是最有可能的结论。公元前1470年11月28日到公元前1553年11月9日，如果只考虑月份和天数之间的时间差，那么这段时间相隔十九天，天狼星的升起时间将在七十六年的时间里改变。因此，这里说的埃皮斐月9日天狼星升起时间是在公元前1470年加上七十六年（前1546）。于是，阿蒙霍特普一世在位第一年为公元前1555年。我们之前得出的时间是公元前1562年。这两个时间的差别很小，相当于天狼星升起日期的偏差不到两天，这至少表明这两个时间相差不大。因此，天狼星升起有三个数据。这三个数据只有几年差别，尽管处在不同时期。确定某个统治时期的具体时间，取决于观察和计算天狼星升起的时间。然而，计算出的结果不会有很大疑问。这三个数据给我们解释现有材料提供了重要参考，并且在一定程度上支撑了我们得出的分析结果。

通过往前推算，我们可以得出第十八王朝始于公元前1587年。据此，我们可以用曼涅托给出的朝代数据计算。在曼涅托王表中，我们可以看到曼涅托似乎忽略了两个王朝处于同一时代的情况，如第十王朝结束后延续四十三年的第十一王朝。因此，以公元前1587年为起点，并且根据已经讨论的材料，我们可以得出以下结论：

王朝	统治时长（年）	起始时间
第一王朝	263	约公元前4777年到公元前4514年
第二王朝	302	约公元前4514年到公元前4212年
第三王朝	214	约公元前4212年到公元前3998年
第四王朝	277	约公元前3998年到公元前3721年
第五王朝	218	约公元前3721年到公元前3503年

● 续 表

王朝	统治时长（年）	起始时间
第六王朝	181，都灵莎草纸	约公元前 3503 年到公元前 3322 年
第七王朝	70	约公元前 3322 年到公元前 3252 年
第八王朝	146	约公元前 3252 年到公元前 3106 年
第九王朝	100	约公元前 3106 年到公元前 3006 年
第十王朝	185	约公元前 3006 年到公元前 2821 年
第十一王朝	43	约公元前 2821 年到公元前 2778 年
第十二王朝	213，都灵莎草纸	约公元前 2778 年到公元前 2565 年
第十三王朝	453	约公元前 2565 年到公元前 2112 年
第十四王朝	184	约公元前 2112 年到公元前 1928 年
第十六王朝	190	约公元前 1928 年到公元前 1738 年
第十七王朝	151	约公元前 1738 年到公元前 1587 年
第十八王朝	260	约公元前 1587 年到公元前 1327 年
第十九王朝		约公元前 1327 年

然而，早期统治时间只有一处考察依据，但是这一依据不大明确。我们知道乌纳曾前往哈特努布或者特拉阿玛纳开采雪花石膏。当时是埃皮斐月，乌纳花了十七天就完成了任务。然而，乌纳没能赶在尼罗河退潮前将雪花石膏送到金字塔。关于这一点，有一些模糊的地方。完成整个任务用的十七天都在共三十天的埃皮斐月内，这十七天包括：乘船沿尼罗河而下需要六到八天——哈特努布离尼罗河上游不是很远。在此之前，人们考察过哈特努布的位置。另外，我们还要注意尼罗河退潮的

时间。假设退潮时间为11月5日左右，那么船在10月28日左右离开哈特努布，采石花了十七天，采石的第一日就是10月11日。因此，埃皮斐月的时间范围应该在10月5日到11月5日之间，前后偏差六天。如果从139年往回推算一千四百六十年的天狼星周期，那么此处的埃皮斐月应在公元前3350年左右。如果能更全面考量一千四百六十年周期的细节问题，虽然我们目前还不能说会有多大不同，但是至少，我们得出的结果不会大相径庭，偏差很可能在一个世纪以内。在公元前3350年的麦伦拉统治时期，加上大约六十年就是大约公元前3410年的第六王朝开端。这里的偏差往大说大概是五十年或者一百年。

通过往回推算从第十八王朝到第六王朝的时间，我们得出第六王朝的开端为公元前3503年。这表明其中出现的偏差在一个世纪之内，不可能出现长达几个世纪的偏差。

在目前仅掌握粗略天文数据及质疑马伯乐权威数据的情况下，我们已经得到十分接近的大约数。正如我们希望的那样，至少有足够证据表明，我们可以满怀信心地相信得出的时间可能只存在一个世纪的偏差。

这些日期是我研究这段历史暂时采用的，虽然已经计算出最接近的年份，但为了相互比较，我们必须时刻记住：时间存在一个世纪内的偏差。我多么希望在每次说明年表问题时都能重复这句话。请读者牢记。